보건의료
빅데이터로
영리를 추구하는
기업들

개인의 의료 기록은 어떻게
유통되어 누구의 이익이 되는가

보건의료 빅데이터로
영리를 추구하는 기업들

개인의 의료 기록은 어떻게 유통되어 누구의 이익이 되는가

지은이 애덤 태너
옮긴이 김재용 · 김주연 · 이희영

초판 1쇄 발행 2019년 5월 15일

펴낸곳 도서출판 따비
펴낸이 박성경
편집 신수진, 차소영
디자인 이수정
출판등록 2009년 5월 4일 제2010-000256호
주소 서울시 마포구 월드컵로28길 6 (성산동, 3층)
전화 02-326-3897
팩스 02-337-3897
메일 tabibooks@hotmail.com
인쇄 · 제본 영신사

* 잘못된 책은 바꾸어드립니다.

ISBN 978-89-98439-67-5 03330
값 20,000원

이 도서의 국립중앙도서관 출판예정도서목록(CIP)은 서지정보유통지원시스템 홈페이지
(http://seoji.nl.go.kr)와 국가자료종합목록시스템(http://www.nl.go.kr/kolisnet)에서
이용하실 수 있습니다. (CIP제어번호 : CIP2019016107)

보건의료 빅데이터로 영리를 추구하는 기업들

개인의 의료 기록은 어떻게
유통되어 누구의 이익이 되는가

애덤 태너 지음 | 김재용·김주연·이희영 옮김

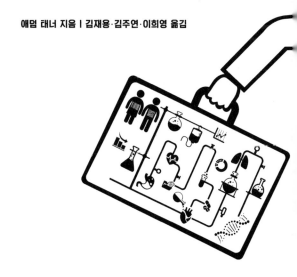

따비

제가 작가가 되어

이 세상에서 풀리지 않는 질문들을 탐구하도록

각자의 방식으로 저에게 영감을 불어넣어 주신

두 분 부모님께 이 책을 드립니다.

저의 책 《우리의 몸, 우리의 데이터Our Bodies, Our Data》한국어판을 출간하게 되어 정말 기쁩니다. 제가 직접 탐사한 보고서를 바탕으로 쓴 이 책은 우리의 의료 데이터가 세계적으로 어떻게 거래되고 있는지 기록하고 있습니다.

이런 영리 목적의 상업적 거래들이 여러 나라에서 이루어지고 있는데, 한국은 제가 10장에 서술한 바와 같이 세계적으로도 특별한 위치에 놓여 있습니다. 한국에서 환자 데이터를 파는 기업에 근무했던 한 내부고발자가 환자들의 가장 민감한 정보를 아무도 모르게 사고파는 것이 문제가 된다고 느끼게 되었습니다. 그는 이 사실을 알리기로 결심하고 텔레비전 방송국 기자에게 제보했습니다. 그 결과로 이 사건에 대한 검찰 수사와 소송이 이어졌습니다.

한국에서 벌어진 이 사건은 우리가 모르는 사이에 우리의 동의 없이 의료 정보가 상업적으로 거래되는 경우가 종종 벌어진다는 사실을 잘 보여 주고 있습니다. 2017년에 《우리의 몸, 우리의 데이터》가 출간된 이후에도 페이스북, 구글, 아마존 등의 거대 인터넷 기업들을 포함한 수많은 기업들이 우리의 의료 정보를 수집하는 데 더욱 많은 관심을 보이고 있습니다.

궁극적으로 제가 이 책을 쓴 목적은 기본적인 프라이버시를 보호하는 것과, 과학과 의학의 발전을 위한 연구자들의 데이터 이용을 허용하는 것 사이에서 어떻게 최적의 균형을 유지할 것인가 하는 문제에 대한 대중적인 논의를 촉발하기 위해서였습니다. 이 책의 한국어판 출간이 한국에서 이 주제에 대한 토론을 활성화하는 데 기여하기를 바랍니다.

애덤 태너Adam Tanner
www.AdamTanner.news
twitter: @datacurtain

장여경(정보인권연구소 상임이사)

아이엠에스 헬스IMS Health라는 낯선 이름의 회사는 한국 사람들에게 충격적인 모습으로 등장했다. 약국과 병원에서 사용하는 처방전 프로그램 업체가 환자들이 믿고 맡긴 정보를 팔아 넘겼다는 스토리다. 이 처방전 정보를 사 모아서 국외로 빼돌린 다국적 빅데이터 업체가 한국 아이엠에스 헬스다. 피해 국민이 5,000만 인구 중 4,399만 명에 달한다. 2011년부터 2014년까지 문제의 프로그램이 깔린 약국과 병원을 이용한 환자 모두가 피해자라고 했다.

검찰이 전국 약국에 처방전 프로그램을 보급하는 약학정보원을 압수수색한 때가 2013년 12월이다. 약학정보원과 한국 아이엠에스 헬스 관련자 등 24명이 기소된 것은 2015년 7월이다. 그러나 2018년의 마지막 날인 오늘까지, 형사재판의 1심도 끝나지 않았다. 무엇을 망설이는지 아주아주 천천히 진행되는 재판이다. 피고는 처방전의 주민등록번호를 암호화했으니 누군지 알아볼 수 없다며 무죄를 주장한다. 분노와 개탄의 목소리가 잦아든 자리에, 빅데이터 규제를 완화하라는 목소리가 커지고 있다. 아이엠에스 헬스처럼 일부 정보를 가리고 거래하면 되지 않겠는가!

이 문제로 한국의 공론장이 한창 혼란한 때, 이 책의 저자가 던지는 문제의식이 묵직하다. 데이터베이스 안에 데이터가 있다. 간단한 클릭으로 손쉽게 활용도를 높일 수 있고, 수익을 창출할 수도 있다. 그런데 그 데이터는 누군가의 개인 정보이며, 그것도 민감한 의료 정보이다. 이 개인 정보를 처리할 수 있는 결정권은 누구에게 있을까? 컴퓨터 드라이브를 물리적으로 소유한 병원이나 약국일까, 네트워크로 그 정보를 수집해 온 업체일까? 모두 아니다. 그 개인 정보로 직접 혹은 간접적으로 알아볼 수 있는 정보 주체들에게 권리가 있다.

2011년은 개인 정보 보호법이 제정된 해였다. 피고들이 환자의 '동의'를 구하고 처방전을 이용했다면 적법했을 것이다. 정보 주체의 '동의'가 없었다는 것이 문제의 핵심이었다. 한국에서 개인 정보 처리의 결정권은 국민이 헌법상 기본권으로 보호받는 영역이다 (사생활의 평온과 비밀을 보호하는 데서 그치는 미국과 이 점이 다르다).

한국의 시민사회는 개인 정보 문제에 민감했다. 1996년에는 '프라이버시권'이라는 낯선 권리를 주장하며 전자주민카드를 반대하는 목소리가 높았고, 2003년에는 11대 전자정부 사업 중 하나였던 교육행정정보시스템NEIS이 인권침해 결정을 받았다. 내무부와 교육부는 당혹스러웠다. 첨단보안설비를 도입할 것이라고, 믿어 달라고 호소하였다. 그러나 권위주의 정부를 겪어 온 한국의 시민들은 개인 정보 처리자의 선의를 믿지 않았다.

정보 주체들의 불신은 큰 힘을 발휘했다. 시민들은 자신의 개인 정보를 스스로 통제할 수 있는 권리를 원했다. 2005년 헌법재판소는 '개인 정보 자기결정권'을 기본권으로 인정하게 되었다. 개인 정보 처리는 당사자의 인격과 사생활에 영향을 미친다. 따라서 사생활의 평온과 비밀에 대한 권리를 넘어 개인 정보에 대한 권리를 보호할 수 있어야 한다. 의료 정보를 비롯한 건강 정보는 더 민감하기 때문에 더 높게 보호한다. 최근에는 경찰이 수사를 위해 상병명을 비롯한 건강보험 정보를 제공받은 것이 위헌이라는 결정을 받았다(영장이 없었다).

빅데이터와 인공지능이 발달할수록 인권에 미치는 영향력도 커지고 있다. 유럽 개인 정보 보호감독관은 "앞으로 누군가에 대한 판단은 그 사람의 행동이 아니라, 그 사람이 어떻게 행동할 것 같은지 데이터가 나타내는 데 기반해 내려질 것"이라고 우려했다. 그래서 아이엠에스 헬스의 영업 방식은 여전히 문제적이다.

이 책은 우리의 민감 정보를 쓸어 갔으면서도 그 정체가 거의 알려지지 않은 아이엠에스 헬스를 탐구해 볼 좋은 기회이다. 세계적인 데이터 채굴기업들이 어떤 방식으로 개인 정보를 처리해 왔고, 어떻게 논을 벌었는지 구체적으로 이해할 수 있다.

물론 빅데이터 처리가 사회적으로 기여할 부분도 많을 것이다. 개인 정보의 권리 또한 다른 공공적 가치에 따라 제한될 수 있다. 유럽에서는 정보 주체의 동의를 원칙으로 삼으면서도, 공익을 위한 기록 보존, 학술 연구나 통계 목적의 경우 예외적으로 가명화한 빅데이터 처리를 할 수 있다. 학술 연구의 경우는 엄격한 심사를 받고 연구 결과를 공공에 공개해야 한다.

그러나 좋은 소식은 아직도 가능성일 뿐이다. 정보 주체들은 자신의 개인 정보 처리에 대해 신뢰할 수 있는 사회를 원한다. 누군가 나도 모르게 내 정보로 돈을 버는 일이 횡행한다면 빅데이터를 반갑게 수용하기 어려울 것이다. 반면, 기업들은 다른 것을 원한다. 잠재적인 부의 원천인 개인 정보를 지금보다 자유롭게 처분할 수 있기를 바란다. 그 파워가 커지는 것이 4차 산업혁명의 성공을 가름한다고들 한다.

아이엠에스 헬스 재판처럼, 우리 사회는 지금 기로에 서 있다. 하지만 헌법은 여전히, 데이터에 대한 원천적 권리가 정보 주체에게 있다는 생각을 지지하고 있다. 정보 인권을 보장하면서도 빅데이터로 공중보건을, 사회를 발전시킬 수 있는 길이 있을 것이다. 저자는 그 길이 "더 높은 투명성과 더 많은 동의, 더 많은 통제"에 있다고 말한다. 이 문제에 침묵하는 사회에 "더 활발한 토론"이 필요하다는 일침에 무엇보다 동의한다.

여러 사람들이 그 이름을 한 번쯤은 들어보았을 법한 히포크
라테스 선서에는 다음과 같은 문구가 포함되어 있다.

- 나는 환자의 건강과 생명을 첫째로 생각하겠노라.
- 나는 환자가 알려준 모든 내정의 비밀을 지키겠노라.

질병 정보는 개인의 가장 내밀한 정보이고 그 비밀을 보장하는
것은 환자가 의사를 신뢰하고, 자신의 아픈 곳을 말하고, 결국
몸을 맡기는 의술이 성립할 수 있는 대전제다. 관계와 기억, 문서
로만 존재했던 환자-의사 사이의 정보들은 1980년대 전후의 급
격한 전산화와 함께 누구에게나 전달할 수 있고 분석될 수 있는
객체로 전환되었다.

환자의 건강 데이터를 활용하는 방법은 크게 두 가지다. 첫째는 환자를 위해 개인적으로 사용하는 것이다. 주치의가 환자의 병력을 참고하여 처방을 내리거나 응급실에 실려 온 의식을 잃은 환자의 과거력을 정보시스템에서 조회하여 조치를 내리는 것은 모두 '일차적 사용primary use'에 해당된다. 두 번째는 전체 환자를 위해 집합적으로 사용하는 것이다. 환자의 건강 데이터를 수집-분석하여 최선의 치료법을 찾아내거나, 의료 서비스의 질을 모니터링하고, 보건의료 계획을 작성하는 등의 것들이 '이차적 사용secondary use'이다. 이차적 사용은 일차적 사용의 목적에 부합하는 것이어야 한다. 아마도 건강 데이터를 이렇게 사용하는 것에 대다수가 동의할 것이고 필요하다면 기꺼이 동의서까지 써 줄 것이라고 이 책의 저자는 지적하고 있다.

다른 한편, 이 책의 저자는 환자의 건강 데이터가 이러한 본연의 목적과 달리 어떻게 거대 기업들의 사익 편취와 지배력 강화에 사용되어 왔는지, 그리고 그 진화의 속도가 얼마나 대단한 것인지를 우리에게 설명하고 있다.

미국의 의사들은 제약회사 영업직원들이 의사 자신의 처방 패턴을 이미 파악하고 있었다는 것을 한참 나중에야 알아 렸다. 미국 의사들의 소송에 맞서서 아이엠에스IMS는 자신들이 의약품의 판촉활동 이외에도 공중보건 감시, 치료결과에 대한 연구 등 공익적으로 활용될 수 있는 정보들을 만들어 가고 있다고 주장했다. 환자 본인의 인지와 동의도 없이 건강 데이터를 상품화하여 성공한 기업들은 이러한 논리로 최악의 상황을 모면했으며, 의사 자신의 프라이버시에만 초점을 맞추었던 의사 집단의 전략적 오류는 패배를 자초한 측면도 있다. 공익을 내세우며 사익을 추구하는 방법은 어쩌면 인류사에 반복되어온 가장 오래된 성공 수법일지도 모르겠다.

오늘날 빅데이터 논쟁의 최정점에는 보건의료 빅데이터가 자리잡고 있으며 이는 우리나라에서도 마찬가지인 것 같다. 올해 1월에도 매킨지의 보고서를 인용하면서 환자의 건강 상태를 예측함으로써 보험산업의 돌파구를 마련하자는 제안에 금융감독원 공직자가 찬성하고 지원하겠다고 발언하는 풍경이 대한상공회의소에서 벌어졌다. 이와 유사한 풍경들은 이미 작년에도 산업통상자원부, 과학기술정보통신부, 보건복지부 등에서 벌어졌던 일들이다. 보건의료계 내부에서도 인공지능과 빅데이터, 맞춤형 의료라는 장밋빛 미래를 선언하고 지지하는 전문가들의 토론회가 끊임없이 열리고 있다.

지금 이 분야에는 개인정보의 무분별한 활용을 우려하는 원칙론자들과 새로운 연구기회가 막힐까 봐 걱정하는 연구자들, 인권보다 건강증진을 우선시하는 일부 보건학 전공자들, 질병치료에 도움이 될 것이라 기대하는 환자들, 새로운 서비스나 약품, 의료기기로 부를 창출하기를 열망하는 기업과 개인들, 그들과 손잡고 이런 일들이 국가경제에 도움이 될 것이라고 생각하는 일부 관료들이 뒤엉켜 있다. 그리고 이들 모두는 한결같이 공익을 추구한다고 주장하고 있다. 이런 경우에 사용되는 공익이라는 용어들은 최대 다수의 최대행 복만을 말하는 초기 공리주의의 틀에서 크게 벗어나지 않는 것으로 보이기도 한다. 어쩌면 일부에게는 자신의 선한 의지를 달성해야 하는데 개인의 인권이나 프라이버시, 예상가능한 부작용 등을 고려하는 것은 그저 고리타분하고 답답한 규제로만 보일지도 모르겠다. 게다가 절체절명의 4차 산업혁명의 시기에 말이다.

이 책의 저자는 기본적으로 탐사 기자의 입장에 서서 다양한 취재원들로부터 수집한 여러 가지 사실과 주장들을 엮어 다양한 측면에서 이야기를 풀어놓고 있다. 노다지를 캐내고 경쟁자들을 물리치는 엄혹한 비즈니스의 세계와 그 속에 갈등하는 개인들, 불굴의 의지로 의과학의 발전을 추구하는 연구자, 환자의 권리를 위해 헌신하는 시민운동가 등등… 수많은 잠재적 가능성들을 언급한 저자의 결론은 의외로 간단하다. 모두에게 솔직하게 알리고 제대로 이해하고 충분히 토론하자는 것이다. 하지만 우리나라에서 보건의료 빅데이터 추진단이 결성된 지난 2017년 초부터 지금까지 진행된 그나마의 논의과정들은 저자의 기준을 따른다면 무척 미흡한 것으로 보인다. 민감한 개인의료정보의 상업적 활용을 규제해야 한다고 주장하면 1865년 영국에서 자동차가 마차보다 빨리 달리면 안 된다고 규제한 레드플래그법Red Flag Act을 주장하는 시대에 덜떨어진 사람이라는 프레임을 뒤집어쓰기 십상이다. 한편, 빅데이터를 활용해야 한다고 말하면 결국 그 종착점이 어디로 갈지 뻔한데 소위 '엑스맨'이 아닐까 하는 의구심어린 눈길을 받기도 한다. 솔직히 고백컨대 현재로선 본 번역자도 자신할 수가 없다. 일례로, 최근 일부 시민운동단체들이 전개한 '내 건강정보 팔지마' 서명운동도 아직 그다지 큰 호응이 없었던 것으로 보인다. 여러 전문가 분들로부터도 너무 어려운 분야라는 이야기도 자주 듣는다. 하지만 결국은 (유럽연합의 용어인) 정보 주체의 참여와 이해, 동의만이 문제를 해결할 수 있을 것이라는 작은 희망을 품어 본다.

이러한 상황에서 저자의 책은 이 주제의 실상과 역사를 누구나 이해하기 쉽게 들려주는 좋은 정보원이었다. 처음 번역이라는 작업을 하면서 이것이 이렇게 어려운 일이라는 것을 매 순간 실감했다. 공동번역자인 김주연 선생님의 열정과 내공이 없었다면 마치지 못했을 일이었다. 그나마 작은 결실을 맺을 수 있도록 격려해 주신 주변의 여러 분들께 깊은 감사를 드린다. 또한, 번역본을 일일이 읽고 조언을 아끼지 않은 두 아들에게도 고맙다는 인사를 전한다.

한양대학교 건강과 사회 연구소 연구교수 김재용

https://blog.naver.com/dockjy

| 차례 |

들어가며

당신이 의사에게 본인의 내밀한 의학적 문제를 상담하면, 얼마 지나지 않아 당신의 건강 상태에 대한 정보가 당신의 치료나 의료비 지불과는 전혀 상관이 없는 기업으로 팔려 나간다. 전자 의무 기록을 담당하는 기업들이 의사가 컴퓨터에 기록한 당신의 민감한 정보를 팔기도 한다. 혈액 검사를 시행하는 일부 검사기관은 검사 결과의 복사본을 팔기도 한다. 약국은 당신이 처방받은 약에 대한 세부 정보를 공유함으로써 돈을 벌고, 당신의 치료비를 지불하는 보험사들도 마찬가지 방식으로 돈을 번다. 약국, 의사, 병원, 보험회사를 연결해 주는 중개회사들도 당신의 건강에 관한 세부 정보를 공유함으로써 돈을 받는다. 그렇게 거래되는 디지털화된 세부 정보는 한 건당 몇 푼 안 될지도 모른다. 하지만 이것이 수십 억 번 반복된다면, 그 결과로 빅 데이터만 만들어지는 것이 아니다. 빅 비즈니스가 바로 여기에서 시작된다.

보건의료 데이터를 활용하여 영리를 추구하는 기업들은 당신을 포함한 수억 명에 관한 세세한 병력을 수집하기 위해 앞서 언급한 모든 방법을 동원해 정보를 구매한다. 그들이 거래하는 정보에는 당신의 이름과 전화번호가 빠져 있지만, 나이와 성별, 우편번호 일부가 포함되어 있다. 익명화된 의무 기록을 거래하는 사람들은 이런 행위가 거대한 환자 집단에 대한 새롭고도 중요한 연구들을 추진하게 만드는 동력이 된다고 말한다. 프라이버시 옹호자들은 몰래 이루어지고 있는 이런 거래가 보건의료 시스템에 대한 신뢰를 약화시키고 차별과 갈등을 초래할 것이라고 말한다.

역설적이게도, 의료 데이터의 전산화는 정작 그것을 가장 필요로 하는 순간에는 도움이 안 될 수도 있다. 한 남성이 여행 중에 쓰러졌다고 상상해 보자. 구급대가 도착하고, 환자의 지갑을 열어 그의 전자 의무 기록 연결 전화번호를 발견한다. 구급대원은 건강 기록 은행에 전화해서 환자가 응급 상황에서 개인 정보를 사용할 수 있도록 사전 동의를 받아 두었다는 것을 확인한다. 구급대원은 세부 사항을 검토하고 그 복사본을 응급실 의료진에게 보낸다. 이 정보는 환자가 기존에 복용하고 있던 의약품과 충돌하여 부작용을 일으킬 만한 잠재적 위험 요인들을 알려 주고 환자의 건강 상태를 파악하는 데 도움을 준다. 몇 번의 마우스 클릭만으로도 숨어 있는 기록들을 찾아낼 수 있는 이 시대에, 의무 기록에 이렇게 쉽게 접근할 수 있다는 것은 다소 평범하게 들릴지도 모르겠다. 하지만 대부분의 경우, 이런 시나리오는 당장 현실에서 구현되기는 어렵고 미래에나 가능한 일이다. 이 분야의 선구자들이 의무 기록을 전산화하기 시작한 지 이미 반세기가 흘렀음에도 불구하고, 서로 다른 시스템과 공급자가 섞여 있는 상황에서 개개인의 완벽한 의무 기록을 수집하는 것은 쉬운 일이 아니다.

우리가 거의 매일 사용하는 구글이나 페이스북, 아마존 등이 우리의 일상생활에 관한 세세한 정보를 수집한다는 사실을 많은 사람이 깨닫기 시작했다. 그 기업들은 우리가 무엇을 구매하는지, 어디를 가는지, 무엇을 먹는지, 인터넷을 어떻게 검색하는지, 무엇을 읽고 보는지 기록한다. 하지만 의료 정보를 수집하는 정교한 시스템이 수십 억 달러 규모의 사업으로 진화했고, 대부분의 사람이 외부 기업에 알리기 원하지 않을 아주 상세한 정보가 집적되고 있다는 사실을 아는 사람은 거의 없다. 이런 행태를 전혀 눈치 채지 못하고 있는 것은 일반 국민뿐만이 아니다. 나는 이런 거래가 얼마나 거대하게 변모했는지 전혀 모르고 있는 미국 최고의 의과대학 및 보건대학원의 학장과 의사, 약사, 간호사를 많이 보았다. 2014년 백악관의 한 보고서는 이런 비즈니스를 상당히 온건하게 설명했다. "다양한 종류의 개인 건강 정보가 소비자가 기대하는 수준의 의료 데이터 프라이버시에 부합하지 않는 방식으로 수많은 기업 사이에서 공유되고 있으며, 심지어 주 정부들이 이것을 팔기도 한다."*

---

* Executive Office of the President, *Big Data*, 24. 이 보고서는 perma.cc/C2G5-VA6U에 보관되어 있다. (Perma.cc는 하버드 로스쿨 도서관에서 개발한, 웹페이지 복사본을 영구 저장해 두는 서비스다. 이 책에서 인용한 웹페이지들을 보관하는 데 이 서비스를 이용했다.)

만약 성직자와 목사, 회계사, 변호사가 그들의 신자나 의뢰인과 나눈 비밀 대화를 적은 기록을 익명화해서 모두 팔았다고 상상해 보자. 집약된 결과물은 어떤 종류의 사람이 가장 죄를 저지를 것 같은지, 탈세를 할 것인지, 유죄임에도 무죄라고 주장할 것인지에 대한 대단히 흥미로운 통찰을 제공할 수도 있다. 이런 통찰은 종교 지도자와 세무서 직원, 법률 집행자에게 매우 큰 가치가 있다는 것이 입증될 수도 있다. 하지만 이런 거래가 실제로 이루어져서 정보가 공유된다면, 이 분야의 전문가들이 제대로 역할을 하는 데 필수적으로 요구되는 신뢰를 무너뜨림으로써 엄청난 항의가 빗발칠 것임은 익히 예상할 수 있다. 하지만 미국에서는 이와 유사한 정보의 공유가 익명화된 의료 정보에 한해서는 허용되고 있어, 보건의료 부문에서는 하루에도 수백만 건의 정보 공유가 이루어지고 있다.

근래에 기업들과 연구자들은 전례 없이 향상된 컴퓨터의 저장 및 분석 능력에 힘입어 이용할 수 있게 된 어마어마한 분량의 복잡한 전산 정보, 즉 빅데이터의 장밋빛 미래를 예고해 왔다. 그런 모든 과장에도 불구하고, 아직 의료 부문에서는 혁신적인 돌파구가 나타나지 않았다. 경시적 데이터longitudinal data로 알려진, 수억 명의 환자들에 대한 병력을 장기적으로 수집-분석해서 무언가 극적인 발견을 한 것이 있냐고 물어보면, 그런 정보를 거래하는 회사 경영진은 대단한 발견에 대해서는 언급하지 않은 채, 효율성과 흥미로운 통찰에 대한 이야기만 늘어놓곤 한다. 건강 데이터 회사 엠디온Emdeon의 부사장인 크리스 조쉬Kris Joshi는 "현실은 이렇습니다. 보건의료 분야에서 데이터로부터 얻은 편익은 아직 현실로 나타나지 않고 있습니다"라고 말했다. "의료 분야에서는 주입된 정보의 양에 비해 정말 매우 측은할 정도로 적은 가치밖에 만들어 내지 못하고 있습니다."*

최소한 지금까지 어떤 일이 실제로 벌어졌는가 하는 관점에서 지금껏 드러난 근거들을 종합해 보면, 내가 의료 데이터 채굴기업이라고 부르는 기업들은 자신들의 영리 추구를 위한 거래로 얻을 수 있는 과학 부문의 편익을 과장해서 선전해 왔다는 결론에 도달한다.** 조쉬는 빅데이터를 이용해서 과학의 발전을 이룰 것이라는 기업들의 약속에도 불구하고, 막상 기업들은 이 방대한 정보 수집물을 주로 세속적인 상업적 목적을 위해 사용한다고 강조한다. "예를 들어, 의사별로 처방 내역을 파악해서 그 정

---

* 크리스 조쉬와 저자의 인터뷰. 환자 데이터의 상업적 거래의 역사에 관한 문헌이 거의 없었기 때문에, 이 책은 주로 독자적인 조사와 미국, 캐나다, 유럽, 아시아, 아프리카에서 2012년부터 2016년까지 진행한 수백 건의 인터뷰를 기반으로, 수천 페이지에 달하는 문헌 검토를 거쳐서 집필되었다. 달리 명시되어 있지 않은 경우, 책에 있는 인용문과 회고담은 해당 내용과 직접 관련된 사람들로부터 입수한 내용이며, 서로 다른 출처들과의 상호참조 및 확인을 가능한 한 많이 거쳤다. 그 밖의 출처들은 각주에 명시했다.
** 이 책에서 데이터 채굴자data miner라는 용어는 영리를 목적으로 의료 데이터를 수집하는 기업을 가리킨다. 그렇게 모인 데이터는 대부분 재가공, 요약한 후 보고서나 분석 정보를 만들어서 상품으로 판매한다. 이 업계에서는 스스로를 보건의료 정보학health-care informatics 혹은 보건의료 분석 회사health-care analytics companies라고 부른다.

보를 의약품 판매에 이용하고 있습니다." 이런 결과들은 보건의
료 빅데이터가 제시하는 밝은 미래가 실제로 존재하기는 하는지
의문을 불러일으킨다.

　나는 지난 수년간 우리 모르게 당사자의 능동적인 동의도 구
하지 않은 채 행해지는 기업들의 데이터 수집 활동이 극적으로
증가하는 현상을 조사하는 데 시간을 써 왔다. 내 이전 책《베
가스에는 무엇이 있나?: 개인 데이터의 세계-거대 비즈니스의
원동력, 그리고 우리가 아는 프라이버시의 종말What Stays in Vegas:
The World of Personal Data - Lifeblood of Big Business and the End of Privacy as We
Know It》은 여러 산업계에서 똑똑하고 선의에 가득 찬 경영자들
이 우리 모두의 정보를 지속적으로 수집하는 것을 어떻게 기업
의 가장 핵심적인 관심사로 만들어 냈는지 기술하고 있다.* 가
끔은 그런 행위들이 고객에게 이득을 주기도 하지만 그렇지 않
은 경우가 더 많다. 성장하고 있는 데이터 경제의 다른 분야와
마찬가지로, 착하고 이상주의적인 수많은 사람들이 의료 정보
의 거래에 관여되어 있다. 생명보험 거부에서 타인 명의의 의료
보험 부정사용까지, 그리고 채용 거부에서 공갈 협박까지, 이 분
야보다 더 큰 부정적인 결과를 초래할 만한 위험성을 안고 있
는 곳은 다른 어디에서도 본 적이 없다. 배우 찰리 쉰Charlie Sheen

---

* Tanner, *What Stays in Vegas*.

은 자신이 인간면역결핍바이러스HIV 양성 상태라는 것을 공개하겠다는 협박을 받고 이를 비밀에 부치기 위해 수백만 달러를 지불했다는 사실을 2015년에 밝힘으로써, 의료 데이터가 개인에게 어떤 위협을 가할 수 있는지 보여 주었다. 컴퓨터의 성능이 점점 더 강력해짐에 따라, 상업적으로 거래된 환자 데이터로부터 개인 정보가 재식별화될 가능성이 크게 증가하는 위험에 직면해 있다. 즉, 개인 식별에 쓰일 수 있는 이름과 주소, 기타 직접적인 관련 정보를 지운다(이를 비식별화de-identification라고 한다)고 해도, 외부인이 도둑질이나 불법적인 이용을 목적으로 다른 단서들을 이용해 퍼즐 맞추듯이 환자의 신원을 식별해(비식별화의 반대 과정으로 재식별화re-identification라고 한다) 낼 수 있다는 뜻이다.

나는 이 시스템의 숨겨진 진화의 비밀을 풀기 위해 수백 명의 업계 내부자들을 인터뷰하고 기업가들과 함께 그들이 환자의 생명에 끼친 영향에 대한 역사를 함께 그려 내고자 했다. 나는 자신을 노출시키는 것에 격렬하게 저항하는 업계의 내막을 드러내기 위해 북미와 유럽, 아시아를 횡단했다. 기업들은 이런 것을 공개하는 것이 그들의 수익성 높은 사업을 붕괴시킬까 봐 걱정하고 있다. 하지만 그들은 우리의 가장 은밀한 정보를 사고판다. 이것은 선견지명이 있는 경영진과 이상주의적인 의사, 데이터 과학자, 영리한 장사꾼, 그리고 자신만의 내밀한 정보가 상업과 과학 연구에 있어서 이전보다 훨씬 더 필수적인 요소가 되어 버려 사면초가에 처한 환자들로 구성된 세계다. 그리고 이 세계는 우리의 안녕이 잠재적으로 위험에 노출된 세계이기도 하다. 이제부터 풀어 나갈 이야기들은 건강 데이터 채굴에 종사하는 많은 이들이 자신들만의 비밀로 간직하고 싶어 하는 것들에 대한 이야기이다.

1장

약국이 알고
있는 것

약국에 간 데보라 필

약국에서 처방전을 건네던 데보라 필Deborah Peel은 카운터 너머에서 무언가를 발견하고 순간적으로 화가 치밀었다. 당시는 1990년대 후반이었고, 새 컴퓨터의 깜빡이는 불빛에 집중했을 고객은 거의 없었을 때였다. 하지만 환자들의 비밀을 지키겠다고 선서한 프로이트학파 정신과 의사인 필은 문제가 있음을 직감했다. 그녀는 약국 주인을 불러 달라고 요구했다.

텍사스 주 오스틴에 있는 태리타운Tarrytown 약국은 급격한 변화를 거부할 것 같은 분위기의 마을이었다. 1941년에 문을 연 이 약국은 약사들이 반갑게 이름을 부르며 손님들을 맞이하고 가족의 안부도 묻는 등 약국 체인점에서는 이미 사라진 지 오래된 공동체 의식을 간직하고 있었다.

필은 지금까지 진료를 하면서 항상 약물보다는 비약물적인 치료를 더 선호했다. 하지만 조울증, 우울증, 약물중독 혹은 정신병에 대해서는 때때로 약을 처방하기도 했다. 약물요법을 필요로 하는 정신건강 문제 혹은 약물중독이라는 진단이 만약 약국이나 진료실을 넘어서서 외부에 알려진다면 이것이 환자에게 불리한 차별이나 심지어 공포와 혐오감까지 불러일으킬 수 있다는 점을 그녀는 잘 알고 있다. 이것이 그날 필이 약국에서 화가 났던 이유다. 기원전 5세기로 거슬러 올라가는 히포크라테스 선서의 열렬한 신봉자인 그녀는 컴퓨터로 인해 환자의 동의도 받지 않고 정보가 더 쉽게 유출되는 것은 아닌지 걱정했다.

"저는 제 가족의 기록이 여기에 입력되는 것을 원치 않아요!" 그녀는 브라이언 뉴베리Brian Newberry에게 말했다. 그 사람은 아버지와 삼촌의 뒤를 이어 이 약국을 물려받은 지금의 주인이다.

그녀는 약국에 왜 컴퓨터를 설치했는지 알려 달라고 요구했다. 이 질문은 뉴베리를 놀라게 했다. 기술 혁명은 의료계를 광범위하게 휩쓸고 있었다. 처방전과 보험금 청구에는 수많은 절차가 필요했지만, 컴퓨터가 이 절차들을 크게 간소화했다. 더구나 업계 최대의 약 도매업체인 맥케슨McKesson이 그 작업에 쓰이는 소프트웨어를 공짜로 제공했던 것이다.

"우린 정말 큰일 났구나." 필은 생각했다. 그녀는 환자 데이터의 급격한 확산에 맞서 싸우기로 결심했다.* 강고한 의지를 지닌

---

* 이 책에서 환자 데이터patient data란 의사의 진료 소견과 혈액검사 결과 또는 보험 청구내역 같은 정보를 뜻하며, 환자의 이름이 포함되어 있거나 익명으로 처리된 것을 모두 포함한다. 반면, 다수의 의료 정보 구매자나 판매자들은 익명으로 처리된 정보를 환자 데이터가 아닌 것으로 간주한다. 이 책에서는 내부자들만이 알아들을 수 있는 언어보다는 비전문가들도 이해할 수 있는 단어들로 의료 정보 업계를 설명하고자 했다.

이 텍사스 사람은 거대한 제약회사와 의료계를 상대로 환자의 프라이버시를 지키기 위한 싸움을 벌이려 하고 있다.

정신의학계의 아웃사이더

필은 1950년대에 학자 집안에서 태어나 성장했다. 그녀의 아버지인 에이브러햄 찬스Abraham Charnes는 경영학에 수학적 방법을 도입한 유명한 전문가였다. 어머니인 캐서린Katheryn은 한때 경제학 가정교사로 일했고 딸에게 독립적인 삶을 살도록 가르쳤다. 교수인 그녀의 아버지가 대학을 옮겨 다니면서 그녀는 출생지인 피츠버그로부터 인디애나 주 웨스트 라피엣으로, 나중에는 일리노이즈 주 이븐스톤으로, 마지막으로 현재 살고 있는 오스틴으로 1968년에 이사했다.

유난히 총명했던 필은 학교에서 우등생이었다. 그녀는 고등학교를 조기졸업하고 1968년에 오스틴에 있는 텍사스 대학교에 입학했다. 청바지와 저항문화로 대변되는 1960년대 시카고의 분위기와는 달리, 이곳에서 그녀는 여성들이 예복과 팬티스타킹, 긴 장갑을 끼고 다니는 사교 클럽들이 존재하는, 마치 10년 전의 낯선 세상으로 돌아간 것 같은 느낌을 받고는 했다. 캠퍼스는 학교를 저학년만 마치고 할리우드로 진출하기 위해 중퇴한 미녀대회 우승자의 이야기로 떠들썩했다. 얼마 지나지 않아 수많은 미국인들의 입에 파라 포셋Farah Fawcett이라는 이름이 오르내리기 시작했다.

필은 학문에 더욱 전념했다. 엄밀히 따지면 그녀도 이미 과거에 고등학교를 조기졸업하고 대학에 왔으며, 18세의 나이에 다시 대학을 중퇴하고 갤버스턴에 있는 텍사스 대학교 의과대학으로 진학했다. 그녀는 전체 124명의 학생 중 10명에 불과한 여성 가운데 한 명이었고, 후에 정신의학에 입문했다. 몇몇 동료 학생과 교수는 지그문트 프로이트나 칼 융처럼 수염을 기른 남성만의 전문 영역에 여성이 침범해 들어오는 것을 탐탁지 않게 여겼다. 의료계 내에서는 많은 이들이 정신의학을 주류 학문이 아닌 것으로 간주했고, 이런 분위기는 그녀를 한층 더 의료계의 아웃사이더인 것처럼 만들었다.

전공의 과정을 마치고 프로이드학파 정신분석가들과 일하면서, 필은 억압되고 고통스러운 증상들을 치료할 때 환자의 프라이버시를 완벽하게 지켜 주어야 한다는 것을 배웠다. 환자는 자신이 정신과 의사에게 한 말들이 절대로 외부로 새어 나가지 않는다는 것을 확신할 때만 입을 열기 때문이다. 필은 1977년부터 진료를 하기 시작했다. 수련을 마치고 그녀가 만난 첫 환자가 그녀에게 물어본 질문은 놀라운 것이었다. "제가 돈을 지불하면 제 기록을 비밀에 부쳐 줄 수 있나요?"

그녀는 의무 기록과 보험 청구 자료가 얼마나 멀리 그리고 얼마나 넓게 공유되는지 의문을 품기 시작했다. 누가 그런 정보를 열람할 수 있는가, 그리고 그들은 그 정보를 가지고 무엇을 하는 가? 그런 질문은 신체나 정신에 대한 공포, 절망적인 외로움, 자살에 대한 생각, 억눌린 분노나 혐오, 끊이지 않는 불안감과 질투 등 사람들의 깊은 내면에 있는 감정을 듣는 정신과 의사에게는 필수적인 것이다. 짧게는 몇 년 혹은 길게는 몇 십 년 동안, 일주일에 많으면 다섯 번이나 만나는 과정에서 만들어진 깊은 유대 감은 정신과 의사를 그 환자가 가장 믿을 수 있는 사람으로 만들기도 한다.

정신과 의사가 보유한 비밀에 대한 유혹은 할리우드 영화의 줄거리나 현실 범죄에 영감을 주었고, 그중 가장 악명 높은 사건은 필이 의과대학에 다니고 있을 때 일어났다. 이 악명 높은 사건은 1971년 여름, 리처드 닉슨Richard Nixon 대통령과 그의 보좌관이 베트남 전쟁 역사에 대한 치명적인 비밀을 《뉴욕타임스》와 《워싱턴 포스트》에 흘린 사람이 누구인지 찾는 과정에서 벌어졌다. 랜드 코퍼레이션RAND Corporation[역주: 미국의 대표적 싱크탱크 중 하나로, 더글러스 항공이 1948년에 설립했다.]의 전직 군사 분석가인 대니얼 엘스버그Daniel Ellsberg가 훗날 펜타곤 페이퍼Pentagon Papers라고 알려진 자료를 기자들에게 제공했다는 것을 알아낸 후, 닉슨의 보좌관과 일부 추종자들은 백악관 바로 맞은편에 있는 아이젠하워 빌딩 지하의 작은 사무실에서 비밀 모임을 가졌다. 그들은 화가 났고, 복수를 원했다.

그들은 자기들이 마음껏 휘두를 수 있는 세계 최고의 막강한 권력을 동원하여 광범위한 세무감사, 누명을 씌우는 계략, 또는 엘스버그가 공산주의에 동조했다고 고발하는 방안 등을 검토했다. 하지만 그들은 그런 방법 대신, 엘스버그가 방문하는 정신과 의사의 사무실에서 파일을 훔치는 것이 엘스버그에게 가장 큰 피해를 줄 수 있으리라 판단했다. 1971년 9월 3일, 백악관의 명령에 따라 움직이는 몇 명의 절도범이 엘스버그의 정신과 주치의 루이스 필딩Lewis Fielding의 베벌리힐스 사무실에 무단으로 침입했다. 언론에 노출되는 것을 방지하기 위해, '배관공plumbers'이라는 암호명을 사용한 이들을 전 씨아이에이CIA 공작원인 하워드 헌트E. Howard Hunt가 지휘했다. 그들은 엘스버그의 은밀한 의학적, 개인적 비밀을 찾아내기 위해 곧바로 주치의의 회색 금속 서류 캐비닛으로 향했다.

그들은 엘스버그에게 오명을 뒤집어씌울 수 있는 마약이나 일탈적인 성행위, 기타 모든 증거를 찾기 위해 의무 기록을 뒤졌다. 대통령은 "우리는 이 개자식을 꼭 잡아야 한다We've got to get this son of a bitch"고 법무장관에게 말했다. 베트남 참전용사인 엘스버그는 우울증과 일부 대인관계상의 문제를 겪고 있었다.* 하지만 배관공들은 특별한 것을 발견하지 못했다. 임무는 실패했고, 이

---

* Wells, *Wild Man*, 25. 닉슨이 엘스버그에 대해 발언한 내용은 백악관의 녹음 장치에 의해 녹음되었으며, 그 음성 파일과 녹취록은 Miller Center, University of Virginia, "Richard M. Nixon Presidential Recordings," Nixon Conversation 006-021에 있다. 기록은 perma.cc/JU9X-4DZL 참고.

사건은 1974년 닉슨의 사임으로 막을 내린 워터게이트 사건의
서막이 되었다.

약국 조사

정신과 의사가 적어 준 처방전은 그 환자 개인의 정신건강에
대해 엄청난 정보를 제공할 수 있다. 이것이 데보라 필이 약국에
서 새로 설치한 컴퓨터를 보고 그토록 놀랐던 이유다. 그러나 그
녀도 외부인들이 이미 오래전부터 상업적인 목적으로 환자 처방
전 내용을 캐내고 있었다는 것은 알지 못했다. 의료 데이터 사업
에 관해 상당히 알고 있는 보건의료 전문가라 할지라도 시대를
앞서가는 이런 작업에 대해 알고 있는 사람은 거의 없다.

학위논문 주제를 연구하고 있던 약학과 대학원생 레이 고슬린
Ray Gosselin은 1947년에 매사추세츠 주에 있는 여러 약국에 처방
전 기록을 복사해 달라고 요청했다. 제2차 세계대전 해군 참전용
사인 고슬린은 약의 평균 가격이 얼마고 가장 일반적으로 쓰이
는 성분이 무엇인지 등에 관한 통계치를 알아내고자 했다.* 고슬
린은 매사추세츠 대학교 약학과를 졸업한 여러 선후배 약사에

---

* 이 부분에 대한 자세한 기록은 고슬린이 쓴 "Massachusetts Prescription Survey
1947" 논문에 나와 있다.

게 도움을 요청했다. 요청을 받은 약사들은 자발적으로 매사추세츠 주에 있는 2,142개의 약국 중에서 마을의 크기와 위치 등을 고려하여 대표성이 있는 표본을 추출하기 위해 92개의 약국을 선정했다. 여기에 참여한 약국들은 사계절마다 각각 12개씩, 총 48개의 처방전 내역을 복사했다. 약국 주인과 관리자들은 흔쾌히 참여했고 조사를 담당하는 학생들이 원하는 것은 무엇이든 기록할 수 있도록 허락했다. 연구자들은 환자의 이름을 볼 수 있었지만 기록은 하지 않았다.

고슬린의 학위논문은 1947년도의 평균 처방 비용(1.42달러)에서부터 라틴어로 적힌 약 성분의 비율(예: 2.67%)까지 숫자와 표로 가득 차 있었다. 고슬린은 약사가 약을 제공하기 전에 발견해서 수정한 두 건의 위험한 과다 용량 처방을 포함하여, 처방전에 흔히 나타나는 철자 오류와 기타 실수를 기록했다.

제약회사들은 고슬린의 연구가 상당히 흥미롭다는 사실을 알아차렸다. 당시까지 기업들은 자신들이 경쟁에서 뒤처지고 있지 않은지 파악하기 위해 정확한 판매 데이터를 확보하는 데 사력을 다하고 있었다. 그들은 자료를 보여 주는 데 동의한 일부 약국에 판매 사원들을 파견해서 얻어 내는 불완전한 정보에 의지했다. 그런 노력에는 많은 시간이 소모되었고 기껏해야 감을 잡는 정도의 성과밖에 내지 못했다. 지역 내 약국 중에서 통계적인 표본을 선정하는 방법은 훨씬 더 정확한 정보를 제공할 수 있었다. 한 제약업자는 고슬린에게 연구 결과의 의미를 보고서로 자세히 정리해 주면 2,000달러를 주겠다고 제안했다. 당시 이 정도의 금액은 대학원생에게는 상당히 큰 것이었다.

고슬린은 1948년과 1950년에 매사추세츠 주에서 했던 조사를 다시 수행했다. 주 내에 있는 전체 약국의 5%에 달하는 95개의 약국을 조사하는 것으로 대상을 확대했다. 1952년에 그는 두 달에 한 번씩 전국적인 약국 조사를 수행하는 일명 '전국처방전심사National Prescription Audit'라는 사업을 시작했다. 고슬린과 그의 아내 크리스Chris는 장모로부터 4,000달러를 빌려 보스턴에 있는 지하 사무실에 터를 잡았다. 초기 몇 년 동안에는 15개 도시의 200개 약국에 집중했고, 나아가 400개, 800개, 그리고 드디어는 훨씬 더 크게 사업을 확장했다.*

처음 몇 년 동안 이 기업은 전국의 여러 지역에 흩어져 있는 성실한 대학생들에게 의존했다. 학생들은 직접 약국을 방문해서 자료를 일일이 손으로 기록했다. 고슬린은 처방전당 5센트를 조사원에게 지불하기 시작했고, 나중에는 약국이 직접 자기네 정보를 우편으로 보내 주면 아주 적은 돈을 약국에 직접 지불

* Gosselin, "The Statistical Analysis of the Distributions and Trends of Prescriptions Dispensed in Massachusetts in 1950"과 Gosselin, "History of the Determination of Market Share for Diethylstilbestrol in an Era Prior to the Development of Relative Denominator Values" 11 참고. 그 밖의 상세한 내용은 Gosselin and Gosselin, "Gosselins in the Twentieth Century"와, 저자가 2015년 3월 4, 5, 12일에 레이 고슬린의 전 동료와 그의 자녀들을 인터뷰한 내용에서 인용했다.

했다. 1959년에 고슬린은 정보 수집 사업을 의사의 진료실로도 확장했다. 그는 의사의 나이와 학위, 기타 범주에 따라 어떤 전문의가 어떤 약을 사용하는지 파악할 수 있도록 처방전에 자세한 사항을 적어 줄 것을 의사들에게 요청했다.

여러 해가 지나, (필을 화나게 했던 것과 같은) 약국의 컴퓨터를 이용해서 외부인이 더 많은 건강 정보를 자동으로 수집하게 되었는데, 이는 고슬린과 같은 선구자들은 전혀 예상하지 못했던 것이다. 그날 동네 약국에서 느낀 필의 직감은 정확했다. 컴퓨터는 의료 데이터에 대한 상업적 쟁탈전을 촉진하였다. 건강 정보를 가장 잘 캐내는 사람에게는 상당한 보상이 주어졌다. 급격하게 증가한 이런 거래는 더 많은 정보를 향한 욕망에 불을 붙였고, 결국 환자들의 가장 은밀한 비밀을 상품으로 바꾸어 놓았다.

2장

약국과 중개상의
데이터 노다지

환희의 순간

1980년대와 1990년대를 휩쓴 급격한 컴퓨터화는 보건의료 관련 기업들에게 거대한 상업적 기회를 열어 주었다. 정부의 규제와 보험 청구 업무로 인해 어마어마한 분량의 서류 작업이 필요했는데, 전산화는 그 과정을 크게 간소화했다. 더구나 이 모든 정보를 기계에 입력하는 과정에서 다른 누군가가 돈을 주고 살 만한 부산물도 생산되었다. 목재를 자르는 과정에서 생긴 부산물인 나뭇조각을 파티클보드 공장에 팔듯이, 이제 약국을 비롯한 보건의료 부문의 여러 중개기업들은 그들이 원래부터 생산하던 데이터를 이용해서 돈을 벌게 되었다. 재수가 좋은 경우에는 그 부산물을 서로 다른 기업에게 여러 차례 중복해서 팔기도 했다.

이런 정보 시장을 창조한 새로운 건강 데이터 상인들은 애당초 의료계를 혼란케 하거나 환자의 프라이버시를 훼손하려는 의도는 없었다. 그들은 그저 제약회사의 약품 판매 활동을 돕는 과정에서 이윤을 창출할 새로운 기회를 잡으려 했다. 0과 1로 구성된 디지털화된 데이터에서 큰돈을 벌어들일 가능성을 포착한 경영진들에게 이 모든 것은 굉장히 흥미로운 일이었다.

"오 이런, 우린 실시간으로 어마어마한 양의 데이터를 수집하고 있어!" 미국 제약 부문의 가장 큰 도매업자 중 하나인 카디널 헬스Cardinal Health는 1998년에 회사에서 처리하는 모든 정보를 이용해서 돈을 버는 사업을 벌이고자 프리츠 크리거Fritz Krieger를 고용했는데, 회사의 데이터를 살펴본 그는 이렇게 생각했다.

대중에게는 거의 알려지지 않았지만, 당시 카디널은 보건의료 업계를 좌우할 중대한 기로에 서 있었으며 이미 미국의 주요 대기업 가운데 하나였다. 1990년대 말에 카디널은 110억 달러 이상의 연간 매출을 올려 《포춘 500》 기업 순위에서 145위를 차지했다. 카디널은 약국에 약품을 공급하는 것 이외에도, 약국에서 의료보험에 가입한 소비자가 처방된 약품을 구매할 때 약사가 가능한 많은 수익을 얻을 수 있도록 도와주는 서비스를 제공하면서 약국의 거래 내역을 모니터할 수 있었다.* 순식간에 자료를 처리하는 카디널의 온라인 처방지원 프로그램 스크립트라인은 모든 거래 내역의 디지털 복사본을 전송받았고 이를 통해 제약업계의 주요 흐름을 실시간으로 파악할 수 있었다.

카디널의 경영진은 이내 새로운 데이터 사업뿐 아니라 시스템

---

* 제약업계에서 스크립트라인ScriptLINE은 사전-사후 판정 프로그램pre/post adjunction agent으로 알려져 있었다. 프리츠 크리거에 의하면, 이 프로그램을 사용한 약국들은 데이터를 또 다른 중개기업인 보험약제 관리기업pharmacy benefit manager에 전송하기 전에 오류를 바로잡음으로써 처방전당 평균 35센트를 더 받을 수 있었다.

구축 이후 매년 300만 달러의 손실을 발생시켜 온 스크립트라인의 운영도 크리거에게 맡기기로 결정했다. 어느 목요일, 크리거의 상사는 그에게 1998년 말까지 스크립트라인을 흑자로 돌려놓든지 아니면 사업을 접으라고 지시했다. 다음 날 저녁, 크리거는 주말을 맞이하여 디트로이트에 있는 가족에게 돌아가기 위해 3시간 반 동안 운전을 하면서 다음 단계로 무엇을 할지 심사숙고했다.

문득 기막힌 생각이 떠올랐다. 그는 매우 흥분해서, 생각을 정리하기 위해 운전 중이던 포드 엑스페디션을 4차선 고속도로의 갓길에 세웠다. 1950년대 중반에 설립된 아이엠에스 헬스IMS Health는 많은 경쟁사를 합병하고 약국 조사의 선구자 레이 고슬린 같은 업계 최고의 전문가들을 영입하면서 의료 데이터 채굴 분야에서 오랫동안 선두를 지켜 왔다. 그러나 "제약 및 보건 업계 세계 최고의 정보 솔루션 회사"를 자처해 온 아이엠에스는 다른 약들이 얼마나 많이 팔렸는지 파악하는 보고서를 작성하는 데 시간이 너무 오래 걸렸다. 크리거는 그 몇 주의 지연 시간이 아킬레스건이라고 생각했다. 그는 제약회사들에게 실시간으로 시장 판매 정보를 제공하는 새로운 회사를 차리기로 했고, 얼마 후에 이 회사를 '아크라이트ArcLight'라고 이름 붙였다. 그는 스크립트라인이 생산한 정보만 사용하는 것에서 그치지 않고, 거대 약품 도매상인 카디널과 이미 밀접한 관계를 가지고 있는 약국 체인들을 상대로 보유 중인 거래 내역 정보를 팔라고 설득할 방법을 모색했다.

보건의료 데이터 분야에서 아이엠에스에 도전하는 것은 마치 새로운 콜라를 생산해서 코카콜라에 도전하는 것과 같았다. 하지만 크리거는 다윗과 골리앗의 싸움처럼 역전될 가능성을 보고 전력을 다했다. 그는 약국 체인 기업인 씨브이에스CVS의 경영자 2명을 만나 더 많은 데이터를 확보할 방법을 찾았다. 이미 씨브이에스는 아이엠에스에 정보를 팔고 있었지만, 크리거는 업계 최고의 회사인 아이엠에스가 싼값에 정보를 가져가고 있어 씨브이에스에 손해를 끼치고 있다며 설득했다. 씨브이에스의 경영자들은 그의 비전에 감명을 받았지만, 이미 아이엠에스로부터 연간 400만 달러를 받고 있으며 다른 기업에 이보다 싼 가격으로는 데이터를 팔지 않기로 계약했다고 답했다. 카디널 헬스가 1997년도 순이익이 1억 8,100만 달러에 달하기는 했지만, 아무리 주요 약국 체인이라 해도 한 약국 체인의 데이터를 위해 400만 달러를 지출하는 것은 너무 위험성이 크고 비싼 것이었다. 크리거는 카디널의 최고경영자 밥 월터Bob Walter를 찾아가 조언을 구했다.

"그냥 그들을 우리의 파트너로 만드는 게 어때?"라고 월터가 말했다. 거대 약국 체인들과 동업을 맺자는 말이었다.

그 간단한 아이디어는 아이엠에스에게 상당한 위협이 될 수 있었다. 가장 큰 데이터 채굴 회사인 아이엠에스는 영리한 전술과 공격적인 가격 정책을 통해서 신규 진입자의 도전을 어렵게 만들었지만, 약국들이 아크라이트의 지분을 가지고 있다면 아이엠에스에 데이터를 주지 않음으로써 아이엠에스의 시장 지배력을 깎아내리는 결정을 할 수도 있다. 소유 지분을 주겠다는 약속에 넘어간 씨브이에스는 계약을 했고, 케이마트Kmart와 다른 체인점들도 계약을 했다. 월마트Walmart는 1990년대 말부터 아이엠에스에 데이터 제공하기를 중단했는데, 이는 경쟁업체들이 아이엠에스 보고서를 이용해서 개별 매장의 수익을 추정할 수 있다는 것을 알아채고 나서부터다. 월마트는 아크라이트의 새로운 접근법을 선호했고 결국 아크라이트와 계약을 맺었다.

얼마 지나지 않아 아크라이트는 미국 내 전체 약국 판매량의 60%에 달하는 정보를 수집하게 되었다. 유능하고 열정적인 경영진은 회사가 그들에게 바라는 것을 정확히 실행하고 있었는데, 그것은 데이터를 활용해서 수익성이 높은 사업을 새로 확장하는 것이었다. 개인 데이터의 수집이 전례 없이 확대되고 있었음에도 이 모든 정보의 출처, 즉 개별 환자에게 끼칠 영향을 숙고하는 사람은 거의 없었다.

약국의 전산화

아크라이트와 아이엠에스, 그리고 다른 데이터 채굴 회사들은 1970년대 초반부터 시작된 선구자적인 작업 덕분에, 미국 내에서 발행된 처방전 상당 부분의 사본을 얻을 수 있었다. 켄터

키 메디컬 센터Kentucky Medical Center의 박사과정 학생이던 데니 브릴리Denny Briley 같은 사람들이 병원 내 약국을 위한 컴퓨터 프로그램을 개발하기 시작했을 때였다. 그가 속해 있던 병원은 약품의 중복 처방을 예방하고 약품 간 상호 부작용을 약사에게 경고하는 프로그램을 개발하는 데 약 50만 달러(현재 가치로는 그 다섯 배인 250만 달러에 해당한다)를 투자했다. "그것은 약국을 변신시켰습니다." 데니 브릴리가 말했다. "약국 시스템의 전산화가 불러온 가장 큰 변화는 환자 안전 점검에 관련된 모든 영역의 판도를 뒤바꾸었다는 것입니다."

이러한 컴퓨터 초기 시대에는, 환자의 건강을 향상시키는 것이 목적이었지 어떤 누군가에게 힘을 몰아주려고 했던 것은 아니다. 하지만 사업가들은 환자 정보가 그들의 경쟁력을 향상시키는 데 도움이 된다는 것을 재빠르게 알아차렸고, 상업적 약국들은 브릴리 등 초창기 멤버들의 시도를 따라했다. 아이비엠IBM이 새로운 가정용 컴퓨터를 소개한 1981년에, 아이오와 주 디모인Des Moines에 있는 월그린Walgreens 체인의 다섯 개 분점은 위성 인터넷으로 서로 연결된 컴퓨터를 설치했다. 이를 통해 환자들이 다섯 지점 중 아무 곳에서나 약품을 재처방받을 수 있게 되었다. 1997년에 월그린은 전국의 모든 지점을 연결했다.* 당시 월

---

* Walgreens, "Walgreens Historical Highlights", 기록은 http://perma.cc/2HVY-6DJV 참고.

그린은 "이것은 현재의 당신을 위한 미래의 시스템입니다It's the system of the future caring for you today"라는 광고를 신문에 게재했다. 1980년대 후반에는, 서로 연결된 컴퓨터들이 웃으면서 "월그린에는 친구와 같은 컴퓨터 네트워크가 있습니다"라고 하는 텔레비전 광고가 방영되었다.

또한, 디지털화는 이전과 달리 데이터 채굴자들이 약국에서 발생한 매출을 처방전별로 정확하게 추적할 수 있게 했다. 미국 아이엠에스의 전 사장인 데니스 터너Dennis Turner는 말했다. "1970년대에 우리는 의료 행위에 관련된 업계의 데이터를 수집하고자 했습니다. 그런데 우리가 실제로 구할 수 있었던 것은 약국과 도매업자들의 판매량에 관한 매우 투박한 정보뿐이었습니다. 처방전 정보까지는 얻을 수 없었습니다."

터너에 따르면, 1986년에 이르러 약국의 3분의 2 정도가 약품 조제와 환자 기록 관리를 위해 컴퓨터를 사용하게 되었다. 이런 디지털화는 데이터 채굴자들이 처방전 복사본을 손쉽게 사들일 길을 열어 주었고, 약국들이 어떤 약품을 구매해 가는지뿐만 아니라 실제로 어떤 약품이 어떤 속도로 조제되어 소비되는지에 대한 중요한 정보를 마케팅 담당자들에게 제공했다. 1987년부터 1991년까지 아이엠에스 미국 본부의 최고경영자였던 제러미 앨런Jeremy Allen은 그런 정보는 새로 출시한 약이 대박상품이 될 것인지의 여부를 판단하는 데 특히 중요하다고 설명했다. "예를 들어, 새로운 상품을 시장에 내놓으면 일단 모든 약국이 재고를 확보하기 위해 그 상품을 구매합니다. 하지만 실제로 얼마나 잘 팔려 나가는지 알지 못한다면 이런 정보는 그다지 가치 있는 정보가 아닙니다."

초창기에 이 기술을 사용한 사람들 가운데 한 명인 토머스 메니건Thomas Menighan은 약국 데이터를 이차적으로 활용하는 시장에 처음으로 투자한 사람이었다. 1978년, 그는 웨스트버지니아 주 헌팅턴에서 메디신 샵Medicine Shoppe이라는 프랜차이즈 회사를 설립했다. 얼마 지나지 않아 그는 하루 종일 소비자의 주문에 따라 보험 청구 서류를 직접 손으로 작성하는 일에 염증이 났다. 다음 해에 그는 컴퓨터를 설치했다. 얼마 지나지 않아 그는 들어보지 못한 이름의 회사로부터 깜짝 놀랄 제안을 받았다. 아이엠에스 헬스가 그에게 처방 정보 파일을 8인치 플로피디스켓에 복사해서 우편으로 보내 주면 매달 50달러를 주겠다고 제안한 것이다. 아이엠에스가 제공하는 소프트웨어는 환자의 이름을 지웠지만 환자의 나이와 의사의 이름, 그리고 약품과 복용량에 대한 상세 정보는 남겼다. "당연히 설치하죠." 메니건은 그때를 떠올렸다. "전 그 회사로 디스켓을 보내고 그것으로 50달러를 챙기는 겁니다. 저는 마치 강도처럼 손쉽게 돈을 버는 것이라고 생각했어요!"

시간이 지나자, 데이터 채굴자들은 소규모 자영업자들보다는 씨브이에스나 월그린 같은 체인에 집중했다. 이런 방식으로 데이터 채굴자들은 하나의 거래로 수천 개의 매장으로부터 수백만 건의 기록을 수집할 수 있었다. 데이터를 파는 것은 돈을 찍어 내는 것만큼이나 쉬워 보였다. 어차피 약국들이 수집하고 있던 정보였기 때문이다. 대부분의 약국 체인이 열성적으로 참여했다. 여러 회사의 처방 주문을 처리하는 미국 최대의 보험약제 관리기업인 씨브이에스 케어마크CVS Caremark나 익스프레스 스크립츠Express Scripts 같은 통신판매 약국들도 이 새로운 시장에 참여했다.

대다수 약국의 침묵

오늘날 약국 체인들은 처방전을 익명화한 복사본을 팔아 돈을 버는 데 만족하고 있다. 단지 그것을 내놓고 말하는 것을 좋아하지 않을 뿐이다. 어니 보이드Ernie Boyd는 그런 약국 체인 기업에서 40여 년 동안 일해 왔고, 현재는 오하이오 주 약사회의 대표로 있다. 그는 다음과 같이 말했다. "진실에 더 가까이 다가가는 것은, 당신의 싸움이 더 험난해진다는 뜻입니다. 이 사람들은 자신들의 사업 방식이 노출되기를 원하지 않습니다. 그들은 일이 돌아가는 실상을 사람들이 알게 되기를 원치 않습니다. 그들이 적게 말하고 싶어 할수록, 그곳엔 더 많은 무언가가 있다는 뜻입니다."

나는 크고 작은 여러 약국 체인에 연락을 취하고 경영진과 고객 서비스 책임자를 만나서 그들로부터 데이터 판매에 대한 이야기를 듣고자 했다. 그들의 얼버무리는 말과 앞뒤가 안 맞는 설명은 거의 코미디에 가까웠다. 예를 들어, 라이트에이드Rite-Aid(2015년 월그린에 인수되기 전까지 미국에서 네 번째로 컸던 약국 체인)의 고객 서비스 책임자는 데이터 판매에 관한 나의 질문에 이렇게 답했다. "라이트에이드는 고객의 프라이버시를 존중하기 때문에 아무런 고객 정보도 팔지 않습니다."* 준법감시 담당 부대표인 앤드류 파머Andrew Palmer는 반대로 다음과 같이 말했다. "라이트에이드 주식회사는 다른 회사들이 그러하듯, 아이엠에스에 정보를 팔고 있습니다."** 내가 파머로부터 이메일을 받은 지 20분 후, 선임 부사장 댄 밀러Dan Miller의 부하 직원으로부터 답장을 받았다. 그는 같은 질문에 대해 답하기를 거절했다.

미국 남서부에서 약국이 입점돼 있는 슈퍼마켓을 운영하는 퍼블릭스Publix는 다양한 답변을 내놓았다. 약국 관리감독자인 존 파이버스Jon Pybus는 "퍼블릭스의 약국들은 당신의 사적인 건강 정보를 전혀 팔지 않습니다"라고 답했다.*** 약국 관리팀의 팀장인 데이비드 커커스David Kirkus는 다른 방식을 택했다. 그는 환자의 프라이버시 보호를 위해, 퍼블릭스가 데이터 채굴자들에게 처방 정보를 파는지의 여부를 밝힐 수 없다고 했다. 그는 "고객의 프라이버시를 보호하고 존중하고자 하는 회사의 정책에 따라, 우리는 이런 성격의 조사에 협조하지 않습니다"라고 했다.****

미국에서 가장 큰 약국 체인인 월그린은 어떨까? 대외 홍보 부

---

* 2014년 4월 30일 카일 크롬웰Kyle Cromwell이 저자에게 보낸 이메일.
** 2014년 8월 29일 앤드류 파머가 서사에게 보낸 이메일.
*** 2014년 4월 28일 존 파이버스가 저자에게 보낸 이메일.
**** 2014년 5월 2일 데이비드 커커스가 저자에게 보낸 이메일.

문 부사장 마이클 폴진Michael Polzin은 "우리는 당신이 찾는 정보를 제공해 줄 수 없지만, 업계의 입장을 얼마라도 파악하기 원하신다면 전국약국체인협회National Association of Chain Drug Stores에 연락해 볼 것을 권합니다"라고 회신했다.[*]

월마트의 글로벌고객관리-분석 부문 부사장인 신디 데이비스Cindy Davis는 "우리는 이런 종류의 정보를 외부와 공유하지 않습니다"라고 했다.

답변을 거부한 다른 소매업자 중에는 코스트코Costco와 로블로Loblaw(캐나다에서 가장 큰 식품 및 약국 소매업 회사), 시어스Sears, 세이프웨이Safeway 등이 포함되어 있다. 이런 침묵은 의료 데이터를 공유함으로써 약국과 중개상인, 데이터 채굴자들이 얻는 금전적 이익 때문인 것으로 보인다. 데이터 공유에 참여하는 모든 주체는 현 상황이 그대로 유지되기를 바란다. 몇몇 전·현직 관계자는 이런 관행에 대해 너무 많이 이야기했다가는 자칫 대중의 분노를 불러일으켜서 다른 방식으로 접근하라는 요구가 거세질 수 있을 것이라고 했다.

[*] 2014년 4월 30일 마이클 폴진이 저자에게 보낸 이메일. 1년 반 후인 2015년 9월 30일 또 다른 대변인인 마일리 가르시아Mailee Garcia는 월그린의 고객관리 프로그램에서 수집된 데이터에 대해 보다 분명하게 답해 주었다. "저희 회사도 의료를 개선하고 비용을 낮추기 위해 건강 정보제공기업 등의 제삼자에게 비식별화된 정보를 판매할 수 있습니다. 이 모든 것은 소비자의 프라이버시를 보호하기 위한 저희 회사의 강력한 지침에 따라 진행됩니다."

내가 연락했던 기업들 중에 씨브이에스(두 번째로 큰 약국 체인)와 슈퍼마켓 체인 크로거Kroger는 다른 업체들과는 달리, 자신들이 비식별화된 데이터를 팔고 있다는 사실을 명확하게 인정했다. "이 업계에 있는 대부분의 사람들은 어떤 형태로든 비식별화된 처방 데이터를 판매하고 있습니다"라고 씨브이에스 헬스의 부사장 페르 로프버그Per Lofberg가 말했다. "씨브이에스 케어마크는 데이터 시장에 데이터를 공급하는 제공자 중 하나입니다. 이 업계의 소매 부문에서는 고객 카드뿐만 아니라 사람들의 쇼핑 패턴을 추적하기 위해 데이터를 매우 광범위하게 수집하고 있습니다. 또한, 소매 약국 부문에서는 다른 대부분의 소매업과 마찬가지로 시장조사 회사에 특정 종류의 데이터를 팔고 있는데, 모두가 이런 식입니다."

일반적으로 약국은 처방전 1건당 1센트 정도를 받았는데, 큰 체인점에서는 그것이 모여 1년에 최대 수백만 혹은 수천만 달러에 달했다. "몇 가지 예외를 제외하면, 이것을 안 할 이유가 없습니다." 로프버그가 말했다. 그는 씨브이에스 같은 회사에게는 그 수익이 "반올림 오차"와 비슷하다고 표현했다. 씨브이에스는 2014년에 약 1,400억 달러의 매출과 46억 달러의 수익을 올렸다. 데이터를 팔아 얻은, 약 5,000만 달러로 회사의 수익이 1% 늘어난 것이다.

처방 데이터를 어떻게 이용할지 결정하는 데 있어서 소비자의 역할에 대해, 그는 이렇게 말했다. "환자는 이 과정의 당사자가 아닙니다. 그들의 이름과 처방전 사이의 연결점이 모두 삭제되었기 때문입니다."

데이터 교차로

처방전은 건강 데이터 시장에서 거래되는 정보의 전체 규모에 비하면 빙산의 일각에 불과하다. 토머스 메니건은 현재 6만 2,000명의 회원을 거느린 미국약사협회American Pharmacists Association의 최고경영자다. 그가 과거에 서부 버지니아에서 약사로 일하면서 처음으로 데이터를 아이엠에스에 팔았을 때는 다른 어느 누구도 그 정보를 조회할 수 없었다. 데이터는 오로지 그의 컴퓨터에만 저장되어 있었다. 몇 년이 흐른 뒤, 그는 의약품 보험 청구 자료를 전산망을 통해 송신하기 시작했고, 이를 통해 약국 소프트웨어 기업들은 의학적으로 가치 있는 통찰에 접근할 수 있게 되었다.

처방약을 급여 범위에 포함하는 보험 상품이 점차 증가하면서, 정보센터clearinghouses 혹은 전환소switches라 불리는 데이터 가공업자들이 등장했다. 이 기업들은 약국이나 의원이 돈을 지불하는 민간 보험회사나 메디케어Medicare를 운영하는 정부에게 청구 자료를 전송하는 업무를 대행한다. 철도의 철로 전환 장치처럼, 데이터 전환소는 의료 정보를 여러 방향으로 전송한다. 전환소와 약국 소프트웨어 프로그램을 운영하는 중개인들은 그 정보를 유통 시장에 팔아 돈을 추가로 벌 수 있음을 알게 되었다.

"처음에 소프트웨어 회사들은 한 번에 한 약국이나 한 약국 체인 따로따로 데이터를 모으는 것이 아니라, 자신들의 전환소를 통과하는 모든 데이터를 모으기 시작해서 훨씬 큰 덩어리를 만들어 냈습니다. 그리고 그것을 아이엠에스와 다른 곳에 팔기 시작했습니다." 미네소타 대학교의 약물요법 및 보건 시스템 학과 학과장인 스티븐 숀델마이어Stephen Schondelmeyer가 말했다.

아이엠에스의 업계 협력 부사장인 더그 롱Doug Long이 확인해 준 바에 따르면, 수천 개의 독립된 약국에서 전송된 데이터를 처리하는 중개기업들은 보유하고 있는 데이터에 데이터 채굴기업들이 접근하는 것을 허용하고 있다. 그는 "약국의 정보는 [역자 삽입: 개별 약국들로부터 직접 얻는 것이 아니라] 약국이 사용하는 소프트웨어 업체들을 통해 한꺼번에 확보하는 것"이라고 했다. 독립된 개별 약국과는 "일일이 직접 정보를 주고받는 것이 상대적으로 더 어렵다"고 한다.

디지털화된 건강 데이터의 진화 초창기에, 몇몇 중개기업은 자신들이 다루는 데이터를 약국에 알리지 않은 채 판매했다(깨알 같은 글씨의 계약서에도 그 내용이 들어 있지 않았다). "몇몇 주요 공급처가 데이터를 팔고 있었지만, 약사들은 그 사실을 모르고 있었습니다." 전직 아이엠에스 캐나다 및 라틴아메리카 사장 로저 코먼Roger Korman이 말했다. "결국 소프트웨어 기업들은 자신의 고객인 약국에 이것을 알려야 한다는 것을 깨달았습니다. 그것은 약국의 자산을 훔치는 것이나 마찬가지였기 때문입니다."

아칸소 주의 리틀록에서 두 개의 약국을 운영하고 있는 테리 배스킨Tery Baskin은 다른 사람이 개인 약국의 매출 관련 데이터를 판매한다는 사실을 알고 놀란 수많은 약사 중 한 명이었다. 어느 날, 그의 동료 약사가 자신의 약국 고객이 복용하는 약 가운데 한 제품이 리콜 대상이라는 편지를 제약회사로부터 받았다는 이야기를 하더라고 그에게 알렸다. 그 동료는 "이 회사는 내 환자가 자신들의 제품을 복용하고 있다는 사실을 어떻게 알아냈을까?" 하고 궁금해했다.

배스킨은 조사 끝에 약국 소프트웨어 기업과 데이터 전환소, 보험약제 관리기업에 이르기까지 우후죽순처럼 자리 잡은 중개상인들에 대해 알게 되었다.* "대부분의 약사들은 이런 일이 벌어지고 있는지조차 알지 못했습니다. 이건 정말 너무나 화가 나는 일이었습니다. '그래 당신들이 내 청구서를 이용해서 돈을 번다고? 그 환자들은 내 약국에 온 손님인데. 당신들이 데이터를 가져가서 그것으로 이윤을 올리고 있는데, 나는 전혀 모르고 있었다니.'" 배스킨은 말했다.

---

* 보험약제 관리기업pharmacy benefit managers(PBM)은 보험가입 환자의 처방약품 비용을 지불하는 대형 보험회사나 정부기관과 계약을 맺고, 제약회사 및 약국과의 흥성을 통해 비용을 관리한다. 1960년대 후반부터 익스프레스 스크립츠와 씨브이에스 케어마크 등의 보험약제 관리기업이 생겨났는데, 이전에는 주로 본인이 부담하던 약값을 보장하는 보험 상품이 늘어나면서 이들의 중요성이 커졌다.

2003년, 일리노이 주에서 아이엠에스 헬스와 60여 개의 소프트웨어 판매자들이 1990년대부터 수천 개 약국의 처방 데이터를 판매함으로써 영업 비밀을 훔쳤다는 혐의로 고소되었다. 아이엠에스는 그 소송을 1,060만 달러의 합의금으로 마무리했다.* 오늘날까지도 일부 약국 주인들은 자신들의 고객 데이터가 수많은 중개기업을 통해 어디까지 전달되고 있는지 알지 못한다. 펜실베이니아 주에 있는 코프드럭Kopp Drug의 주인 몰리 콘 Morley Cohn은 사업을 접기 몇 달 전인 2014년에 다음과 같이 말했다. "저는 아홉 개의 약국으로 구성된 체인을 운영하고 있습니다. 만약 제 약국의 고객 데이터가 팔리고 있다면, 그것은 보험 약제 관리기업이 한 짓일 겁니다."

오늘날에는 대부분의 경우, 깨알 같은 글씨의 기다란 계약서에 거대한 의료 데이터 시장에 데이터를 판매할 권한을 누가 가질 것인지 적시되어 있다.** 텍사스 주 오스틴의 태리타운 약국(프라

---

* *IMS 2002 Annual Report to Shareholders* (Fairfield, CT: IMS, 2003), 53; *IMS 2003 Annual Report* (Fairfield, CT: IMS, 2004), 51; and *IMS 2004 Annual Report* (Fairfield, CT: IMS, 2005), 54-55 참고.

** 일부 건강 데이터 중개업체는 이윤 추구를 위해 데이터를 공유할 수 있다는 점을 공개적으로 알리고 있다. 메니건이 1979년에 사용했던 약국 소프트웨어인 QS/1은 고객인 약국에게 "세계 최대의 처방 데이터 채굴업체와 함께 일하는 안정성"을 부여한다면서, 아이엠에스 같은 회사에 처방 데이터를 판매할 기회를 제공하고 있다. QS/1의 "아이엠에스 환불 프로그램IMS Rebate Program" 양식은 웹페이지 http://www.qs1. com/index.php/services/ims-rebate-program, 2015에서 작성할 수 있다. 기록은 http://perma.cc/75DM 3Y6A 삼고.

이버시 활동가인 데보라 필이 개인 데이터를 공유하는 데 이용된다고 의심했던 새 컴퓨터 문제로 약국 주인과 언쟁을 벌였던 바로 그 약국)처럼 독립적인 약국의 소유주들은 이런 수지맞는 거래를 통해 돈을 벌지 못하는 상황을 애석하게 생각한다. 현재의 약국 주인인 마크 뉴베리(몇 년 전 필이 마주쳤던 약국 주인의 아들)는 "데이터 채굴의 과정에서 이익을 취할 수 없다는 것이 이런 작은 약국의 단점입니다. 제약회사부터 의료비 지불자, 보험사에 이르기까지 이 안에 엄청난 가치가 담겨 있다는 사실을 모르는 사람이 없습니다. 그런데 우리는 그것을 이용할 길이 전혀 없습니다"라고 말했다.

뉴베리는 자신이 약국 주인임에도 불구하고, 자신의 약국에서 나간 데이터가 어디까지 흘러가는지 모른다고 했다. "설사 안다고 해도 제가 할 수 있는 일은 아무것도 없습니다."

건강보험 양도 및 책임에 관한 법

미국은 1996년에 제정되고 2000년부터 발효된 '건강보험 양도 및 책임에 관한 법Health Insurance Portability and Accountability Act'(이하 HIPAA)에 따라, 막후에서 벌어지는 이 모든 데이터 거래를 허용하고 있다. 이 법은 이름과 사회보장번호, 집 주소, 전화번호 등의 식별 정보를 포함한 건강 네이터를 보호할 것을 규정한다. 제시된 두 가지 방법 가운데 한 가지 방법으로 익명화된 데이터는 보호 대상에서 제외되며, 그 이용에 있어 사실상 아무런 규제도 받지 않는다.

또 다른 놀라운 사실은, 건강 정보를 다루는 기관들 가운데 상당수가 HIPAA를 따를 의무가 없다는 점이다. 오로지 의사와 약사 같은 보건의료 서비스 제공자와, 민간 보험 및 공공보험 지불자, 그리고 보건의료 정보센터(healthcare clearinghouse. 중개상을 그럴듯하게 표현하는 용어)만이 환자의 승인 없이 개인 건강 정보를 수집, 사용, 공개하는 것이 금지된다(여기에도 일부 예외조항이 있어서 문제를 더 혼란스럽게 만든다). 이들만이 법의 **적용 대상**이다. 다른 주체들은 이런 정보를 자유롭게 거래할 수 있고, 이것이 법망을 **빠져나가는** 구멍으로 활용된다. 이는 12장에서 더 다룰 것이다.

HIPAA가 제정되기 이전에는 아이엠에스 같은 데이터 채굴자들이 간혹 식별정보가 포함된 환자 데이터를 받기도 했다. 1995년에 《뉴욕타임스》는 아이엠에스의 판매 부문 부사장 로버트 메롤드Robert Merold를 인용해서, 약국 같은 데이터 공급자는 가끔 "환자의 이름을 제대로 분리해 낼 만큼 충분히 숙련되지 않았고, 그 정보가 그대로 거래되고 있다"고 보도했다.* 시대가 변했다. 이제는 데이터 공급자들이 제삼자에게 정보를 판매하기 전에 이름과 다른 식별자들을 제거한다. 내가 메롤드에게 그 이후에 어

---

* Kolata, "When Patients' Records Are Commodities for Sale."

떤 일이 벌어졌는지 묻자 그는 다음과 같이 답했다. "HIPAA는 모든 사람이 법을 따르도록 강제하기 시작했습니다. 관련된 모든 기관이 법의 규정에 따라 관행을 바꾸었는데, 이는 이 법을 어길 시에 그에 따른 책임 부담이 매우 컸기 때문입니다."

HIPAA가 제정된 것은 1990년대에 디지털화된 의료 정보의 홍수 속에서 아크라이트와 그 경쟁업체들이 성장하기 시작하는 시점이었다. 당시 데이터 채굴자의 선두주자였던 아이엠에스 헬스는 이미 다른 경쟁업체들 위에 군림하며 흔들리지 않는 바위와 같이 확고한 입지를 잡은 듯이 보였다. 하지만 오랜 세월 대중의 관심을 피해 온 그 회사를 제대로 알고 있는 사람은 거의 없다. 거대한 건강 데이터 시장의 진화 과정을 제대로 이해하기 위해 나는 아이엠에스의 역사를 탐구했다. 2016년 중반 아이엠에스는 건강 데이터 부문의 거대기업 간 대규모 합병을 거쳐 퀸타일즈 아이엠에스 홀딩스Quintiles IMS Holdings라고 이름을 바꾸었다.* [역주: 퀸타일즈 아이엠에스 홀딩스는 2017년 11월 6일 IQVIA로 회사명을 다시 한 번 바꾸었다.] 나는 이 회사와 그 창업자들이 오랫동안 감춰 온 비밀을 찾아냈다.

---

* 이 책에서는 아이엠에스와 그 역사를 서술할 때 합병 이전의 이름인 IMS 또는 IMS Health라는 이름을 쓴다

3장

은밀한
협력

비밀 속의 회사

한 엄마가 병상에 누워 있는 딸을 바라보고 있고, 두 사람 사이에는 컴퓨터 모니터가 놓여 있다. 배경에는 빠른 단조의 아르페지오로 구성된 뉴에이지 음악이 낮게 흐른다. 의사 배역을 맡은 남자 연기자는 하얀 가운을 입고 청진기를 어깨에 걸친 채 어린 환자를 향해 걸어간다. 그는 환자의 플라스틱 팔찌에 새겨진 상품 코드를 스캔한다. "치료가 제대로 이루어질 때면, 마치 기적을 행하는 것처럼 보입니다." 한 줄기 푸른빛 조명이 그 여자아이를 훑으며 지나갈 때 진행자의 말이 이어진다. "하지만 의료는 모든 이들이 제때에 올바른 정보에 접근할 수 있는 경우에만 제대로 작동할 수 있습니다."

이 광고를 후원하고 있는 아이엠에스 헬스는 보건의료의 막후에서 환자의 눈에 띄지 않은 채로 지난 수십 년 동안 번영을 누려 왔다. 그런데 2014년에 주식 공개 상장을 앞두고, 이 회사는 자기들이 제공하는 서비스를 투자자들에게 소개하기 위해 몇 개의 세련된 광고를 제작했다. 3분짜리 광고에서 해설자는 다음과 같이 말한다. "의사들은 어떤 의약품이 환자의 치료에 효과 있는 지 알아야만 합니다. 연구자들은 효과가 보다 분명한 새로운 의 약품을 개발하기 위해 치료의 결함을 파악해야만 합니다. 바이 오제약회사들은 특정 치료법이 가장 잘 듣는 환자를 더 정확하 게 가려내기를 원합니다. 그리고 병원은 서비스의 효과와 질을 개선하기 위해 환자의 경험을 종합적으로 이해해야만 합니다."

거친 질감으로 처리된 의사와 연구자, 환자들이 천연색 배경 위에 유령처럼 뒤섞인다. "서로 연결된, 신뢰할 수 있는 정보와 현 실에 기반한 통찰이 있다면 의료를 우리 모두를 위해 지금보다 현명하게 활용할 수 있습니다." 그리고 다음의 말이 이어진다. "아이엠에스 헬스는 전 세계 모든 보건의료 분야의 수십만 이상 의 데이터 공급자들이 생산한 정보를 연결합니다. 우리는 치료 와 비용, 건강결과에 관한 포괄적인 전망을 제시합니다."

그때 다음의 슬로건이 등장한다.

"아엠에스 헬스, 지능이 탑재되다.IMS Health. INTELLIGENCE APPLIED."*

비디오의 마지막 부분에, 거친 질감으로 처리되어 있던 병상의 여자아이가 다시 등장한다. 유령과 같았던 그 아이의 모습이 총천 연색으로 살아난다. 아이가 일어나 앉아 미소를 짓고, 엄마와 의 사 역시 소녀를 마주보며 활짝 웃는다. 이 광고는 의료 데이터의

---

* 이 광고 비디오는 IMS Health, "IMS Health Overview", video, April 3, 2014, www.youtube.com/watch?v=FpNC7dqIc14에 있다.

편익에 대해 긍정적인 느낌을 만들어 낸다. 하지만 그 회사가 실제로 어떤 사업을 하는지에 대해서는 아무것도 보여 주지 않는다.

아이엠에스는 2015년 연간 매출이 29억 달러에 달하는 미국의 1,000대 기업 가운데 하나다. 이 회사는 수억 명의 환자들의 익명화된 상세 정보를 수집하는데, 정작 그 환자들 중 그 회사에 대해 조금이라도 아는 사람은 거의 없다. 나는 의료계 이외의 분야에서 고객 데이터를 다루는 방식에 대한 책을 집필하면서, 데이터를 수집하는 회사들은 자신을 드러내기를 꺼린다는 사실을 잘 알게 되었다. 그러나 그런 기준에 비추어도 아이엠에스는 거의 독보적일 만큼 대중에게 노출되는 데 강한 반감을 보이고 있다. 현재의 경영진은 수년에 걸친 요청에도 불구하고 나와 대화하기를 거부하고 있다.* 전직 아이엠에스 북아메리카 최고경영자였던 로버트 후퍼Robert Hooper는 이런 과묵함의 배경에는 두려움이 있다고 설명해 주었다. "사람들의 마음에는 이런 생각이 깔려 있습니다. 내가 파면 당하는 것은 아닐까? 소송을 당하지 않을까? 곤란한 상황에 빠지는 것은 아닐까?"

어떤 한 기업이 우리의 의료 데이터를 사고팔 수 있다는 것과,

---

* 이전에 저자가 잡지 기사를 작성하는 과정에서 사실 확인을 요청하는 질문에 아이엠에스의 대변인이 답을 한 적은 있다. 하지만 이 책에 관련한 답은 아니었다. 다른 담당자는 아이엠에스의 데이터를 기반으로 시행된 연구 과제의 목록을 보내 준 적도 있다. 이 책에서 인용된 현직 아이엠에스 직원들의 답은 학회에서 잠깐 이야기하거나 (한 사람은 이메일을 통해 답했다.) 또는 비공식적으로 이야기한 내용이다.

그럼에도 불구하고 이렇게나 알려져 있지 않고 있다는 모순된 사실을 접하고, 나는 더 알아보기로 작정했다. 아이엠에스의 기원은 매우 큰 흥미를 유발하는 이야기다. 컴퓨터화를 통해서 내밀한 환자 데이터의 사용이 극적으로 확대되기 훨씬 이전부터 이 회사는 비밀주의를 고수해 왔다. 그리고 이 이야기는 음모로 가득 차 있다. 이 회사의 과거는 오늘날 거대한 건강 데이터 시장의 전체 분위기를 조성하는 데 기여했다.

아이엠에스의 웹사이트에 있는 회사 연혁은 1954년부터 시작한다. "홍보 책임자 빌 프롤리히Bill Frohlich와 회사의 비전을 제시한 데이비드 두보David Dubow가 아이엠에스를 설립했다. 이 회사는 기관들이 충분한 시장 정보에 기반하여 전략적인 의사 결정을 내릴 수 있도록 도와주는 시장조사 기업이다."* 내가 알아본 바에 따르면, 진짜 창립자는 프롤리히였다는 사실이 드러났다. 그러나 한 전직 직원은 사장에 대한 진실을 규명하기는 어려울 것이라고 했다. "프롤리히의 인생을 추적해 보면, 그의 삶이 기만으로 가득 차 있음을 알게 될 것입니다." 은퇴한 광고업계 경영자이자 의학 광고의 역사에 관한 책을 저술한 빌 카스타놀리Bill Castagnoli가 말했다. "그는 자신을 보호하려고 장막의 세계 안

---

* IMS Health, "Company History", 2015, https://www.imshealth.com/en/about-us/our-company/company-history. 기록은 http://perma.cc/PG23-LLAH 참고. 회사에 프롤리히를 기억하는 사람이 거의 없어서 2000년대 후반 몇 년 동안 아이엠에스는 그의 중간 이름을 잘못 기재하기도 했다.

에서 살았습니다. … 사람들이 그에 대해 아는 것은 모두 거짓입니다. 그의 인생은 바위 밑 깊숙이 숨겨져 있습니다."

절친한 적

루드비히 볼프강 프롤리히Ludwig Wolfgang Frohlich는 1935년에 독일에서 미국으로 이민 왔다.* 당시는 나치가 제3제국을 건설하던 격동의 시기였다. 1943년에 그는 매디슨 가에 위치한 의료 광고대행사 L. W. Frohlich&Co.를 설립하여 당시에 출시되던 수많은 신약을 선전하는 일을 했다. 뉴욕에 도착한 직후, 프롤리히는 후일 그의 사업 경력에 심대한 영향을 끼치게 될 아서 새클러Arthur Sackler와 사귀게 되었다. 제2차 세계대전 이후의 창조적 혁신의 시기에, 이 두 사람의 사업은 의료 광고 분야에서 크게 번창했다. 한 사람은 독일 출신이고 다른 한 사람은 브루클린 출신이었지만 그들 사이에는 공통점이 많았다. 1913년에 불과 몇 주 차이로 태어났고, 둘 다 자신감에 가득 찬 일벌레였다. 새클러의 일가도 근래에 이민 온 집안이었는데, 그의 유대인 부친은 오늘

* 독일어 원어에 따른 그의 성은 Fröhlich다. 미국에 도착한 직후 그는 독일식 모음을 oe로 변경해서 공문서에 Froelich라고 기재하기 시작했고, 1935년도에 쓴 편지에도 Froehlich를 사용했다. 그 이후에는 Frolich를 미국에서 평생 사용했다.

날 우크라이나의 한 지역인 갈리시아Galicia로부터 이민 왔으며, 모친은 폴란드 출신이었다.

두 사람이 처음 만났을 당시 새클러는 제2차 세계대전 중 미국 내 자산이 동결되었던 독일계 회사인 쉐링Schering의 광고부서에서 일하고 있었다. 새클러는 활자 제작 회사에 하도급을 주고 있었는데, 그곳은 프롤리히가 첫 직장으로 취직해 있던 곳이었다. 프롤리히가 광고대행사를 차린 후 두 사람의 관계가 확대되었다.* 또한, 1943년에 새클러는 윌리엄 더글러스 맥애덤스 William Douglas McAdams라는 광고대행사에 합류했는데, 이 회사는 약품과 비타민에 집중하고 있었다. 그는 의료 및 기획 책임자에서 부사장으로 빠르게 승진했으며, 1947년에는 회사 지분의 거의 대부분을 보유하게 되었다.

과거에 치료하지 못했던 질병을 치료하는 페니실린 같은 약품들이 출시되는 "기적의 약miracle drugs" 시대가 다가오면서, 새클리, 프롤리히 및 다른 '의료 광고대행사'들이 세련된 기법들을 도입하기 시작했다. 특히 의사들을 상대로 하는 판촉 활동을 혁신하는데 많은 전문가가 새클러를 신뢰했다. 의사들은 약물 판매의 관

---

* 카스타뇰리의 기록 "There Were Giants in Those Days" 참고. 프롤리히의 다른 동료는 두 사람이 뉴욕의 거리에서 우연히 만났다고 한다. 프롤리히의 회사의 연혁은 L. W. 프롤리히 광고대행사의 선임 부사장이었던 줄리안 파렌Julian Farren의 발언이 기록된 Senate Judiciary Subcommittee on Antitrust and Monopoly hearings, Part 6, Advertising Provisions, January 30, 1962, 3142를 근거로 했다.

문이었는데, 이는 그들이 처방전을 쓰기 때문이었다. 세간의 이목을 끈 1952년도의 광고 캠페인에서 새클러의 회사는 화이자Pfizer를 설득하여 테라마이신이라는 새로운 항생제가 곧 출시된다는 사실을 알리는 전보를 도매상들에게 보내게 했다. 테라마이신은 화이자가 출시한 첫 번째 의약품이었다. 그 이전까지 화이자는 화학 및 광업 분야의 회사였다. 광고사는 명성이 높은《미국의학회지Journal of the American Medical Association》에 홍보 소책자를 삽입했고, 이것을 곧바로 의사, 도매상, 병원 등에 직접 발송했다. 어떤 광고는 재기 넘치는 그래픽을 사용했다. 한 광고는 검안사가 사용하는 시력측정도표를 모방했다. 맨 윗줄부터 글씨가 차츰 작아지면서 맨 아래 줄에 신약의 이름이 작게 표시된 것이었다.

O
CU
LAR
INFEC
TIONS
RESPOND
TO BROAD
SPECTRUM
TBRRAMYCUN

광고 캠페인은 대성공이어서 수천 명의 의사에게 영향을 끼쳤고, 광고업계 경쟁자들의 감탄이 쏟아졌다. 의료 광고 분야는 점차 창의적이고 광범위한 것으로 변모해 갔다. 제약회사들은 소수의 남성들을 (후에는 여성들도) 영업사원으로 훈련시켜 의사들에게 보내 최신 의약품을 소개하도록 함으로써 광고의 효과를 높였다. 이외에도 광고는 훨씬 광범위한 영역으로 뻗어나갔다.

텔레비전 쇼 〈매드멘Mad Men〉은 경쟁업체들이 서로 거래를 따내기 위해 공격적으로 싸우는 모습을 그려낸 바 있다. 그 쇼에서 경영진은 잠재적 고객과 술잔을 기울이거나 식사를 하고, 경쟁자들을 물리치기 위해 밤잠을 자지 않고 정성을 다해 광고 캠페인을 기획했다. 프롤리히와 새클러도, 수백만 달러가 걸린 사업이었기에 결국 격돌하고야 말았을 것이다. 프롤리히는 공개적으로는 "제약 산업 부문의 경쟁 열기는 애덤 스미스의 마음도 녹일 만하다"고 했다.* [역주: 경제학의 아버지로 불리는 애덤 스미스처럼 냉철한 이성을 가진 사람의 마음조차 녹일 만큼 뜨겁다는 뜻.] 하지만 선두 제약회사들로부터 거래를 따내려고 서로를 밀쳐내는 대신, 프롤리히와 새클러는 정기적으로 은밀히 만나서 사업을 분배하고 잠재 고객에 대한 정보를 공유했다.

* Frohlich, "The Physician and the Pharmaceutical Industry In the United States," 382

그것은 서로의 강점에 따라 일을 분배하는 것이었고, 반세기가 지나서야 이 사실이 내부적으로 공개되었다. "그 시대에 최대한 많은 광고를 따내기 위해 업체를 둘로 나누는 것이 매우 매우 중요했습니다. 내가 광고를 맡은 제품과 경쟁 관계에 있는 제품의 광고를 내가 또 맡을 수는 없으니까요." 새클러의 변호사인 마이클 소넨라히Michael Sonnenreich가 내게 말했다.

소넨라히의 설명에 따르면, 하나의 대행사가 경쟁 관계에 있는 두 회사의 제품을 모두 광고할 수는 없지만, 비밀리에 협력하는 두 대행사는 그렇게 할 수 있었다.

만약 당신이 어떤 약을 생산하고 있는데 다른 누군가가 같은 성분의 약을 또 생산한다고 합시다. 제가 광고대행사로서 당신과의 거래를 따냈다면, 다른 생산자의 광고는 따낼 수 없습니다. 이해관계의 충돌 때문입니다. 그래서 그 두 사람은 두 개의 광고대행사를 설립했던 것입니다. 제가 한 신경안정제의 광고를 따냅니다. 저는 다른 신경안정제의 광고를 딸 수 없습니다. 하지만 프롤리히는 그 신경안정제의 광고를 따낼 수 있습니다. 일이 그렇게 된 것입니다.

그렇게 하는 것이 불법은 아니었습니다. 별도의 대행사였고, 성과 보고도 별도로 했습니다. 만약 우리가 친구라면, 그리고 제가 당신에게 "내가 바리움Valium의 홍보를 맡았는데 클로르프로마진chlorpromazine은 맡지 않았어. 네가 가서 클로르프로마진의 홍보를 따내지 않을래?"라고 말합니다. 그것이 잘못된 일입니까? 그렇게 하는 것이 공모입니까? 저는 이미 바리움을 확보했고 클로르프 로마진은 가질 수가 없지만, 제가 당신을 돕는다면 저와 당신은 친구가 되는 것입니다.

1960년대부터 프롤리히의 변호사로 일했던 리처드 레더Richard Leather는 이런 관계를 대체로 인정했다. "그 두 회사는 서로 많이 도왔습니다. 그들의 관계는 매우 협조적이었습니다."

또한, 소넨라히는 새클러가 L. W. 프롤리히의 회사의 재정적 지분을 보유하고 있었다고 말했는데, 이는 프롤리히의 회사의 다른 전직 경영자들도 짐작했던 내용이었다. 그러나 새클러는 이를 평생 동안 부인했다.*

시장을 연구하다

새로운 사업 분야에서 성공하기 위해 이 두 광고대행사는 영리한 메시지와 관심을 사로잡는 광고로 두드러진 작품들을 만들어

---

* 아이엠에스의 한 전직 직원은 구체적인 수치를 제시했는데, L. W. 프롤리히 지분의 70%를 새클러가 소유하고 있었다고 했다. 그러나 다른 출처로부터는 이 수치를 확인할 수 없었다. 공식적으로 새클러는 프롤리히가 여러 친구 중 한 명이었다고 말했으며 자신은 프롤리히의 광고대행사와 아무런 이해관계가 없다고 했다. Clucck, "An Art Collector Sows Largesse and Controversy."

냈다. 하지만 어떤 광고 캠페인이 고객사의 이익 창출에 얼마나 기여했는지 증명하는 일은 여전히 어려웠다. 이 문제를 해결하고 광고 사업을 끌어올리기 위해 프롤리히는 시장조사 회사인, 인터콘티넨탈 마케팅 서비스Intercontinental Marketing Services를 설립했고, 이 회사는 후에 아이엠에스라는 약자로 불리게 되었다.* 광고주들은 경쟁사를 얼마나 앞서가고 있는지 파악하려고 조사 비용을 지불했다. 만약 그 기업이 높은 시장 점유율을 차지하고 있는 것으로 나타나면, 광고대행사는 더 많은 광고를 통해 우위를 지켜나갈 것을 제안했다. 만약 기업의 시장 점유율이 낮다면, 상황을 타개하기 위해 더 많은 광고가 필요하다고 했다.

20세기의 미국 시장조사 방법에 영향을 끼친 개발자 가운데 한 명인 아서 찰스 닐슨Arthur Charles Nielsen은 1923년 A. C. 닐슨 컴퍼니A. C. Nielsen Company를 설립했다. 10여 년 후, 대공황의 절정기에 그는 '닐슨 약국 패널조사Nielsen Drug Index'라는 서비스를 개시했다. 그는 약국이 도매상과의 거래 과정에서 받는 영수증 전체를 두 달마다 공유하는 조건으로 750개 약국에 비용을 지불

---

* IMS라는 약자가 가리키는 단어는 시간이 지나면서 바뀌었다. 회사가 처음 설립된 독일에서는 그 이름이 Institut für Medizinische Statistik였다. 1959년 처음으로 영어를 사용하는 국가인 런던으로 확장하면서 작성된 사업 등록 서류를 보면, 회사의 명칭이 "Intercontinental Marketing Services"라고 기재되었다가 이를 지우고 "Intercontinental Medical Statistics"로 수정되었다. 여러 해가 지난 후에는 "Intercontinental Marketing Services"가 보다 많이 사용되다가 결국 그냥 "IMS"를 사용하게 되었다.

했다. 이것을 통해서 그는 미국의 전체 약품 판매량을 추산할 수 있었다. 닐슨의 직원들은 약국을 방문해서 선반 위에 놓인 알카셀처Alka-Seltzer 등의 재고를 세어서 약품이 얼마나 빨리 판매되는지 모니터했다. 이런 조사는 제약회사들이 1년 가운데 특정 시기 또는 특정 지역을 선별해 광고 및 판촉을 더 효율적으로 펼칠 수 있게 도움을 주었다.* 다른 시장조사 회사들은 닐슨의 혁신적인 성과를 바탕으로 설립되었다. 그런 회사 가운데 하나가 다비, 쾬라인 및 키팅Davee, Koehnlein and Keating(DK&K)이었는데, 이 회사는 1936년에 시카고에서 설립된 회사로, 미국의 약국과 제약회사의 영수증을 모아 의약품 시장의 전체 규모를 분야별로 추산한 것으로 유명해졌다.

독일에서 출발한 아이엠에스

프롤리히는 일평생 남의 좋은 아이디어를 빌려 오는 것을 한 번도 부끄러워해 본 적이 없다. 그는 독일에서 아이엠에스를 설립할 때 DK&K의 모델을 그대로 적용했다. 13세기까지 거슬러

---

* 닐슨은 시장조사의 여러 영역으로 진출했다. 라디오는 물론이고 텔레비전에까지 영역을 확장했는데, 오늘날 이 회사가 최고의 명성을 얻은 것은 이처럼 여러 분야의 평가 지표를 개발한 덕분이었다.

올라가는 약국의 전통을 지닌 독일은 전 세계 의약품 산업의 중추였다.* 프롤리히는 광고 책임자인 데이비드 두보를 독일로 파견해서 현지어로 Institut für Medizinische Statistik라고 하는 새 회사를 설립하도록 했다. 아이엠에스는 1957년에 도매 약국들의 구매 데이터를 확보하여 독일 전체 시장에 대한 최초의 보고서를 발간했다.** 이 첫 평가 보고서는 상업적으로 성공을 거두었다. 그 이후 이 신설 회사는 몇 년에 걸쳐 서유럽의 여러 국가로 사업을 확장해 갔다.

프롤리히는 고국에서 모험을 시작하기 전에 신중을 기할 수밖에 없었던 개인적인 이유가 아주 많았다. 그곳에서 사업을 벌이는 데 주저함이 있었어도 그는 직원들에게 아무런 내색도 하지 않았고, 직원들도 그의 어릴 적 삶이나 그가 어떻게 미국에 오게 되었는지 거의 아무것도 알지 못했다. 그의 배경에 대해 사람들이 추측해 보기는 했지만 그가 누구에게도 이야기하지 않은 이 문제는 미스터리로 남았다.

프롤리히를 아는 사람들은 그의 엄격한 기질과 권위주의적인 리더십, 독일어 악센트, 단정함에 대한 요구 등을 근거로, 혹시 그가

---

* Kremers and Sonnedecker, *Kremers and Urdang's History of Pharmacy*, 85.
** 오늘날 아이엠에스는 설립년도를 1954년이라고 밝히고 있으나 전직 아이엠에스 직원들에 의하면 1954년과 1955년에는 서의 한 일이 없었다고 한다. 두보는 1956년부터 독일에서 일하기 시작했고, 엘리스Ellis가 저술한 "Theme and Variation"의 104쪽에는 1956년을 아이엠에스의 출발년도라고 기록하고 있다.

나치 전력이 있는 것은 아닐까 생각하기도 했다. 제2차 세계대전이 한창이던 1943년에는 그랬을 가능성이 충분했고, 에프비아이FBI는 그의 배경, 그리고 제3제국과의 관계를 조사하기도 했다.* 다른 이들은 그가 분명 유대인일 것이라고 생각했다. 프롤리히는 그 어느쪽에도 답을 주지 않았다. 그는 최고 경영자들과도 자신의 젊은 시절이나 사생활에 대해 이야기하지 않았다. 사람들은 그가 독일에서 이민 왔다는 사실만 알 뿐이었다. 언제, 왜, 어떻게 이민 왔는지는 미스터리에 싸여 있었고, 프롤리히는 그런 편을 더 선호했다.

독일에 보관되어 있던 상세한 기록들과 인터뷰 덕분에 나는 이번 조사에서 프롤리히의 비밀스런 인생에 관한 여러 단서를 발견했다. 그는 제1차 세계대전이 발발하기 1년 전인 1913년에 프랑크푸르트에서 북쪽으로 52킬로미터 떨어져 있는 기센에서 태어났다. 1933년에 아돌프 히틀러가 집권한 직후, 프롤리히는 청소년 노동 조직인 국가노동봉사단Reichsarbeitsdienst(RAD)에 가입했다. 대원들은 나치당의 완장을 차고, 모자에는 나치당의 핀을 꽂았다. 막 고등학교를 졸업한 그는 독일의 동쪽 끝에 있는 동부 프러시아로 보내졌다. 프롤리히는 1934년에 프랑크푸르트에 있는 괴테 대학교의 경제학 및 사회과학 학부에 입학했다. 그는

* 에프비아이는 프롤리히의 미국 시민권 신청서를 검토하는 일환으로 그를 조사했다. 1943년 3월 13일자 미국 정부의 자료에 의하면, "헤당인은 득릴에 신측이 있으며, 1933년 독일에서 학생 노동봉사대ARBEITSDIENST의 대원이었다"고 기록되어 있다.

1년 뒤 자퇴하고 뉴욕시로 이주해서 활자를 디자인하는 회사에서 일했다. 그 이후 평생 동안 그 도시에서 살았다.

프롤리히가 독일을 떠나야만 했던 이유는 충분히 있었다. 종교와 반유대인 박해에 대한 공포가 이유는 아니었다. 적어도 그의 절친한 사업 동료들과 심지어 그의 뒤를 이은 초기의 경영진들은 그렇게 믿고 있었다. "저는 그를 알고, 그의 여동생도 알고, 한번은 그의 어머니도 만나 본 적이 있지만, 제 생각에 그들 가운데 유대인은 단 한 명도 없다고 말할 수 있습니다." 프롤리히의 변호사인 리처드 레더가 수십 년 뒤에 내게 말했다. 프롤리히의 먼 친척으로 그와 함께 사회생활을 했으며, 한때 아이엠에스의 대표를 지내기도 한 라르스 에릭슨Lars Ericson도 프롤리히는 유대인이 아니라고 했다.

두 사람 모두 틀렸다. 프롤리히는 실은 유대인이었다. 미국 이민 서류, 출생 신고서, 입출항 기록 등 수많은 공식 서류를 통해 그의 출신이 확인된다. 이는 그의 여동생과 어머니, 할머니에 대한 서류를 통해서도 확인된 사실이다.

프롤리히는 반유대주의가 여전히 살아 있는 미국에서 자신이 유대인 출신이라는 것과 그의 성적 지향(그는 게이였다)이 알려지지 않도록 일평생 신중하게 처신했다. "당신이 모임에 참석했는데 사람들이 유대인에 대한 농담, 즉 반유대인 농담을 할 수도 있습니다. 그래도 그 자리에서 그것을 태연하게 넘기고 주위의 다른 남자들과 함께 웃기도 해야 합니다." 새클러의 변호사였던 소넨라히는 말했다. "사업을 하려면 그렇게 해야 했습니다."

지평을 넓히다

아이엠에스가 처음에 집중했던 것은 전체적인 약품 판매 추세 였다. 아이엠에스는 이제 여기에서 한 발 더 나아가 환자 데이터 에 더 접근하기 위해 어떤 질환에 어떤 약품을 처방하는지 세부 내역을 알려 달라고 의사들에게 요청했다. 의료 데이터 채굴의 초기에, 일부 의사는 그런 요청을 의사의 영역을 침범하는 것으 로 받아들였다. 1963년에 케네스 인먼Kenneth Inman은《영국 의학 저널British Medical Journal》에 다음과 같이 기고했다. "저는 '아이엠 에스Intercontinental Medical Statistics'라는 회사로부터 한 가지 요청을 받았습니다. 나의 치료 방법에 관한 정보를 커다란 서류철에 적 어 달라는 것이었습니다. 사례로 축음기 음반을 주겠다고 하더 군요. 나에게 협조할 뜻이 있는지 묻지 않은 것은 물론이고, 아 무런 사전 요청도 없이 이런 서류를 내 우편물 더미에 추가했다 는 사실이 무례하다고 느껴졌습니다." 그는 다른 의사들에게도 이런 식의 요청을 거절하자고 제안했다.*

---

* Kenneth Inman, letter to *British Medical Journal* 1, no. 5328 (February 16, 1963): 469.

가능하다면 언제든, 아이엠에스는 약사나 의사에게 정보를 공유하는 것이 과학 발전에 도움이 된다면서 보고서 작성에 필요한 자료를 공짜로 확보하려 했다. 그 후 이 회사는 처방 데이터를 복사해 주는 대가로 의사들에게 케네디 하프달러 기념주화 Kennedy half-dollar coins를 나누어 주었고, 나중에는 보상액이 매달 50달러 수준까지 올라갔다. 후에 아이엠에스의 미국 시장 진출을 이끈 핸들 에반스Handel Evans는 다음과 같이 설명했다. "우리는 의사들이 무언가 좋을 일을 하고 있다고 믿게 하고자 애썼습니다. 의학 발전에 기여하려고 이 일을 하는 것이고, 펜 한 자루면 충분히 할 수 있는 일이라고 했습니다. 그때그때 잘 모면하면 되었습니다."

결국 아이엠에스는 약국에도 돈을 지불했다. 환자에게 조제해 주는 약이 적힌 처방전을 복사해서 보내 주거나 아이엠에스 직원이 이 기록을 마이크로필름으로 찍어 가도록 허락해 주면 처방전당 1센트를 제공했다. 이렇게 해서 한 약국당 매달 25달러에서 150달러를 지불했다.*

초창기에는 아이엠에스와 L. W. 프롤리히 광고대행사가 긴밀하게 협력해서 일했고, 한때 같은 사무실을 쓰기도 했다. 그런 협력은 윤리적인 문제를 야기할 수 있었다. 아이엠에스가 조사

---

* Wiggins, "Tracking Drug Industry Sales."

한 시장 데이터를 광고대행사가 거래를 성사시킬 목적으로 사용할 수도 있었기 때문이다. 두보의 개인 비서 모린 가한Maureen Gahan은 프롤리히가 창조한 제국의 서로 다른 절반들 사이의 관계가 초기에는 "무언가 잘못되어 있었다"고 했다. 그녀는 이 해충돌 때문에 깊이 고민하다가 결국 두보의 사무실로 쳐들어갔다.

"저 그만두겠습니다." 당시 19세였던 그녀가 말했다.

"모린, 왜 떠나려는 거예요?" 두보가 물었다.

"저는 이 회사가 윤리적이지 않다고 생각합니다!"

두보는 아이엠에스와 광고대행사를 보다 더 분리시키겠다고 그녀를 안심시켰다. 가한은 직장에 남았고, 시간이 흐른 뒤 아이엠에스는 L. W. 프롤리히 대행사로부터 독립해서 번창하게 되었다.

창업자의 죽음

프롤리히는 정기적으로 전 세계의 아이엠에스 사무실을 방문했지만, 지속적으로 성장·번창하고 있던 의료 광고대행사에 더 집중했다. 1960년대 중반, 뉴욕과 런던, 파리, 프랑크푸르트, 밀라노, 마드리드, 도쿄 등 전 세계로 사업을 확장하고 그에 걸맞게 회사 이름을 L. W. 프롤리히/인터콘Intercon으로 바꾼 이 회사의 직원 수는 천여 명에 달했다.* 1970년도 매출이 3,700만 달러였고, 1971년도의 세계 매출은 총 4,380만 달러였다. 하지만 이런 성장세는 프롤리히의 건강 문제 때문에 끝을 맺고 말았다.**

1971년 초, 프롤리히 회장은 카리브 해로 떠난 휴가를 마치고 복귀했다. 중역 회의에 참석차 모인 임원들은 원기를 회복한 회장이 집중력 있게 회의를 주재하리라 기대하고 있었다. 하지만 그는 알아들을 수 없는 말을 늘어놓더니 의식을 잃고 쓰러져, 임원들을 충격에 빠뜨렸다. 의식을 회복한 그는 이전에도 비슷한 일이 있었다는 사실을 시인했다. 프롤리히는 검사를 위해 병원에 입원했고 뇌종양 진단을 받았다. 그는 진단을 받은 이후 다시는 업무에 복귀하지 못했으며, 그해 9월에 사망했다. 당시 그의 나이는 58세였다.

프롤리히가 생전에 대중에게 자신을 소개해 왔던 방식처럼, 《뉴욕타임스》에 실린 그의 부고에는 누락과 조작이 포함되어 있었다. 부고는 그의 가운데 이름을 (독일식 이름인 Wolfgang이 아닌) William이라고 적었고, 18세인 1931년에 프랑크푸르트의 괴테 대학교를 졸업했다고 했다(그는 1학년이었던 1934-35년 학기를 마치고 중퇴했었다). 그리고 히틀러가 집권하기 2년 전인 1931년에 미

---

* *New York Times*, "Advertising: Getting Along with the FDA."
** 수치의 출처는 *New York Times*, "Advertising: B&B in New Health Field Bid" and *New York Times*, "Advertising: Biggest Health Agency Is for Sale."

국에 들어왔다고 했다(그는 1935년에 미국에 와서 1936년에 영주권을 획득했다).

그의 업적을 소개하는 글은 그의 광고대행사를 중심으로 채워졌고 18개 문단 가운데 한 문단에서만 아이엠에스가 언급되었는데, 훗날까지 남은 그의 영속적인 업적은 아이엠에스였다.* 사망할 때에도 그는 자신이 유대인이라는 사실을 인정하지 않았다. 그의 장례는 맨해튼의 유명한 성공회 교회인 성 바르톨로뮤 성당에서 치러졌다. 제약회사 경영진은 마지막 존경을 표하기 위해 파크 애비뉴 51번가에 있는 동굴 같은 성당에 줄을 지어 들어갔다. 그의 사망으로 L. W. 프롤리히 광고대행사는 치명타를 입었다. 몇몇 고위 임원은 재빠르게 떠났고, 회사는 결국 1972년에 문을 닫았다.** 이와는 대조적으로 아이엠에스는 계속 번창했다. 비록 그가 운영에 깊이 관여하고자 했지만, 아이엠에스가 생존하는 데 프롤리히라는 존재가 필수적인 것은 아니었다. 처음 시작할 때부터 뉴욕에 있는 프롤리히로부터 충분히 멀리 떨어져 있는 프랑크푸르트와 런던에서 회사를 운영해 온 데이비드

---

* *New York Times*, "L. W. Frohlich; Led Ad Agency." 부고의 오류들은 프롤리히를 언급하는 다른 참고문헌에도 똑같이 나타나고 있다. 예를 들어 *Who Was Who in America 1969-73*, vol. 5, 11th ed. (Berkeley Heights, NJ: Marquis Who's Who, January 1974), 253.
** 프롤리히의 사후에 그 홍보 대행사는 유럽과 아시아에서는 Intercon이라는 이름으로 계속 유지되었다.

두보는 자신만의 권력 기반을 마련할 수 있었다.

프롤리히의 가장 큰 비밀은 그가 사망한 지 1년 후, 아이엠에스 경영진이 회사를 공시하기 위해 내부 감사를 마쳤을 때 드러났다. 아이엠에스의 경영진은 프롤리히가 사망하는 경우 아서 새클러의 형제인 레이먼드Raymond와 모티머Mortimer가 아이엠에스의 거의 대부분을 상속받는, '톤틴tontine'[역주: 최종 생존자가 전액을 받아가는 연금 제도.]라 불리는 비밀 계약을 맺었다는 사실을 알게 되었다. 이전부터도 몇몇 사람이 "의약품 광고계"의 두 위대한 라이벌인 프롤리히와 새클러가 정보를 공유하고 광고주를 분배했다는 의혹을 제기했었다. 하지만 그 두 사람의 비밀 관계는 훨씬 더 정교했다. 비밀에 쌓인 아이엠에스의 실질적인 권력자는 아서 새클러였다.[*]

새클러의 형제들이 주식의 신규 상장을 승인함에 따라 상속 지분이 구체적으로 밝혀졌는데, 프롤리히의 여동생과 그녀의 가족, 그리고 그가 설립한 자선기관은 625만 달러를 상속받았다. 이는 새클러의 형제인 레이먼드와 모티머가 받은 3,700만 달러

---

[*] 프롤리히도 《메디컬 트리뷴》 국제판의 지분 절반을 가지고 있었다. 이 잡지는 광고로 운영되는 격주간지로, 1960년에 새클러가 창간했다. 핸들 에반스는 1964년부터 1969년까지 도쿄에 머무를 때 《메디컬 트리뷴》의 지역판을 관리하기도 했다. 새클러와 프롤리히의 협력 관계는 아직 생존해 있는 그 두 사람의 변호사인 라르스 에릭슨과 핸들 에반스를 포함한, 아이엠에스 및 L. W. 프롤리히 광고대행사의 전직 직원들과의 인터뷰를 통해 확인하였다.

에 비하면 극히 적은 지분이었다.* 나는 어떻게 해서 아서 새클러 본인이 아니라 그의 동생들이 전체 상속분에서 가장 큰 몫을 가져가게 되었는지 의문이 들어서 레이먼드 새클러에게 연락을 취했다. 그는 1920년생으로 형제 중 마지막 생존자이고, 코네티컷 주에 살고 있었다. 그의 아내는 프롤리히를 잘 기억하고 있다고 했다. 하지만 레이먼드 새클러는 자신이 아이엠에스의 운영과는 아무런 관련이 없다고 했으며, 자신에게 수백만 달러가 돌아온 자세한 경위를 기억하지 못한다고 했다. 그는 "그 사업에 관해서 제가 아는 것이 거의 없습니다"라고 내게 말했다.

아서 새클러의 변호사는 아서가 자신의 맥애덤스 광고대행사와 그 비밀 거래 사이에 거리를 두기 위해서 레이먼드와 모티머를 계약의 수혜자로 만들었다고 설명했다. 소넨라히는 "아서는 프롤리히의 상속자가 될 수 없었다"고 했다. "그도 맥애덤스라는 광고대행사를 운영하고 있었기 때문에 이해충돌의 소지가 있었습니다. 그래서 그는 자기 대신에 형제들의 이름을 올렸습니다. 아서가 그 회사를 운영한 것입니다. 형제들은 아이엠에스를 운영하지 않았습니다. 그들은 아무 관련도 없었습니다."

아이엠에스의 최고경영자 데이비드 두보의 법률 대리인 업무

---

* 주식 신규 상장 매출 안내서에 따르면, 프롤리히 재산의 상속 집행자가 185만 달러를 가지고, 625만 달러를 초과하는 자산은 모두 새클러의 두 형제에게 가도록 되어 있었나. 공개된 주식의 가석은 수낭 25달러였고 여기에서 주당 1.75달러가 중개 수수료로 지출되었다. 그 결과, 새클러 형제들에게 거의 3,700만 달러가 상속되었다.

도 했던 소년라히는 내게 또 하나의 놀라운 사실을 알려 주었다. 두보가 L. W. 프롤리히 대행사에 합류하기 전에 맥애덤스에서 아서 새클러를 위해 일했다는 것이다. 달리 표현하면, 아이엠에스의 실질적인 대표가 프롤리히의 사람이기 이전에 새클러의 사람이었다는 것이다. 소년라히에 따르면, 새클러가 아이엠에스 사업을 구상했는데, 새클러가 생각하기에 독일 출신의 이민자와 그의 광고대행사라는, 사회적으로 덜 튀는 모양새를 갖춘 프롤리히가 대중에게 내세우기에 더 적합했다는 것이다.* 소년라히는 이야기했다. "만약 당신이 편파적이지 않은 수치와 정보를 원한다면, 광고대행사가 그 수치를 광고주의 입맛에 맞게 조작하는 것을 원하지 않을 것입니다. 아이엠에스는 광고대행사와 관련되어서는 안 되었습니다. 그랬다가는 이해충돌이 되었을 테니까요."

1980년 초반, 장막 뒤에서 일하기를 선호하여 인터뷰를 거의 하지 않던 두보가 《포브스》와 인터뷰를 가졌다. 그 잡지는 아이엠에스가 "초고수익hyperprofitable"을 올리고 있다고 묘사했고, 지

---

* 전직 아이엠에스 직원들 사이에서 아이엠에스의 설립 아이디어를 누가 생각해 냈는지에 대한 의견이 갈리고 있다. 대부분은 프롤리히였다고 답했으며, 몇몇은 두보라고 했다. 어떤 경우든 두보가 독일에서 그 아이디어를 현실화해 냈다는 점은 칭찬 받을 만하나. 내가 인터뷰했던 맥애덤스와 L. W. 프롤리히, 아이엠에스의 전직 직원 가운데 두보가 일찍이 맥애덤스에서 일했다는 사실을 아는 사람은 한 명도 없었다. 마이클 소년라히는 또한 회사가 공개된 이후에 아서 새클러가 주식 시장에서 주식을 사들임으로써 아이엠에스의 지분을 다시 늘렸다고 했다.

난 십여 년 동안 매년 20%에 달하는 매출 증가세를 유지하고 있다는 사실에 감탄했다. 아이엠에스는 42개 국가에서 영업을 하고 있었다. 최고경영자에 대해서는 "60세인데 아직 젊고 활력이 넘친다"고 묘사했다.

그러나 기사에 실린 사진 속의 그는 실제 나이보다 더 늙어 보였다.[*] 두보는 심각한 심장 질환을 앓고 있었으며, 관상동맥우회술이 필요했다. 당시에 이 수술은 비교적 새로운 시술법이었고, 그 효과에 대해 아직 논란이 있었다. 의사는 그에게 직장을 그만두고 더 오래 살지, 계속 아이엠에스에 있을지 선택해야 한다고 했다. 두보는 일을 선택했고 수술을 받지 않았다. 다음 해 9월, 뉴욕을 방문 중이던 두보는 심장마비를 일으켜서 사망했는데, 당시 그의 나이는 62세였다.

두보는 의료 데이터 사업에서 지속적으로 선두를 지키는 회사를 만들어 냈다. 사망하기 전 크리스마스에 그는 부사장인 라르스 에릭슨에게 따뜻한 편지를 보냈다. "제가 보기에 해가 갈수록 아이엠에스 사업에 힘과 내용이 더해지고 있습니다. 저는 아이엠에스가 아주아주 유망한 미래를 가진 견고한 기업이라고 생각합니다." 그의 말은 정확했다. 그가 사망하기 불과 몇 주 전에 IBM PC가 출시되어, 모든 약국과 의원에서 데이터를 기록할 수 있도

[*] Ellis, "Theme and Variation", 104.

록 해 준 소형 컴퓨터의 시대가 열렸다.

두보의 가장 성공적인 업적은 1969년에 선구적인 약품 조사 기업인 DK&K를 인수하여 미국에 진출하기로 한 결정이었다. 아이엠에스는 이 회사의 사업 모델을 그대로 본떠 독일에서 설립된 회사였다. 현재 운영되고 있는 모든 상업적 의료 데이터 수집 활동에는 그의 유산이 남아 있다.

아이엠에스가 미국 진출을 모색하던 무렵, 일부 선구자적인 의사들이 초기의 컴퓨터를 이용해서 상업적 이득이 아닌, 의료 서비스를 혁신하는 것을 목표로 노력을 기울이고 있었다. 그들은 초기에 부분적인 성공을 거두었다. 하지만 그들은 이내 의료 데이터를 디지털화하여 환자를 돕는 것이 사업을 벌여 이윤을 창출하는 것보다 훨씬 더 어려운 일임을 깨닫게 되었다.

4장

환자의
권한

나쁜 의료 행위 솎아 내기

교수는 병원 복도를 걸어오다가 걸음을 멈추고 레지던트가 작성한 환자 기록을 살펴보았다. 로런스 위드Lawrence Weed는 자신이 지도하는 예일대 의과대학 학생들보다 불과 몇 살밖에 더 많지 않지만 상당히 고압적인 태도를 보였다. 옆머리는 거의 상고머리라 할 정도로 짧게 잘랐고, 정수리는 벗겨져 있었다. 그가 우물쭈물하는 의대생에게 시선을 고정할 때면 두꺼운 눈썹 때문에 눈빛이 더욱 강렬해 보였다.

"당신이 이 진단을 휘갈겨 쓴 것이 맞습니까? 여기엔 아무런 원칙도 보이지 않네요." 그는 한숨을 쉬었다. "하나님 맙소사. 환자의 의료 기록은 과학적으로 기술해야 하는 겁니다."

루드비히 프롤리히가 광고대행사를 키워 가던 1940년대 말부터 1950년대 초, 위드는 의과대학들이 의사들을 제대로 훈련시키지 못하고 있다고 결론 내렸다. 그는 이런 제도가 부정확성을 조장하고 그것이 환자 치료를 망친다고 확신하게 되었다. 1923년에 태어난 위드는 자신이 비난하는 바로 그 제도 안에서 교육을 받았다. 컬럼비아 대학교 의과대학을 졸업한 그는 매우 명석한 두뇌와 명쾌한 분석력, 그리고 자신감을 갖추어서, 다른 사람들은 보지 못하는 보다 나은 미래를 그려 낼 수 있었다.

위드는 레지던트에게 말했다. "내일 다시 올 때까지 환자의 경과 기록을 작성하고 그 근거를 정리해 놓으세요. 그것을 가지고 함께 과학적인 기록물을 만들어 보도록 하겠습니다. 당신이 의사가 되려고 하는 것인지 한번 보겠습니다."

병원의 수련 병동에는 진짜 환자들이 질병으로 입원해 있는데, 위드는 그들이 치료를 제대로 받지 못하고 있다고 느꼈다. 그는 레지던트와 인턴들을 모아 놓고 새로운 규칙을 정했다. 모든 기록을 다시 검토해서 의학 저널에 제출하는 논문처럼 가능한 세밀하게 기술하라는 것이었다. 당시는 1950년대 말이었고, 학생은 선생에게 질문을 던지기 전에 두 번은 더 생각을 했을 때였다. 그럼에도 위드가 너무 많은 것을 요구하는 것이 아니냐고 몇 명이 조심스럽게 반대 의견을 냈다.

한 사람이 말했다. "그것을 다 하기는 어렵습니다."

"설마 모두 다 하라는 것은 아니시죠?" 다른 학생이 우선 일부 환자의 기록부터 바꾸어 보자고 제안했다.

"이 환자들은 당신들이 자신을 치료하고 있다고 생각하고 있단 말입니다." 위드가 호통을 쳤다. "당신들은 그들 중 일부만 치료하고 있는 것이 아닙니다. 문제 목록을 모두 정리하세요. 환자들을 어떻게 진료하고 있는지 알아야겠습니다."*

위드가 항상 아주 세심하게 환자를 대하는 것은 아니었지만, 그는 환자 치료를 개선하기 위해 열정적으로 일했다. 의과대학에서의 이런 경험에 기초해서 그는 환자의 증상을 보다 체계적으로 기록하는 방법을 개발했고, 그 접근법을 "문제중심 의무기록 problem-oriented medical record"이라고 불렀다. 의사는 추정과 생각을 무작위로 마구 써 내려가서는 안 된다. 데이터를 기록할 때에는 논리적인 순서를 따라야 한다. 1960년대에 접어들자, 위드는 환자 정보를 정리하고, 기록하고, 그 어떤 의사도 다 기억하기 어려운 엄청난 양의 의학 지식을 활용하려면 컴퓨터를 사용하는 것이 최선이라고 확신하게 되었다.

위드가 40대 초반이었던 1966년, 클리블랜드에 있는 웨스턴 리저브 의과대학Western Reserve School of Medicine(현재 케이스 웨스턴 Case Western이라고 알려져 있다)에서 그와 동료들은 환자와 의사가 치료 도중에 바로 병력을 입력할 수 있는 초기 단계의 터치스크린 컴퓨터를 이용하기 시작했다. 컴퓨터를 이용하는 의학의 시대가 시작되고 있었다. 환자는 자신의 기록을 더 쉽게 확인할 수 있었고, 의사는 더 상세하고 질 좋은 정보에 접근할 수 있었으며, 치료 성과는 개선될 것이었다.

아주 엄격한 위드는 컴퓨터 프로그래밍을 할 줄 몰랐기에, 긴

---

* (앞쪽) 이 장면은 2014년 11월 3일, 2014년 11월 14일, 2014년 12월 17일, 2015년 9월 9일에 걸쳐 필자가 로런스 위드와 나눈 인터뷰를 바탕으로 재구성한 것이다.

머리에 콧수염을 짙게 기른, 얀 슐츠Jan Schultz라는 수학자를 고용해서 컴퓨터를 의학 지식의 보고로 탈바꿈시키려 했다. 위드의 팀 이전에도 이미 몇몇 연구자가 의사의 기록을 컴퓨터에 옮기는 시도를 한 바 있지만, 이들은 훨씬 더 큰 꿈을 가지고 있었다.*

환자가 직접 입력하는 최초의 컴퓨터

1968년에 클리블랜드 메트로폴리탄 종합병원에서 만들어진 이 그룹의 초기 시스템은 전화 통신선을 이용해서 컴퓨터와 연결되어 있는 스물다섯 개의 터치스크린 모니터로 구성되어 있었는데, 모니터당 2만 달러(물가 인상률을 반영하면 2015년 가격으로는 13만 4,000달러)의 비용이 들었다. 이 시스템을 이용해서 환자가 간호사의 도움을 받아 직접 데이터를 입력하도록 했다. "이제 당신의 과거 병력에 대해 묻겠습니다"라고 컴퓨터가 질문했다. "각각의 질문에 대해 텔레비전 화면에 나타난 문항 옆에 있는 네모

---

* 여기에서 다루어진 로런스 위드와 워너 슬랙Warner Slack 말고도, 1960년대에 다른 연구진들도 환자 기록을 컴퓨터화하기 위한 실험들을 시작했다. Sally Empey and Anne Summerfield, *Computer-Based Information Systems for Medicine: A Survey and Brief Discussion of Current Projects* (Santa Monica, CA: Systems Development Corporation, 1965) 참고.

표시를 눌러 답하십시오."

환자 정보에는 일반적인 인구학적 정보와 관련된 문항도 있었지만, 다음과 같은 민감한 질문도 있었다. "나는 현재의 직장에 만족한다" "나는 경제적 어려움이 있어서 누군가와 상의하고 싶다" "집에 전기가 들어온다" "나는 성생활 혹은 결혼생활에 만족한다" "살아가기 힐들 정도로 매우 외롭다고 느낄 때가 있다" "아침에 술을 마실 때가 있다."

고가임에도 불구하고, 그 결과가 매우 유망해 보였기에 버몬트 대학교는 이들의 비전을 구현하도록 위드와 슐츠, 그리고 몇몇 팀원을 고용했다. 때는 1969년 7월이었고, 당시에는 기술이 필연적으로 무한히 발전할 것처럼 보였다. 알아보기 어려운 의사의 손글씨를 컴퓨터 기록으로 대체하는 일은, 같은 달 그 얼마 전 달에 사람을 착륙시킨 일에 비하면 마치 어린아이의 장난처럼 쉬운 일로 여겨졌다.

의무 기록을 디지털화하는 이 선구자들의 시도는 여러 가지 논란을 불러일으켰다. 우선, 위드는 자기 의견에 동의하지 않는 사람들에 대한 인내심이 없었다. 또한, 의사들은 환자 데이터를 컴퓨터에 기록하고 의학적 지식을 불러오는 것을 불편하게 느꼈다. 위드가 의사신MDieties[역주: Medical Doctor(의사) + Dieties(신)], 즉 자신이 다른 인간은 범접하거나 이해할 수 없는 굉장한 지식을 소유하고 있다고 생각하는 의사들이라고 조롱했던 사람들은 이런 시도가 자신들의 권위에 위협이 된다고 받아들였다. 컴퓨터는 다른 의사와 간호사, 심지어는 환자에게까지 지식을 확산시킬 것이었다. 거기에 더해, 위드가 개발하는 시스템은 특정한 건강 문제를 호소하는 환자를 의사가 어떻게 치료해야 하는지 제시하는 것까지 포함했다. 인간이 모든 것을 다 알 수는 없다는 전제 아래, 컴퓨터가 의사를 인도하는 것이었다. 예를 들어, 배가 아프면 그 원인이 될 수 있는 일흔 가지의 서로 다른 원인을 검토하는 식이다.

"너도나도 모두 각자의 방식에 따라 복부 통증을 진찰하도록 내버려 두면 안 됩니다. 병력을 청취하는 일관된 방식이 있어야 합니다"라고 위드는 말했다.

오늘날에는 정보를 실시간으로 불러오는 것이 일반화되어 있지만, 반세기 전만 해도 위드의 아이디어를 구현하는 데 가장 큰 걸림돌은 당시 컴퓨터의 원시적인 수준이었다.

1950년대 초, 위드가 학생들에게 더 높은 수준을 요구했던 그 시기에 워너 슬랙은 컴퓨터의 잠재력에 눈떴다. 그는 프린스턴 대학교에 다니면서 이 새로운 기계가 할 수 있을 것으로 기대되는 일에 대한 이야기를 수없이 많이 들었다. 1959년에 슬랙은 위드의 모교인 컬럼비아 대학교 의과대학을 졸업했다. 그해에 《사이언스》에 실린 로버트 레들리Robert Ledley와 리 러스티드 Lee Lusted의 논문을 보고, 그는 미래에 컴퓨터가 의학적 진단 과정에서 할 수 있는 일들을 상상하며 흥분했다. 논문은 "컴퓨터는 의사가 임상 정보를 수집-처리하는 것을 돕고, 미처 생각해 내지 못한 진단을 찾아내는 데 특히 적합하다"고 했다.* 슬랙은 의학 분야에 있어서 컴퓨터 활용의 가능성 탐구라는 주제로 위스콘신-매디슨 대학교에서 장학금을 받았다. 몇 년 후, 위드가 있는 클리블랜드로부터 서쪽으로 800여 킬로미터 떨어진 곳에서 일했던 슬랙은 위드가 개발한 것과 비슷한 환자 데이터 기록 시스템을 개발해 냈다.

"저는 알아보기 어려운 글씨로 기록된 차트를 통해서 기록을 남기는 것이 마음에 들지 않았습니다." 수년 뒤 슬랙이 말했다. "병력을 기록할 때, 의사는 인터뷰하는 사람의 역할을 한다고 저는 가정했습니다. 자기 기입식 설문지의 문제점은 상세한 내용이 결여되어 있다는 것입니다. 만약 환자가 '예, 머리가 아파요'라고 했다면, 그것이 언제 시작했는지 또는 얼마나 심했는지 등을 파악할 방법이 없었습니다. 저는 컴퓨터가 이것을 가능하게 할 것이라고 생각했습니다."

그가 1960년대 중반에 도입한 접근법은 컴퓨터화된 450개 문항의 질문으로 구성되어 있었는데, 환자가 입력한 답에 따라 다음에 제시되는 문항이 다르게 나타나는 기능이 있었다. 사용자는 티슈 상자만 한 두께의 키보드를 앞에 두고 작은 스크린(실제로는 음극선 검출관을 이용한 화면)을 주시했다. 폭이 몇 인치

---

* Ledley and Lusted, "Reasoning Foundations of Medical Diagnosis", 9-21. 후에 레들리는 최초로 전산화단층촬영기CT scanner를 개발했다.

에 불과한 화면은 주변의 빛을 차단하기 위한 직사각판으로 둘러싸여 있었다. 한쪽 벽면을 가득 채운 기계의 전면에는 당시로서는 첨단 인공두뇌 기술을 상징하던 마그네틱 릴테이프가 돌아갔다.

이 연구용 컴퓨터LINC(Laboratory Instrument Computer)에 설치된 슬랙의 프로그램을 처음 사용한 환자 가운데 급성심근경색증으로부터 회복 중인 노인이 있었다. 그는 부지런히 질문에 답해 나갔다. 문항이 딱딱하게 느껴지지 않도록 슬랙이 중간에 끼워 넣은 몇몇 유머러스한 문장을 보고 크게 웃기도 했다. 응답을 마친 환자는 "병원에 있는 의사들보다 당신의 컴퓨터가 훨씬 마음에 듭니다"라고 슬랙에게 말했다. "내가 귀가 조금 어두워서 의사들이 하는 말을 알아듣기 어렵다는 것도 한 가지 이유일 거예요."*

19세기에 태어난 사람이라면 기술 발전을 환영했을 것이고, 기술의 미래는 밝아 보였다. 슬랙의 작업은 전국적으로 주목을 받았고, 텔레비전 다큐멘터리 〈LINC와 함께하는 미래LINC with Tomorrow〉에서 이것을 다루기도 했다.** "오늘날 의사의 진료실에

---

* 워너 슬랙은 이 일을 그의 책 *Cybermedicine*, 15-19에 자세히 서술했다.
** National Educational Television Spectrum; 이 문건은 다음에 게시되어 있다. Division of Clinical Informatics, "'LINC' with Tomorrow with Commentary from Warner Slack (1991)", 2016년 2일 3일 입수, http://lnnrpinformatics.org/history/video/Patient-computer-dialogue.

는 환자들이 줄을 서서 기다리고 있습니다." 해설자 데이비드 프로위트David Prowitt가 이야기했다. 해설자는 서류철 하나를 손에 쥐고 흔들면서, 환자가 자신의 건강 문제를 기술하는 것이 중요하다고 강조했다. "이론상 결점이 없다고 여겨지는 의무 기록이, 현실에서는 기대에 어긋나는 경우가 많습니다. 의무 기록상의 실수는 나중에 심각한 문제를 야기할 수 있습니다. 잘못된 진단, 부적절한 치료, 심지어 사망까지. 우리는 연구자들이 이 문제를 해결할 수 있는 흥미롭고 새로운 무기를 개발한 위스콘신 대학교 의학센터에 와 있습니다."

카메라가 컴퓨터를 가로질러 움직이고 아나운서가 구겨진 재킷을 입고, 머리를 짧게 자른 슬랙에게 접근한다. 슬랙은 기계 옆에 앉아 있다.

"워너 씨!" 프로위트가 말한다. "당신은 기계에게 말하는 것이 무척 편해 보이십니다. 환자들은 평균적으로 얼마나 시간이 걸리나요?"

"글쎄요. 전혀 문제가 없습니다. 실제로 LINC는 매우 사교적입니다. 컴퓨터 성능이 제대로 받쳐 주기만 한다면 말이지요." 슬랙이 웃으며 말한다.

프로위트는 LINC를 작동시켜서 각 화면마다 몇 초씩 생각하면서 설문에 자신의 건강 상태를 입력한다. 깔끔한 차림의 아나운서는, 대문자로 쓰인 문장이 나타나고 답을 입력할 때마다 클릭 소리가 나는 화면에 하나하나 답을 채워 나간다.

"당신은 몇 년 동안 담배를 피우셨습니까?"라고 기계가 묻는다. 30대 초반인 프로위트가 1과 5를 입력한다.

슬랙은 '프로위트가 반사 시험에 얼마나 잘 반응하는지' 등과 같은 진찰 결과를 추가로 입력한다. 그리고 의사는 주사기를 꺼내 피를 뽑는다. 텔레타이프 프린터가 소음을 내면서 콜레스테롤 수치를 포함한 요약 결과를 찍어 내고, 슬랙이 그 결과를 검토한다.

"당신의 기록을 살펴보니 한 가지만 제외하고 모두 정상입니다." 슬랙이 말한다. "저도 LINC의 판단에 동의합니다."

텔레비전 아나운서는 눈썹을 치켜올린 채, 의사의 판정을 기다린다.

"당신은 담배를 너무 많이 피웁니다."

"동의합니다. 더 따질 것도 없네요."

진단을 내리고 나서, 슬랙은 미래에는 의사의 진료실에 작고 더 싼 독립형 컴퓨터가 설치되고, 중앙 컴퓨터와의 연결망을 통해 전례 없는 전문 지식을 의사들에게 제공하게 되리라고 예측했다.

컴퓨터는 마치 그해 비틀즈가 불렀던 노래 제목 〈마법 같은 신비의 여행Magical Mystery Tour〉처럼 먼 미래의 일로 보였다. 하지만 슬랙은 의료 분야의 개혁이 진행 중이라고 확신했다. 만약 환자가 자신의 건강 경력과 의료 기록에 접근할 수 있다면 그들은 자신을 위한 의사결정 과정에 더 많이 관여하고 더 많이 이해할 수 있게 될 것이다. 1960년대의 분위기를 반영해 슬랙은 '환자의 권한' 강화를 주장했다.

슬랙의 혁신과, 환자의 참여를 독려해야 한다는 주문은 폭넓은 관심을 받았을 뿐만 아니라 오해와 반발도 불러일으켰다. 환자에게 더 많은 발언권을 주자는 아이디어에 대해 일부 의사들은 아는 것이 거의 없는 비전문가인 환자에게 발언권을 주는 것이라면서 비웃었다. 그로부터 몇 년 후에 《뉴잉글랜드 의학 저널New England Journal of Medicine》은 슬랙이 투고한 〈환자의 결정권 The Patient's Right to Decide〉이라는 논문을 기각했다. (반면에,《랜싯 Lancet》은 그 논문을 게재했다.)* 환자가 원하든 원치 않든 복잡한 의학적 결정을 내리도록 강요받을 수 있다고 다른 의사들은 생각했다. "저의 취지는 그런 것이 아닙니다." 슬랙이 말했다. "환자더러 의사가 되라는 것이 아닙니다. 제가 말한 것은, 의사로서 우리가 할 수 있는 한 최대한의 정보를 환자에게 제공해야 한다는 것입니다. 환자 본인이 원하는 경우, 환자는 자신의 가치관에 따라 '저는 더 두고 보겠습니다' 아니면 '이 치료를 받겠습니다'라고 스스로 결정할 수 있어야 합니다."

* Slack, "The Patient's Right to Decide", 240.

알 수 없는 미래

몇 년 전, 캔자스 주 허친슨에 있는 주립 교도소 경비요원인 개리 하퍼Garry Harper는 전자 의료 기록이 아직은 위드와 슬랙이 지향했던 전망과 얼마나 동떨어져 있는지 직접 경험했다. 자칫 위험하고 치명적인 결과를 초래할 수도 있었다. 다큐멘터리 해설자가 구식 서면 기록을 설명하면서 했던 말이 현재의 디지털화된 의료 기록의 관리에도 그대로 적용될 수 있다. "이론상 결점이 없다고 여겨지는 의무 기록이 현실에서는 기대에 어긋나는 경우가 많습니다."

1972년부터 1993년까지 군인으로 복무했던 퇴역 군인 하퍼는 불규칙한 심장박동과 고혈압, 당뇨병 전 단계 상태를 점검하기 위해 평소 위치타로부터 차로 한 시간 거리에 있는 공군 기지 병원을 이용한다. 2012년, 하퍼와 그의 부인은 토피카에 있는 아들의 집을 방문했다. 3시간 동안 운전을 하고 난 그는 유난히 피곤하고 열이 나는 것을 느꼈다. 당시 예순한 살이던 하퍼는 성 프란시스 병원에 입원했는데, 그때 체온이 섭씨 41.5도였다. 의사가 체온을 떨어뜨리지 못한다면 그의 생명이 위태로울 수 있었다. 의사는 그의 심장에 문제가 있다는 것을 확인했지만, 그의 병력이나 그가 어떤 치료제를 복용하고 있는지 정확히 알 수가 없었다. 그도, 그의 부인도 구체적인 것을 기억하지 못했다.* 병원 측은 그의 과거 의무 기록을 확보하지 못했고,

성 프란시스 병동의 담당 의사와 간호사가 자주 교체되어서 새 의료진은 매번 그의 상태를 백지 상태에서부터 다시 파악해야 했다.

사흘 뒤, 캔자스 시에 사는 하퍼의 아들 크리스Chris가 병원을 방문했다. 크리스는 유나이티드헬스UnitedHealth라는 보험사에서 수백만 명의 기록으로부터 의미 있는 결론을 이끌어 내기 위해 의료 데이터를 연구하고 있었다. 그가 하는 일은, 보험자의 청구 자료를 외부의 시장 정보 및 인구학적 정보와 결합해서 지엠GM 이나 아이비엠IBM 같은 대기업 고용자인 환자와 메디케어Medicare 환자에 대해 더 많은 것을 파악하는 것이었다. 이 모든 정보는, 예를 들어 건강 추세를 탐지하고 허위 보험 청구를 가려내는 데 도움이 된다. 하지만 그런 정도의 정교한 데이터 분석이 가능한 데도, 그의 아버지가 정보를 필요로 할 때에는 도움이 되지 못 했다. 개리 하퍼를 처음 담당하는 의사들이 그의 의료 기록을 확보할 수 있는 빠르고 간단한 방법은 없었다.

"아버지는 열두 가지 약을 복용하고 계십니다. 아버지의 심장 주치의에게 연락을 해 보셨습니까?"라고 크리스는 담당 의사에

---

* (앞쪽) 2010년 미국 국가보훈처는 퇴역 군인이 자신의 의료 기록을 내려받을 수 있는 '블루 버튼Blue Button'이라는 서비스를 도입했다. 하지만 이 서비스도 하퍼에게는 도움이 되지 못했다. 당시 블루 버튼은 환자가 선택한 의료 서비스 공급자에게 표준화된 양식으로 기록을 전송하는 것이 불가능했다. 하퍼의 사례에 대한 의견을 몇 차례 요구했으나 성 프란시스 병원의 운영진은 답하지 않았다.

게 물어보았다.

그들은 단 한 번도 전화를 하지 않았다. 토피카 병원의 의료진은 하퍼의 병력을 상세히 파악하지 못했다. 개리 하퍼는 일주일 후에 회복되었으나, 병원에서는 여전히 질병의 원인을 파악하지 못한 채였다. 그 원인은 메티실린 내성 황색포도상구균의 한 종류였을 수 있다. 이것은 그가 일했던 교도소에서 흔히 발견되는 균이었다. 하지만 의료진은 그의 병력을 완벽하게 파악하지 못한 상태였기에 확실한 결론을 내리지 못했다.

"제대로 된 치료는 아닌 것 같습니다." 나중에 하퍼가 말했다. "그러니까, 그들은 나를 살려내기는 했지요. 하지만 그것에 대한 기록이 전혀 없습니다. 모든 사람이 컴퓨터가 대단하다고 말하지만 내가 본 것은 사람들이 여전히 종이 기록에 의존해 일한다는 것입니다."

하퍼는 퇴원하면서 2만 달러의 치료비 청구서를 받았고, 이는 보험사에서 지불했다. "내 생애 최고로 비싼 휴가를 다녀왔어요." 그가 농담을 던졌다.

크게 보면, 하퍼는 미국 의료의 데이터의 역설을 경험한 것이다. 우리의 보건의료 체계는 우리가 원하고 필요로 하는 것, 즉 의사가 우리를 치료할 때 도움이 될 포괄적인 의료 기록에 대한 접근은 조금만 제공한다. 반면에 우리가 두려워하는 것, 즉 타인이 우리의 기록을 밀매하는 것은 너무 많이 행해지고 있다. 영업과 마케팅을 위해 거대한 의료 데이터를 이용하는 데 거대

한 규모의 돈이 쓰이면서, 기업들은 환자 치료라는 측면보다는
상업적인 측면에서 훨씬 큰 진전을 이루었다.

5장

주치의의
상세 정보

의사 데이터의 새로운 혁신

뉴저지 주 출신 셸 실버버그Shel Silverberg는 1969년에 대학을 졸업한 후, 마케팅을 위한 의료 데이터 수집이라는 새로운 사업을 하는 회사였던 리 어소시에이트Lea Associate에 취직했다. 리 어소시에이트는 의사들을 방문해서 이틀 동안 내린 진단과 처방에 관한 문항에 응답해 달라고 요청하고, 그것을 수집-정리한 내용을 제약회사에 팔았다. 실버버그는 1972년에 아이엠에스가 리 어소시에이트를 인수함에 따라 아이엠에스의 직원이 되었고, 후에 이 회사의 국제 마케팅 부문 부사장이 되었다.

1978년, 미국의 최대 의약품 도매상인 맥케슨사McKesson Corporation는 아이엠에스에 있던 실버버그를 스카웃해서 그 회사의 약국 급여 사업부에서 생성해 내는 수백만 건의 청구 자료를 수집하는 파머슈티컬 데이터 서비스Pharmaceutical Data Services(PDS, 이하 피디에스)라는 자회사를 운영하도록 했다. 맥케슨은 아이엠에스에 도전할 준비가 되었고, 전문가들도 의료 데이터 부문에서 선택지가 넓어지는 것을 반기리라 판단했다. "모든 사람이 아이엠에스의 경쟁사가 생기는 것을 원했어요. 독과점 업체와 상대하는 것을 원치 않았기 때문이지요." 실버버그가 말했다.

피디에스는 개별 상품의 예상 판매량을 제시하는 데서 그치지 않고, 1982년 혹은 1983년부터는 특정 약품의 처방량에 따른 의사의 순위를 매기기 시작했다. 그 정보를 모으려고 피디에스는 수십만 건의 설문 조사를 시행했다. 의사들에게 그들이 일주일에 몇 건의 처방전을 발급하는지, 선호하는 약이 무엇인지 등을 묻는 설문에 답하게 하고, 응답자에게는 건당 2달러에서 10달러까지 지불했다. 제약회사들은 이 정보를 바탕으로 산출된 순위에 따라 판촉을 집중할 의사들을 파악할 수 있었고, 영업사원에게는 성과에 따라 수당을 지급할 수 있었다.

이런 정보는 제약회사들이 자사 제품을 처방하도록 의사들을 설득하는 **영업사원**을 파견하는 기존의 영업 방식에서 벗어나는 새로운 수단으로 활용되었다. 상황은 단순했다. 약값은 환자와 보험업자가 부담하지만, 어떤 약을 처방할지는 의사가 결정했다.

1850년대부터 제약회사는 제품 정보와 소소한 선물로 무장한 영업사원을 보내서 자기 회사의 약이 상대적으로 더 좋다고 의사들을 설득해 왔다.* 제품 판촉은 놀라운 신약들이 출시되던 20세기 중반에 널리 행해졌다.

---

* Brody, *Hooked*, 141.

매출을 늘리기 위해 영업사원은 의사를 방문하기 전에 의사의 처방 경향에 대해 가능한 많은 정보를 파악하려 한다. 컴퓨터가 도입되기 전에는 그 지역 의사들에 관한 정보를 얻을 수 있을까 하고 약사들을 구슬리기도 했다.

"와타나베Watanabe 원장은 암페타민X 처방을 좀 내시나요?"라고, 1960년대에 하와이에서 제약사 직원이었던 헨리 마리니Henry Marini가 물으면, 약사는 "음, 그분은 꾸준하게 처방을 하세요. 늘 한결같아요"라고 대답하는 식이었다.

그즈음, 리드 모러Reed Maurer는 노스캐롤라이나 주 윌밍턴에서 일라이 릴리Eli Lilly사에 근무하고 있었다. 일라이 릴리가 약사들에게 데이터와 조언을 제공했기에, 약사들은 모러 같은 영업사원에게 약국의 장부를 들여다볼 수 있게 하기도 했다. 그는 "릴리의 직원은 판매대 뒤로 돌아가서 의사가 적은 처방전을 볼 수 있었습니다"라고 반세기 전의 일을 회상했다.

미국 이외의 국가에서도 약사들은 의사의 처방 정보를 제공했다. 훗날 아이엠에스의 최고 경영자가 된 핸들 에반스는 1950년대 말부터 스코틀랜드에서 판매원으로 일했다. "당시에는 약국에 가서 약사에게 특정 의사가 자사 제품을 처방하고 있는지, 혹은 어느 의사가 자사 제품을 처방하고 있는지 묻는 방법밖에 없었습니다." 그가 회상했다. "일부 친절한 약사들은 정보를 알려 주었습니다."

이런 방법에는 분명 한계가 있었다. 약사들이 제공하는 정보가 불완전할 수도 있었고, 장부를 직접 점검하는 데도 많은 시간이 들었다. 모러는 매주 최소 한 시간 이상을 장부 확인에 할애했다고 기억한다.

실버그는 의사를 상대로 설문조사를 해서 처방 순위를 구함으로써 약사들을 통해 얻는 것보다 더 많은 것을 파악하게 되었지만, 이 방식의 데이터 수집에도 한계가 있었다. 모든 의사가 자신의 처방을 정확하게 기록하지는 않고, 설사 정확하더라도 의사가 처방한 약을 약국에서 사 가지 않는 환자가 일부 있기 때문이다. 정확한 정보는 약의 구입으로 이어진 처방전만을 파악해야만 알 수 있다. 그래서 1980년대 초부터 피디에스는 150~200개의 약국으로부터 처방한 의사의 이름이 기록된 처방전을 돈을 주고 사들이기 시작했는데, 이는 미국에 있는 전체 약국 가운데 극히 일부에 지나지 않았다. 피디에스가 구한 자료에는 처방자의 이름은 있었지만 환자의 이름은 없었다. 의사별 처방을 제대로 파악하려면 수천 개의 약국으로부터 정보를 얻어야했고, 그러려면 많은 돈이 필요했다. 그래서 피디에스는 제약회사들에게 지원을 요청했다. 머크Merck, 화이자Pfizer, 키 파머슈티컬즈Key Pharmaceuticals가 매년 수백만 달러의 돈을 지원하기로 약속했다.* 1988년에 피디에스는 처방전 하나당 약 1센트를 지불하

---

* 1986년에 셰링플라우사Schering-Plough Corporation가 키 파머슈티컬즈를 인수했고, 2009년에 이를 머크사가 다시 인수했다.

고 미국 전체 약국의 약 35%에 해당하는, 8,000여 개의 약국으로부터 처방전을 제공받았다고 실버버그는 말했다.

아이엠에스의 전직 임원이었던 에반스와 데니스 터너Dennis Turner는 처방전을 통해 정보를 얻는 이 사업의 전망이 밝다는 것을 인식하고, 1988년에 외부의 투자자에게 피디에스를 인수하도록 설득했다. 이 회사를 인수한 모기업인 월시 인터내셔널Walsh International의 공동 설립자가 된 이들은 실버버그에게, 단지 의사들의 상대적인 순위를 매기는 데 그치지 말고 더 많은 정보를 캐내라고 요구했다. 그들은 모든 의사의 처방 내역을 상세하고 정확하게 파악한 기록을 원했다. 예를 들어, 존스Jones 원장은 지난달에 A사의 약을 41회, B사의 약을 7회 처방했다는 정도로 말이다. 또한, 약국으로부터 상세한 데이터를 사들여서 자료 수집자들은 실제 매출로 이어진 처방만을 파악할 수가 있었다(연구에 따르면 처방전 중 상당 부분, 최대 3분의 1가량은 약 구입으로 이어지지 않는다고 한다).[*]

아이엠에스 헬스는 이미 약품유통데이터Drug Distribution Data (DDD)라는 인기 있는 서비스를 개발했는데, 이는 약 도매상과 제약회사로부터 정보를 모아 전체 매출을 개별 영업사원의 담

---

[*] 예를 들어 다음 참고. R. Tamblyn, T. Eguale, A. Huang, N. Winslade, and P. Doran, "The Incidence and Determinants of Primary Nonadherence with Prescribed Medication in Primary Care: A Cohort Study", *Annals of Internal Medicine* 160 (2014): 441-50, doi:10.7326/M13-1705.

당 영역별로 세세하게 파악할 수 있도록 가공하여 제공하는 것이었다. 그런데 약품유통데이터DDD의 자료에는 한 지역에서 처방받은 약을 다른 지역에서 구매하는 것은 고려되지 않았다. 즉, 이 담당자의 구역에서 처방된 처방전을 가지고 다른 담당자의 구역에 가서 약을 구입하면 약의 매출이 실제와 다른 판매원의 실적으로 파악되었다. (직장과 가까운 뉴욕시에 있는 의사로부터 받은 처방전으로 뉴저지에 있는 집 근처의 약국에서 약을 구입하는 경우가 한 예다.)

매출로 이어진 처방을 처방 의사별로 파악함으로써 이런 문제를 해결할 수 있었으며, 제약회사는 좀 더 쉽게 실제 판촉 실적대로 영업사원에게 보상할 수 있게 되었다. 이 서비스를 세계 각국에 제공하고자 하는 포부를 가지고 피디에스는 사명을 '소스인터내셔널Source International'로 바꾸었다.

의사들의 반발을 피하려고, 실버버그는 당시까지 의사별 상세 정보를 문서로 제작하지 않았다. 그는 주요 후원자인 세 제약회사가 그 부분을 조심스러워 하리라 생각했다. 잘못했다가는 의사들로부터 나쁜 평판과 비난을 받을 터였으니 말이다. 그러나 설득에 실패한 적이 없는 에반스는, 약국을 통해 수백만 건의 처방전을 모아 산출한 의사별 처방 정보가 제약 산업계가 꼭 필요로 하는 정보라는 사실을 미국의사협회American Medical Association 대표들에게 설명하는 자리를 수차례 가졌다. 미국의사협회는 결국 그 사실을 묵인했고, 이는 협회에도 재정적으로 도움이 되었다.* 미국의사협회 역시 보유하고 있는 회원 마스터파일Physician Masterfile에서 회원별 정보와 출신 배경 등의 상세한 정보를 데이터 채굴기업에게 팔고 있었기 때문이다(지금도 팔고 있다). 데이터 채굴기업은 그 정보를 다른 정보들과 합쳐 '의사별 데이터doctor-identified information' 혹은 '처방자별 정보prescriber-identified information'라고 알려진 자료를 생산해 냈다. 피디에스를 지원해 왔던 세 제약회사는 지원을 계속했고, 곧 다른 제약회사들도 정보를 얻으려고 매년 수백만 달러를 지불하게 되었다.** 제약회사들도 의사별 데이터를 이용하는 데 내부의 이견이 거의 없었다. 제약사들은 자신들 약의 효능을 자신하고 있었고, 만약 더 많은 정보를 통해 더 많은 매출을 올릴 수 있다면 기꺼이 이를 이용할 것이었다.

"우리는 그 선택이 대의를 위한 것이라고 생각했습니다." 머크에서 24년을 근무했고, 소스 인터내셔널의 의사별 데이터를 구매하기로 결정하는 데 참여한 마크 데가타노Mark Degatano가 말했다. "자만인지 모릅니다만, 저는 제약 산업계를 믿습니다. 사람

---

* 이 기록은 저자가 핸들 에반스, 셸 실버그, 데니스 터너와 가진 인터뷰에 바탕을 두고 있다. 에반스와 미국의사협회의 대화에 관해 물었을 때 대변인 R. J. 밀스Mills는 "미국의사협회에는 이 회의와 관련되었거나 협회가 이 서비스를 지지하는지의 여부에 관한 기록이 전혀 없다"라고 답했다. (R. J. Mills, 저자에게 보낸 이메일, 2015년 10월 13일)

** 셸 실버그에 의하면, 소스가 가장 잘나갔을 시기에는 피닉스에 450명의 직원을 두고 연간 1억 4,000만 달러의 매출을 올렸다고 한다.

들을 도울 수 있는 새로운 제품이 나왔다는 사실을 의사들에게 가능한 빨리 알려서 안 될 이유가 있습니까?"

의사별 데이터에 대한 관심이 매우 컸음에도 불구하고, 이 사실은 제약회사와 약국 대표만 알고 있었다. 들어보지도 못한 회사가 자신들에 관한 데이터를 수집하고 있다는 사실을 의사들은 까맣게 모르고 있었다. "우리는 그 사실을 아무에게나 알리지는 않았습니다." 여러 해가 지난 뒤에야 실버버그가 말했다. "그들이 알아서 좋을 게 하나도 없었기 때문이지요. 자신들의 처방이 추적된다는 사실을 의사들이 알면, 의사들의 처방 행태가 바뀔 수 있습니다. 이것은 시장조사의 기본입니다. 사실 제약회사들은 정보를 수집하고 있다는 사실을 영업사원이 의사에게 말하는 것을 바라지 않았습니다. 그러면 문제가 생길 테니까요."

제약회사들은 영업사원에게 의사별 상세 정보를 가지고 있다는 사실을 함구하도록 지시했다. "직원들에게 항상 강조했습니다. '의사 선생님, 지금 거짓말하고 계십니다. 저희 약품을 팔아 주지 않으셨잖아요. 절 좋아한다고 하고서 처방은 내지 않으셨어요'라고 말해서는 안 된다고 말입니다. 이런 말은 절대로 해서는 안 됩니다." 머크에서 의사별 정보 및 여러 데이터의 사용을 감독했던 데가타노가 말했다.

미국에서 의사별 상세 정보의 사용이 유행했던 반면, 전통적으로 개인 정보를 더 중시했던 유럽과 일본에서는 그런 경향이 나타나지 않았다. "제가 책임자였던 시절, 미국의 모든 의사에 대한 개인 정보를 모두 가지고 있었습니다." 1993년부터 1998년까지 아이엠에스의 북미 최고경영자였던 스웨덴인 토미 보만Tommy Boman이 말했다. "그러나 유럽에서는 그렇게 할 수 없습니다. 그런 행위는 유럽에서는 매우 불쾌한 행동으로 간주됩니다."

이런 미국의 상황은 훗날 의료 데이터의 상업적 활용 범위를 둘러싼 거대한 법적 분쟁의 단초가 되었다. 그러나 많은 의사가 현실을 깨닫고 이에 대항하기까지는 10년이 더 지나야 했다. 데이터 수집 문제의 당사자인 환자는 더 오랜 기간 동안 이런 사실을 모르고 있었다.

아이엠에스, 게임에 뛰어들다

건강 데이터 채굴 분야의 선두 기업이었던 아이엠에스 헬스는 소스 인터내셔널처럼 개별 의사가 어떤 약을 얼마나 처방했는지에 관한 정확한 정보의 축적을 서두르지 않았는데, 그 이유 중 하나는 당시 큰 이익을 내고 있는 약품유통데이터DDD의 매출이 줄어드는 것을 원치 않았기 때문이다. 아이엠에스가 약품유통데이터와 그 밖의 정보 제공 서비스를 성공적으로 운영하자, 던 앤드 브래드스트리트Dun&Bradstreet는 1988년에 아이엠에스를 17억 달러에 인수했다. 이로써 이 데이터 채굴기업은 시장조사의 선구자인 A. C. 닐슨Nielsen을 소유한 기업의 계열사가 되었다.

1993년이 되자 아이엠에스는 시류에 따라, 의사들의 개별 정보를 모아 엑스포넌트 서비스Xponent service라는 새로운 서비스를 제공하기 시작했다. 이 회사는 제약회사들에게 이 데이터를 이용하면 매출을 극적으로 늘릴 수 있을 것이라고 홍보했다. "의사 한 사람당 일주일에 한 건의 처방전만 더 늘린다면 이는 5,200만 달러의 연간 매출 증가로 이어진다는 연구 결과가 있습니다. 따라서 판촉 대상을 매우 정확하게 선정하지 않는다면, 막대한 수익을 놓치는 결과를 가져올 수 있습니다. … 영업사원들은 이 모델을 이용해서 자사의 제품에서 타사의 제품으로 처방을 바꾼 의사들을 파악하고, 처방을 되돌리도록 설득할 자료를 마련할 수 있습니다."*

미국 의사들의 처방 정보를 더 많이 수집하기 위해 아이엠에스와 그 경쟁사들은 다양한 창구를 통해 가능한 많은 처방 정

---

* Kallukaran and Kagan, "Data Mining at IMS Health." 아이엠에스는 각 의사가 처방하는 약품을 얼마나 잘 바꾸는지, 여러 판촉 전략에 각각 어떻게 반응하는지에 관한 평가도 소사했다. "저녁 회식이나 판촉 전화와 같은 판촉 행위에 대해 처방자가 어떻게 반응할 것인지 예측하는 것으로 이 정보를 이용할 수 있습니다." 아이엠에스의 전략 프로그램 선임 관리자인 수전 네이하트Susan Neyhart가 말했다. Neyhart, "Using Data Mining to Get Brand Switching", 80 참고.

보를 앞다퉈 사들였고, 이를 이 업계 사람들은 "약국 전투store wars"라고 불렀다. 처방 정보를 구하는 데는 많은 돈이 들었고, 아이엠에스 북미 지역 최고경영자였던 토미 보만에 따르면, 초기 5년 동안에는 아이엠에스가 의사별 데이터로 이윤을 내지 못했다고 한다. 그러나 시간이 더 지나면서 투자에 대한 수익이 발생했다. 1990년대에 새로운 약이 많이 도입되고 이에 따라 의사들이 처방할 약의 목록이 늘어나자, 제약회사들은 판촉 인력을 두 배로 늘렸다. 2001년도에 미국 제약회사 영업 사원의 수는 8만 7,892명이었는데, 이는 5년 전의 4만 1,855명에서 비해 크게 증가한 것이었다.* 제약회사들은 판촉 부문의 지출을 늘렸는데, 1996년 91억 달러에서 2000년에 157억 달러로 그 규모가 증가했고, 그 80%는 무료로 제공하는 시제품과 판촉 활동비로 지출되었다.** 2005년에 아이엠에스의 "홍보 인력 효율성 제고" 관련 상품은 이 회사가 그해에 전 세계에서 올린 수익의 48%를 차지하기에 이르렀다.***

* 1980년대 영업사원의 수는 '아이엠에스 헬스 대 소렐IMS Health v. Sorrel'l 사건의 재판 기록에 나와 있으며, 이는 제약 산업 연구기관인 Scott-Levin을 인용한 것이다. 이는 Tyler Chin, "Drug Firms Score by Paying Doctors for Time", Amednews.com, May 6, 2002에 인용되어 있다.
** Henry J. Kaiser Family Foundation, *Trends and Indicators in the Changing Health Care Marketplace 2002*(Menlo Park, CA: Henry J. Kaiser Family Foundation, April 30, 2002), 43.
*** See IMS 2005 Annual Report (Fairfield, CT: IMS, 2006), 21-23.

영업사원 교육

의사별 데이터는 실로 크게 도움이 돼서, 영업사원들은 이를 마치 만화책에 나오는 슈퍼히어로의 투시 능력과도 같은 비밀 병기로 이용했다. 의사를 방문하기 전, 영업사원은 그 의사가 어떤 약을 얼마나 처방하는지 정확하게 파악한 포괄적인 보고서를 숙지한다. 마치 야구 감독이 작전을 짤 때 선수들의 과거 성적을 분석하듯, 영업사원은 처방 내역을 분석해 판촉 전략을 짠다. 데이터 수집이 공식적으로 이루어지지 않고 있는데도, 모든 사람이 그 정보를 알고 있었다. 여러 해 동안 의사들은 자신의 진료실에서 환자를 치료하는 사적인 행위를 외부인들이 집계하고 있다는 사실을 알아채지 못하고 있었다.

자료는 극도의 비밀을 요하는 것이어서, 영업사원은 의사를 만나러 병원을 방문할 때면 처방 정보와 본인이 직접 관찰해 기록한 의사의 정보가 든 노트북 컴퓨터를 병원 밖에 두고 들어갔다. 만약 의사가 자신의 처방 경향을 영업사원이 파악하고 있다고 의심해서 그 사실을 물으면, 영업사원은 화제를 바꾸거나 그런 사실을 부인했다. "그 정보는 최고의 기밀이었습니다." 1998년에 일라이 릴리에서 일을 시작한 샤흐람 아하리Shahram Ahari가 말했다. "그것은 금기였습니다. 그 주제를 꺼내는 것조차 금지되어 있었습니다."*

아하리는 대학을 졸업하고 바로 릴리에 취직했는데, 그때까지만 해도 영업사원은 바쁜 의료진에게 최신 약품에 관한 정보를 소개해 줌으로써 환자의 고통을 덜어 주는 일을 하는 것으로 생각했다. 릴리가 그에게 7만 5,000달러의 연봉과 함께 성과급, 승용차, 그 밖의 특전을 제안하자, 그는 마침내 성공을 이루었다고 생각했다. 그러나 업무의 실상은 그가 생각했던 것과 다르다는 사실이 드러났다. 몇 주간의 교육을 받고 나자, 그는 과학 지식보다는 붙임성 있는 성격, 매력, 열정이 자신의 성공을 좌우하리라는 사실을 깨달았다.

물론 릴리와 그 경쟁 제약회사들은 영업사원에게 자사 제품의 장점과 타사 제품의 약점도 교육했다. 그러나 성공을 위해서는 의사의 성격에 따라 접근 전략을 짜는 것이 가장 중요했다. 아하리는 의사를 평가해서 어떤 유형에 해당하는지 판단하는 것이 중요하다는 사실을 배웠다. 어떤 의사는 영업사원을 반갑게 맞아서 가벼운 대화를 잘 주고받는가 하면, 다른 의사는 이들에게 관심을 보이지 않는다. 선물이나 접대는 돈을 밝히는 의사의 처방을 바꿀 수 있는 반면, 다른 의사는 처방을 바꾸겠다고 말하고서는 경쟁사의 약을 계속 처방한다. 어떤 의사는 영업사원을

---

* (앞쪽) 일라이 릴리의 대변인 에드워드 사게비엘Edward Sagebiel은 답했다. "우리는 이 말에 동의하지 않습니다. 우리는 아이엠에스로부터 데이터를 제공받고 있다는 사실을 숨긴 적이 없으며, 이런 말이 어떻게 나왔는지 이해할 수 없습니다." 저자에게 보낸 이메일, 2015년 12월 9일.

일절 만나지 않는다.*

릴리는 아하리에게 브루클린 지역과 스태튼 섬을 포괄하는 구역의 정신과 전문의 수백 명을 담당하는 임무를 맡겼다. 아하리는 20대 중반의 매력적인 여성과 조를 이루었는데, 의사를 방문할 때는 둘 중 한 사람이 방문했지만 의사에 관한 상세한 정보를 교환하면서 각 정신과 의사를 둘 중 누가 담당하는 것이 잘 맞을지 상의했다. 다른 여러 사업과 마찬가지로, 제품에 관한 지식은 의사와의 긴밀한 친분 관계보다 덜 중요했다.

아하리는 의사의 성격을 파악하기 위해 마치 인류학자처럼 세세한 것까지 관찰하는 능력을 키웠다. 진료실 책상에 가족사진이 있으면 배우자나 자녀, 학교 이야기로 대화를 시작했다. 서가의 책을 통해 그 의사가 프랑스 문학이나 러시아 문학을 좋아하는지 알아낼 수 있었고, 종교와 관련된 소품은 의사의 신앙을, 스포츠 용품은 골프나 테니스를 좋아한다는 사실을 드러냈다. 영업사원은 방문을 마치고 나면 매번 모든 세세한 내용을 노트북 컴퓨터에 기록했다. "코언Cohen 원장을 만났다." 아하리는 짧게 메모한다. "그녀는 예일 대학교를 나왔다." 아하리는 그 대학을 나오지 않았지만 일라이 릴리의 영업사원 중 예일 대학교를 나온 사람이 있어서 동문이라는 인연을 매개로 마치 친구처럼

---

* 아하리는 Fugh-Berman and Ahari, "Following the Script", e150에서 성격에 관한 내용을 서술했다.

보이는 관계를 구축할 수 있을지 모르는 일이었다.

아하리와 그의 동료는 서로 다른 부문에 관심과 재능이 있었고, 각자의 적성에 맞춰 담당할 의사를 정했다. 그는 정치, 문화, 여행에 관심이 많았다. 그녀는 고급 요리와 순수미술을 좋아했고, 클래식 기타를 연주할 줄 알았다. 영업사원들은 때로는 의사와 이성적인 매력에 끌리기도 하고, 연인 관계로 발전하기도 했다. 아하리는 의사와 사적으로 친밀한 관계를 맺은 적은 없었다. 그러나 한번은 스태튼 섬의 러시아인 정신과 의사 부부가 어느 날 저녁식사 자리에 자신들의 딸을 동석시켰을 때, 자신을 그들의 딸에게 소개하려 한다는 느낌이 들었다고 한다.

아이엠에스 데이터를 이용해서 영업사원들은 일라이 릴리의 약을 많이 처방하는 의사들을 부지런히 찾아갔다. 담당 구역 안에 있는 450명의 의사 중 아하리와 그의 동료는 약 200명의 의사를 적극적으로 관리했고, 매출 기준 상위 50명의 의사에게는 맨해튼의 고급 식당에서 접대하는 등 각별히 신경 썼다. 그 의사는 일 물리노Il Mulino에서 나오는 파르메산 치즈를 뿌린 어린 아르굴라, 가리비가 들어간 오징어먹물 파스타와 고급 와인을 좋아할까? 그렇지 않다면 유명한 일식집인 노부Nobu에 가서 일본식 된장으로 양념한 흑대구, 방어회, 그리고 사케를 실컷 마시는 것은 어떨까? 보통 그런 고급 식당을 예약하는 것은 쉽지 않지만, 돈을 아끼지 않는 단골인 제약회사 직원들에게는 어려운 일이 아니었다.

함께 식사를 할 때에는 와인을 마시면서 농담을 섞어 즐거운 대화를 나누는데, 이때 제품에 관한 대화는 피한다. 제약사들은 의사들이 영업사원을 진짜 친구로, 아주 좋은 사람인데 우연히 직업이 영업사원인 것으로 여기게 되기를 원했다. 저녁 식사가 아무리 우호적이고 느긋한 분위기로 잘 진행되더라도, 아하리는 훈련 과정에서 수없이 들었던 다음의 말을 상기했다. "의사는 친구와 함께 있지만, 당신은 고객과 함께 있는 것이다." 이런 좋은 접대에는 분명한 목적이 있었다. 아하리가 다음에 그 의사의 진료실을 찾아가서 조현증과 양극성장애의 치료제인 자이프렉사 Zyprexa 같은 약을 홍보하면 의사는 그 약의 처방을 늘릴 것이다.

회사의 공식적인 지침에 따르면, 아하리는 의사 한 명에게 식사 한 끼 대접하는 데 최대 100달러까지 사용할 수 있었다. 그러나 맨해튼의 최고급 식당에서 음료까지 곁들여 하는 식사는 한 명당 250달러는 들 것이다. 다행히 회사는 그에게 재량권을 부여해 주어서, 보고서에 둘 혹은 세 명의 의사를 접대한 것으로 기록하면 되었다. 가장 높은 매출을 올리는 의사는 1,000달러짜리 식사를 대접받을 수도 있었다. 접대는 식사에서 그치는 것이 아니었다. 영업사원들은 의사의 진료실로 아침이나 점심 식사를 정기적으로 배달해, 창구 직원의 환심을 샀다. 치즈를 듬뿍 바른 갓 구운 베이글, 훈제 연어, 오렌지주스를 가지고 매주 방문하면, 창구 직원은 의사의 일정 중 몇 분간의 빈 시간을 찾아 주었다. 의사의 자녀나 직원의 생일에는 케이크가 배달되기도 했다. 그

해에 아하리는 도시락을 배달하고 일주일에 서너 번 식사를 접대하는 데 6만 달러에서 8만 달러를 지출했다.

이 모든 접대를 받는 의사가 일라이 릴리의 약 처방을 늘리지 않으면, 접대의 규모는 점점 줄어든다. "베이글과 훈제 연어 대신에 도넛과 커피를 가져왔습니다." 아하리는 훈제 연어 도시락 대신 한 상자의 도넛을 가져다주면서 설명할 것이다. "도시락을 더 가져오지 못해 유감입니다. 이것은 제 돈으로 사 왔습니다. 그래도 저는 여러분을 좋아합니다." 그는 자연스러운 방법으로 직원이 의사에게 자사의 약 처방을 넌지시 권해 주기를 기대했다. "의사의 입장에서 작은 선물을 못 받는 것은 그냥 조금 불편한 일일 것입니다." 아하리는 생각했다. "그런데 그동안 공짜 베이글에 길들여졌던 직원들의 원성이 자신에게로 향하는 것은 의사들에게 보다 현실적인 문제로 느껴질 것입니다."

때로는 고급 도시락 대신 급이 낮은 아침 식사 거리를 가져오게 된 이유를 솔직히 이야기할 수도 있을 것이다. "회사 방침에 푸로작Prozac을 평균 이상으로 처방하는 의사에게만 사은품이나 고급 도시락을 제공하도록 되어 있습니다. 선생님께서는 처방량이 평균에 미치지 못해서 이제는 점심을 가져다 드릴 수 없게 되었습니다. 대단히 죄송합니다."

아하리가 직장 생활 2년차이던 해에 제약회사들은 영업사원을 통한 약품 홍보에 연간 50억 달러를 지출했다. 제약사들은 판촉이 개별 의사의 처방에 끼치는 영향을 정확하게 계량할 수 있었으니, 그 투자는 사리에 맞는 것이었다. 아하리는 식사 접대로부터 2주 내지 4주 후면 그 정신과 의사가 처방하는 푸로작이나 다른 일라이 릴리 제품의 처방량이 어떻게 변했는지 알려 주는 보고서를 받아 볼 수 있었다.

영업이 왜 통할까?

이론상으로만 보면, 의사들은 최신 의학 저널을 통해 새로운 치료법에 관한 정보를 얻을 수 있다. 그러나 오랜 세월에도 변하지 않는 현실은, 종일 환자를 보고 난 의사들이 그런 정보를 찾아보는 일은 드물다는 것이다. "불행하게도, 의사들은 저널을 찾아보고 새로운 치료제를 파악할 시간이 없습니다. 그 결과, 그들은 영업사원이 제공하는 정보에 의존합니다." 1955년에 이루어진 조사에서 한 의사가 설명했다.* "의사 대부분이 이런 상황을 만족스럽지 않게 생각하지만, 달리 방도가 없습니다."

머크의 전 임원이던 마크 데가타노는 이렇게 덧붙였다. "어떤 사람들은 '의사라면 모든 저널을 다 읽어야 하는 것 아닌가요?'라고 반문할 수도 있겠습니다. 네, 맞습니다. 그리고 우리는 건강

---

* Institute for Motivational Research, *A Research Study on Pharmaceutical Advertising*, 22-23.

한 식단을 먹고 일주일에 네 번 운동을 하고, 차에 타면 안전벨트를 매야 하고, 자전거를 탈 때에는 헬멧을 써야 합니다."

어떤 의사는 일관되게 영업사원을 피했다. 40년의 영업직 경력을 가진 R. L. 맥퀼란R. L. McQuillan은 1963년에 발간한 회고록에서, 뉴욕 시의 한 의사가 대기실에서 제약회사 영업사원과 마주치자 그를 데리고 긴 복도를 함께 걸어 내려가더니 문을 열고 그를 건물 밖 골목으로 밀어낸 일화를 기록하고 있다. 또 다른 사례로, 영업사원이 약국 대표를 만나려고 약국 직원에게 기다려도 되는지 물었다. "그러시죠." 직원이 답했다. "기다리고 싶은 만큼 기다리셔도 됩니다." 반시간이 지난 후에야 그 영업사원은 약국 대표가 플로리다로 휴가를 가 있다는 사실을 알게 되었다.[*]

오늘날에도 어떤 의사들은 이와 같이 느끼고 있다. "대부분의 의사가 제약사 영업사원과 만나기를 불편하게 여기리라 생각합니다. 마치 중고차 영업사원이나 보험 판매원과 흥정하는 듯한 기분이 듭니다." 위스콘신 주에 사는 마취과 전문의 데이비드 존슨이 말했다. "의사들은 '그들은 자신들에게 유리한 약만을 나에게 팔려 한다'거나, '그들은 자신들에게 유리한 약만을 내게 선전한다'고 생각합니다."

그럼에도 많은 의사는 여전히 단 몇 분 동안이라도 제약사 영

---

[*] McQuillan, *Is the Doctor In?*, 61.

업사원을 만난다. 영업사원들은 식사, 약 시제품, 볼펜, 마우스 패드, 모자, 기념품 등으로 분위기를 부드럽게 하려 한다. 많은 이들은 좋은 친구가 되려 한다. "대부분 영업사원은 워낙 친근하고, 너그럽고 즐겁게 맞장구 쳐 주니, 그들을 나쁜 사람으로 단정하기는 사실상 불가능합니다." 칼 엘리엇Carl Elliott이 자신의 저서 《흰 가운, 검은 모자White Coat, Black Hat》에 썼다. "점심을 가져다 주고, 팔을 가볍게 두드려 주고, 생일을 기억해 주고, 자녀들의 이름을 모두 기억하는 사람을 나쁘다고 할 수 있겠습니까?"*

제약사 영업사원인 노먼 코언Norman Cohen은 이런 성향을 그대로 가지고 있다. 그는 필라델피아 지역 의사들의 좋은 친구였다. 그는 재미있는 이야기를 들려주고, 같이 있으면 즐겁고, 지역에서 가장 좋은 식당들을 알고 있었다. 그의 친절은 단지 식사 대접에서 끝나지 않았다. 그는 기꺼이 함께 쇼핑하고, 의사가 집을 사려 할 때 흥정을 돕기도 했다. "저는 그들의 친구였습니다"라며 은퇴한 지 여러 해가 지난 뒤 그는 내게 말했다. "저는 많은 의사와 매우 친밀하게 지냈고, 그들은 제가 홍보하는 제품을 처방했습니다. 저는 환자들이 손해를 보았다고는 전혀 생각하지 않습니다."

코언의 회사에서는 최상위 성적을 올리는 의사들만이 이런 대

---

* Elliott, *White Coat, Black Hat*, 52.

접을 받을 수 있었는데, 30명 안팎의 의사가 이 지역에서 스타틴 제제(혈중 콜레스테롤을 낮추는 약)의 매출 가운데 60%를 처방했다. 코언은 자신이 보인 우정이 자사의 약에 대한 추가적인 처방으로 연결되는지 면밀하게 관찰했다. "이 모든 것을 아이엠에스의 데이터를 통해 알 수 있었습니다." 코언이 말했다. "성공적인 영업이었는지 여부는 2주가 지나면 알 수 있었습니다."

아무리 철저하게 훈련을 받고 진지하게 일하는 전문가들이라고 해도 그들도 역시 인간이기 때문에 일을 함에 있어서 인간의 상호작용으로부터 많은 영향을 받는다. "제가 처방하는 약에 간접적으로 영향을 끼치는 것 중 하나가 영업사원의 인성이라고 생각합니다. 특히 항생제의 경우, 효과가 거의 비슷하니까요." 한 의사가 1955년에 시행된 설문에 이렇게 응답했다.[*]

때로는 보다 원초적인 본능이 의사들이 영업사원을 만나는 데 영향을 끼쳤다. 제약회사 영업사원을 왜 만났느냐고 어떤 은퇴한 의사에게 묻자, 그는 씩 웃으며 답했다. "그들이 약품 샘플을 무료로 주기도 했고, 또 가슴도 컸으니까요."

오래전부터 비판자들은 영업사원들이 지식을 발전시키기보다는 왜곡하고 있다고 비난해 왔다. 제약회사 E. R. 스퀴브 앤 선즈E. R. Squibb & Sons의 전직 의학 부문 책임자인 A. 데일 콘솔A.

---

[*] Institute for Motivational Research, *A Research Study on Pharmaceutical Advertising*, 22-23.

Dale Console은 1960년 의회 청문회에서 다음과 같이 증언했다. "제가 영업사원으로부터 배운 격언이 있는데, 제약업계에 있는 사람이라면 거의 모두가 알고 있다고 합니다. '만약 상대를 설득하지 못한다면 혼란스럽게라도 만들라'입니다. 엄청난 자원을 가진 제약회사들은 의학 교육자의 자리를 침해했고, 선전을 통해 교육을 밀어내는 데 성공했습니다." 그는 또한 상품 판촉을 "끝없이 쏟아져 나오는 신제품, 비슷비슷한 이름들, 복잡한 복용법과 적응증, 주장과 반박을 둘러싸고 벌이는 숫자 싸움"이었다고 했다.[*]

애증 관계

2000년대에 들어서자, 제약업계는 의사들에게 지출되는 돈이 지나치게 많고 어느 정도 자율 규제가 필요하다는 결론에 의견을 모았다. 2002년에 제약사 단체 PhRMA(Pharmaceutical Research and Manufacturers of America)의 회원사들은 골프 접대, 스포츠 경기 입장권, 테이크아웃 식사dine-and-dash takeout meals(의

---

[*] Senate Subcommittee on Antitrust and Monopoly, Administered Prices in the Drug Industry (Antibiotics): Hearings Before the Subcommittee on Antitrust and Monopoly, pt. 24, 86th Cong., 2d sess., 7-14 September 1960, 10368.

사들이 식당에 잠시 들러서 상품에 관한 간단한 설명을 듣거나 홍보물을 받은 뒤, 포장된 도시락을 가져가는 행사)를 제공하지 않기로 했다. 또한, 무료 세차, 꽃, 크리스마스트리도 금지되었다. 선물은 100달러를 넘어서는 안 되고, 신체기관 모형이나 청진기 등 의학적으로 관련이 있는 제품만 제공해야 했다. (2009년에는 청진기도 제외되는 등, 지침이 다시 수정되었다.)

의사들에게 식사와 선물을 제공하기 위해 아낌없이 지출되던 예산의 규모는 그때 이후 수그러들었다. 그러나 의사별 데이터는 미국의 제약 산업에서 여전히 필수적인 요소로 남아 있다. 2014년에 나는 아이엠에스 헬스의 제약업계 담당 부사장 더그 롱Doug Long에게, 그의 회사가 무슨 일을 하는지 일반인이 이해할 수 있게 설명해 달라고 했다. 그는 의사별 데이터에 대해 말했다. "우리는 특정 업체가 접촉해서 도움이 될 만한 의사와 그렇지 않은 의사를 구분할 수 있게 해 줌으로써 의료의 효율성을 높이는 일을 합니다." 그 데이터는 제약회사들로 하여금 큰 매출을 올려 주지 못할 것 같은 의사들은 무시하는 반면, 처방을 더 늘려 줄 것 같은 의사들에게 집중하게 해 준다.

약국과 보험 청구, 그리고 여러 정보 중개자 사이에 흐르는 정보의 양이 폭발적으로 증가하면서, 아이엠에스 보고서의 중요성은 더 커지고 있다. 제약회사는 많은 비용을 지불하고서라도 그 정보를 손에 넣어야만 하며, 비용은 실로 매우 비싸다. 거대 제약회사들은 연간 1,000만 내지 4,000만 달러를 지불하고 아이엠에스의 데이터, 자문, 그 밖의 서비스를 제공 받는다.* 그 정보가 얼마나 중요한지, 아이엠에스의 경영진은 업계의 회의장에서 스타 대접을 받는다. 로버트 후퍼Robert Hooper는 자신이 애보트 랩Abbott Laboratories의 캐나다 사장이었을 때 아이엠에스를 어떻게 여겼는지 기억한다. "저는 아이엠에스의 발제자가 발표하는 회의장에 간신히 들어갔습니다. 그들은 요다였거든요."

후퍼는 스타워즈 제다이의 망토를 물려받아서 1997년에 미국 아이엠에스의 사장이 되었다. 어느 제약업계 회의에서, 첫 발제자인 글락소 웰컴Glaxo Wellcome의 대표는 아이엠에스의 데이터에 따르면 글락소가 두 번째로 큰 제약회사라고 청중들에게 말했다. 두 번째 발제자인 머크의 대표 역시 아이엠에스의 자료를 인용해서 머크가 세계 최대의 제약회사라고 주장했다. 그다음 순서로 발제에 나선 후퍼는 자신이 그 아이엠에스라고 소개했다. 청중들은 웃음을 터뜨리며 환호했다. 그는 "기업들에게 우리가 얼마나 중요한 존재인지 부각하는 데 이보다 나은 상황은 없었을 겁니다"라고 여러 해가 지난 뒤 회고했다.

여전히 많은 제약회사, 월 스트리트, 다른 기관들이 아이엠에스의 데이터를 갈망하지만, 많은 이들이 이 회사의 고가 정책과 거만한 태도를 불쾌하게 여긴다. "마치 애증 관계와도 같습니다."

---

* 이 수치는 아이엠에스의 최고경영자 아리 부스빕이 2015년 1월 13일 샌프란시스코에서 개최된 J. P. Morgan 33rd Annual Healthcare Conference에서 언급했다.

후퍼가 말했다. "그 데이터가 필요하고 그 데이터를 좋아하는데, 너무 많은 돈을 지불해야 하는 겁니다. 설사 어떤 고객이 불만을 가지더라도 아무도 개의치 않았습니다. 그럴 필요가 없었습니다. 마치 '어쩔래? 내가 이 구역의 대장이야'라는 것 같았습니다." 상황은 지금도 변하지 않아서, 현재 아이엠에스의 최고경영자인 아리 부스빕Ari Bousbib은 비교적 최근인 2015년에 다음과 같이 말했다. "우리 고객이 우리는 좋아하거나 싫어하지만, 아이엠에스의 데이터는 없어서는 안 됩니다."*

그러나 때로는 아이엠에스가 정보를 수집하는 대상 중 일부는 이에 저항하고 반격한다. 그 일례로, 의사들이 아이엠에스가 자신의 동의 없이 처방 내역을 상세히 조사해서 보고해 왔다는 사실을 알게 되었고, 이에 대해 소송을 제기했다. 그 소송은 대법원 판결을 받기에 이르렀다.

---

* 2015년 11월 10일 뉴욕에서 개최된 J. P. Morgan Ultimate Services Conference에서 아리 부스빕의 말.

6장

대법원에서의 공방

한 의사의 의심

뉴햄프셔 주의 심장내과 의사 피터 클레멘토비츠Peter Klementowicz 는 전에는 제약회사 직원이 찾아오면 반갑게 맞이했다. 그는 영업사원들이 자기 회사의 최신 제품 위주로 홍보한다는 것을 알았지만, 영업사원을 만나면 가난한 환자들에게 줄 견본품을 무료로 받을 수 있었다며 이를 합리화했다. 그러나 시간이 지나면서, 그는 이들의 방문이 불편해졌다. 한번은 영업사원이 그에게 "선생님은 제 표적 고객입니다"라고 했는데, 그 말이 마음에 걸렸다. 그는 "농담이겠지"라고 생각했다.

이 문제가 본격적으로 그의 관심을 끌게 된 계기는, 2000년대 초에 두 명의 영업사원이 병원 직원들의 점심을 가지고 찾아오면서였다. 그들은 그에게 그 지역 의사들의 처방 경향이 기록된 아주 두꺼운 자료를 보여 주었다. 다른 의사들은 그 프로그램에 협조하고 있었다. 그런데 그는 왜 협조하지 않았을까? "저희는 선생님이 치료법과 처방약을 바꾸시기를 원합니다." 영업사원이 말했다.

"당장 나가시오." 의사가 답했다.

제약사 영업사원들은 의사들의 처방 경향을 클레멘토비츠 원장이 상상했던 것보다 훨씬 상세하게 파악하고 있었다. 격노한 그는 홍보물을 내던지고 이에 어떻게 대응해야 할지 깊이 생각했다. 그는 자신이 환자들에게 처방한 모든 처방 내역을 그들이 알고 있다는 사실을 깨달았다.

그가 처방한 약의 내역은 그의 전문적인 판단의 결과물이다. "만약 저들이 제가 일하는 내용을 모두 알고 있다면, 그것은 지식재산권 침해에 해당한다고 생각했습니다." 여러 해가 지난 뒤에 그가 회고했다. "한때는 '내가 치료하는 내용에 저작권을 설정할 방법은 없을까?' 생각하기도 했지만, 생각에 그쳤습니다."

클레멘토비츠 원장처럼 분노하는 것은 매우 예외적인 일이었고, 여러 해가 더 지날 때까지 의사들의 처방 내역에 대한 정확한 정보를 영업사원들이 가지고 있다는 사실을 알아챈 의사는 거의 없었다.* 제약사 영업사원들은 자신들이 알고 있는 사실에 대해 그 어떤 실마리도 보이지 말라는 엄격한 지시를 받고 있었지만, 일부 직원이 그 사실을 부지불식간에 누설하는 것을 피할 수는 없었다. 비밀은 영원히 지켜질 수 없었고, 사실을 알게 된

---

* 5장에서 살펴보았듯이 의사별 데이터는 1980년대부터 작성되었고, 1990년대에는 보편적으로 사용되었다. 이 주제에 관한 초기의 논문으로는 Stolberg and Gerth, "High-Tech Stealth Being Used to Sway Doctor Prescriptions"이 있다.

의사 중 많은 수가 반격에 나섰다.

뉴햄프셔 주의 조치

클레멘토비츠 원장이 제약회사 영업사원들이 자신의 처방 경향에 대한 상세한 자료를 가지고 있다는 사실을 깨달은 것과 같은 시기에, 뉴햄프셔 주의 초선 하원의원인 그의 부인 신디 로젠왈드Cindy Rosenwald도 그 관행을 알게 되었다. 2005년 어느 날, 미국퇴직자협회American Association of Retired Persons(AARP)의 로비스트 빌 해밀턴Bill Hamilton이 로젠왈드에게 이와 관련된 기사 몇 건을 건넸다. 그녀가 바쁘다는 것을 알고 있었던 그는, 아무 설명 없이 기사를 건네면서 그것을 본 그녀가 무슨 조치든 취하기를 내심 원했다. "마치 물속에 낚싯바늘을 드리우는 것과 같았습니다." 그가 후에 말했다. "누군가가 이 문제에 관심을 보이면 잘된 것이고, 그렇지 않다면 또 다른 사람을 찾아봐야 하는 것이죠."

기사 중에는 《보스턴 글로브》가 2003년에 보도한 것으로, "제약회사들의 비밀 보고서가 의사들을 분노케 하다"라는 제목의, 의사별 데이터의 암거래를 다룬 폭로 기사가 있었다.* "제약회사

---

* Kowalczyk, "Drug Companies Secret Reports Outrage Doctors."

들이 의사들의 약 처방 경향에 관한 정보를 일부 수집하고 있다는 사실은 대부분의 의사들도 알고 있다. 그러나 제약회사들이 주로 대형약국 체인으로부터 사들인 정보를 바탕으로, 미국 의사 전체의 처방 내역을 매우 상세하게 파악하고 있다는 사실을 알게 된 의사들은 깜짝 놀랐다." 기사에 따르면 일라이 릴리, 와이어스Wyeth 등의 제약회사와 이 업계의 대표적인 로비 단체인 PhRMA는 이에 대한 논평을 거부했다.

"기사를 보고 깜짝 놀랐습니다." 로젠왈드는 말했다. "이런 일은 의사의 프라이버시를 침해하는 것일 뿐만이 아니라 개인의 프라이버시도 침해하는 것이어서 화가 났습니다. 또한 이것이 더 비싼 약을 처방하는 방향으로 영향을 끼칠 것이라고도 생각했습니다."

그녀가 보여 준 기사를 읽은 그녀의 남편은 "제약사 영업사원들은 늘 이렇게 하고 있어"라고 답했다.

퇴직자협회 로비스트의 전략이 적중해서, 로젠왈드가 이 문제에 관심을 기울이게 되었다. 연봉 100달러를 받는 하원의원으로 보좌관이 한 명도 없는 로젠왈드는 뉴햄프셔 주 내슈아로부터 남쪽으로 30분 거리에 있는 매사추세츠 대학교의 강사로도 일했다. 대학에서는 그녀에게 도서관 서가 옆에 있는 창문 없는 작은 방을 사무실로 제공했다. 상근직으로 근무했지만 사무실로 찾아오는 학생은 거의 없었기에, 2005년 가을, 시간에 여유가 생긴 그녀는 의사들에 관한 정보 수집에 대한 조사를 시작했다. 관련 정보를 거의 찾지 못한 그녀는, 처방 데이터의 상업적 이용을 금지하는 법안을 상정하기로 결심했다.

2006년 1월에 법안에 대한 청문회가 시작되자, 로젠왈드는 약국에서 나온 정보가 중개상을 통해 데이터 채굴기업에게로, 다시 제약회사로 어떻게 흘러 들어가는지 보여 주는 도표를 동료 의원에게 나누어 주었다. 그녀는 두 명의 아이엠에스 관계자가 쓴 "아이엠에스 헬스의 데이터 채굴: 우리는 어떻게 산더미 같은 데이터를 가공해 한 줌의 유용한 정보를 만들어 냈는가"라는 제목의, 예외적으로 스스로 실상을 드러낸 논문도 자료로 배포했다.*

그녀는 의사들에 대한 정보 수집이 한때 이루어지기는 했지만 이제는 하지 않고 있다고 업계 관계자가 밝혀서 공개적으로 망신당할까 봐 걱정했는데, 이는 기우였다. 청문회에 정장을 차려 입은 아이엠에스 관계자들이 참석한 것을 보고, 초선 의원인 그녀는 자신이 그들의 신경을 건드렸다는 사실을 감지했다. "그들의 태도에는 자신감이 배어났습니다. '우리는 큰 회사고 여기는 작은 주州일 뿐이야. 여긴 괜찮은 식당조차 없군'이라고 생각하는 듯했습니다." 그녀는 회상했다. "우리를 아무것도 모르는 시골뜨기로 여기는 태도였습니다."

---

* Kallukaran and Kagan, "Data Mining at IMS Health: How We Turned a Mountain of Data into a Few Information-Rich Molehills." 아이엠에스도 이 논문이 지나치게 많은 것을 노출시키고 있다는 사실을 뒤늦게 알게 된 것 같다. 2007년에 이 회사는 해당 웹사이트에 기사를 삭제해 줄 것을 요청했다. 이 기사의 사본은 https://is.gd/EeUHBn에서 볼 수 있다.

의원들에게 배포한 1쪽짜리 자료를 통해, 아이엠에스는 "이 법안은 의약품의 판촉 활동 이외에도 공중보건 감시, 치료 결과에 관한 연구, 제약 부문의 경제학적 분석, 생물학적 테러 감시, '메디케어 파트 D[역주: 미국의 공공건강보험 메디케어에서 처방 의약품비를 보장하는 부문.]' 관련 연구, 그리고 의사들에 대한 피드백 보고 등 여러 부문에 이용될 수 있는" 정보의 흐름을 끊는, 의도하지 않은 결과를 가져올 것이라고 경고했다.[*]

아이엠에스와 PhRMA 측 대변자들은 자신들이 환자 데이터를 모아서 정부와 공공기관이 제공하지 않는 중요한 공공재를 제공해 왔다고 주장했다. 업계의 입장을 지지하는 사람들은 이런 방식의 접근이 자신들의 실제 목적인 홍보와 마케팅을 은폐하는 방법임을 깨달았다. 《파머 마케팅 뉴스Pharma Marketing News》의 발행인이자 대표 편집자인 존 맥John Mack은 데이터 채굴기업이 생성해 낸 자료가 공공 부문에서 순기능을 하고 있다는 여러 주장을 검토하고서는 다음과 같이 결론 내렸다. "만약 아이엠에스의 주장이 사실이었다면, 제약업계는 진작부터 자신들이 크게 기여해 왔다는 사실과 그것이 미국 국민의 안녕에 긍정적인 영향을 끼쳤다는 사실을 적극적으로 알리고 있었을 것이다."

뉴햄프셔 주 하원은 '처방정보비밀보호법Prescription information

---

[*] IMS Health background memo, "A Business Perspective on House Bill 1346: The Unintended Consequences of Bill Passage", January 26, 2006.

Confidentiality Act'을 제정하면서 양측 입장을 모두 반영하기로 했다. 이런 종류의 법으로는 미국에서 처음 제정되는 이 법안에는, 처방 기록을 "광고, 마케팅, 판촉 혹은 의약품의 판매 및 시장 점유율에 영향을 끼칠 수 있는 모든 활동"의 목적으로 사용하는 것을 금지했다. 그런데 2006년 6월에 통과된 이 법은, 공중 보건을 감시하거나 사회에 명백하게 이익이 되는 부문에 정보를 사용하는 것은 금지 대상에서 제외하였다.

미국에서 인구 규모와 면적이 가장 작은 주 가운데 하나인 뉴햄프셔 주가 수십 억 달러의 매출을 올리는 제약업계나 데이터 채굴기업들에게 위협이 될 것 같지는 않아 보였다. 그럼에도 "자유가 아니면 죽음을"을 좌우명으로 하는 이 용감한 작은 주의 새로운 법은 전국적으로 관심을 모았고, 인근의 버몬트 주와 메인 주에서도 2007년 6월에 비슷한 법안이 제출되었다. "아이엠에스가 그 누구의 동의도 받지 않은 채 이런 데이터를 모으고 있었고 그런 행위를 스스로 정당한 것으로 생각하고 있었다는 사실은… 실로 사람들을 충격에 빠뜨렸습니다." 2006년부터 2007년까지 버몬트 주 의사회 회장을 역임한 데이비드 존슨이 말했다. "사람들의 관심을 끈 것은 연구개발비에 비해 얼마나 더 많은 돈이 판촉과 홍보에 지출되었는가 하는 부분이었습니다. … 그 규모는 실로 모든 이들을 화나게 했습니다."

아이엠에스는 대외적으로는 이 사태가 별문제가 되지 않는다는 태도를 유지하려고 애썼다. 예들 들어, 2008년도 보고서에는 다음과 같이 서술되어 있다. "이 세 주의 처방 건수는 모두 합해 미국 전체 처방 중 약 1%를 차지하므로, 이 법의 시행이 우리 사업, 재정 상태, 그리고 사업의 결과에 끼칠 영향은 거의 없을 것으로 예상된다."

그러나 내부적으로 아이엠에스의 관계자들은 긴장하고 있었다. "이 불씨가 들불처럼 전국으로 영향을 끼치지 않을까 염려되었습니다." 2000년부터 2005년까지 아이엠에스의 대표 및 최고경영자였던 데이비드 토머스는 말했다.

사업의 주요 부분에 법적인 제재가 가해졌다는 사실은 한편으로 직원들의 사기를 떨어뜨렸다. "회사 내부에서는 상당한 충격으로 받아들여졌습니다." 아이엠에스 헬스의 대외 부문 부사장 랜디 프랭클Randy Frankel이 버몬트 주 하원의회에 증인으로 나와 말했다. "마치 우리 자신이 잘못된 일에 연루된 것처럼 느껴졌습니다."*

많은 자금력을 보유한 의료계와 제약업계가 움직이기 시작했다. 미국 최대의 의사 단체인 미국의사협회는 놀랍게도, 광고 회사들이 자신들을 목표물로 삼는 것에 (적어도 표면적으로는) 반대하는 의사들이 아니라 데이터 채굴기업의 입장에 동의했다.

* 프랭클은 버몬트 주 하원 보건 위원회Vermont's House Committee on Health Care에서 증언했다. 이 증언은 '아이엠에스 헬스 대 소렐' 재판에서 기록된 문서의 일부이다. IMS Health v. Sorrell, Second Circuit Court of Appeals, 09.2056-cv, Joint Appendix Volume II of VII, A-12430 through 1246. April 19, 2007, A-1280 through 81.

그 한 가지 이유는, 앞 장에서 언급되었듯이 미국의사협회도 미국 내의 의사와 의과대학생 140만 명의 이름, 주소, 교육 경력 등이 포함된 회원 마스터파일을 팔아 매년 수백만 달러를 벌어들이고 있었기 때문이다.* 1906년부터 작성되기 시작한 이 명부는 원래는 회원 관리와 우편물 발송 용도로 사용되었는데, 데이터 채굴기업은 이것을 약 처방 정보와 연결해서 보다 포괄적인 의사 정보를 만들어 냈다. 이 문제에 대한 논쟁이 달아오르자 미국의사협회는 회원 마스터파일 데이터베이스를 계속 판매하되, 개별 의사가 자기 정보의 상업적 이용을 선택적으로 거부할 수 있는 옵트아웃opt-out 제도를 시행했다. [역주: 옵트아웃은 오늘날 광범위하게 인정되고 있는 정보 주체의 자기결정권을 전제로 하는 용어다. "개인 정보 처리자가 일단 개인 정보를 (목적에 필요한 범위에서) 수집, 이용할 수 있게 하되, 정보 주체에게 그에 이의할 수 있는 권한을 주는 것이 옵트아웃opt-out 방식이고, 다른 하나는 개인 정보 처리자로 하여금 처음부터 정보 주체의 사전 동의를 받아야 그에 관한 정보를 수집·이용할 수 있게 하는 것이 옵트인opt-in 방식이다."(고학수 외, 건강보험 빅데이터 활용 및 건강서비스 제공을 위한 법적 타당성 검토 및 가이드라인 제시, 건강보험공단, 2016.)]

* "최근 데이터의 판매, 상품 사용 인가, 로열티 등 데이터와 관련된 모든 상품으로부터 올리는 연간 수익은 5,100만 달러가량 됩니다." 미국의사협회의 대변인 R. J. 밀스가 말했다. "데이터 관련 상품으로 인한 수익이 모두 데이터 수집자와의 계약으로부터 발생한다고 생각한다면 그것은 잘못된 생각입니다. 의사, 병원, 관리의료 보험사들과의 상품 사용 계약을 통해서도 수익이 발생합니다."

법정 다툼

데이터 채굴기업들은 새로운 법에 반대하여 이 사안을 연방법
원에 제소했다. 2007년 4월, 미국 뉴햄프셔 주 연방지방법원은
로젠왈드의 법이 헌법에 보장된 언론의 자유를 제한한다는 이유
로 아이엠에스와 그 경쟁업체인 베리스팬, 소스 인터내셔널의 손
을 들어 줬다. 11월에는 연방 고등법원에서 판결이 뒤집어져 로
젠왈드법이 다시 효력을 발휘하게 되었다. 동일한 법적 다툼이
버몬트 주와 메인 주에서도 진행되었다. 메인 주는 뉴햄프셔 주
와 동일한 순서로 판결을 받았다. 반면, 버몬트 주에서는 이 두
주와 반대되는 순서로 판결이 내려졌다. 연방지방법원에서는 데
이터 채굴기업의 패소 판결을 내렸는데 2010년 11월 항소심에서
그 판결이 뒤집어진 것이다.

이 모든 과정에서 데이터 채굴기업들은 일관되게 자신들이 미
국 헌법이 보장하는 언론의 자유를 가지고 있으며, 이에 따라 처
방 정보를 수집할 수 있다고 주장했다. "저희가 대변하는 회사는
출판사들입니다." 기업 측 변호사 중 한 사람인 톰 줄린Tom Julin
이 주장했다. "정보를 모아서 전파하는 데 초점을 맞춘다는 점에
서 이 기업들은 신문과도 비슷합니다." 그가 말했다. "범죄 사건
이나 새로 떠오르는 기업에 대해 보도하는 대신에 이들은 의사
의 결정, 즉 뉴햄프셔 주 엑시터에 사는 톰 워딘Tom Wharton 박사
나, 매사추세츠 주의 앤디 콜Andy Cole 박사, 버몬트 주 벌링턴의

켄 시언골리Ken Ciongoli 박사 등 전국의 의사들이 환자들에게 처방하는 약에 대해 보도하는 것입니다."[*]

데이터 채굴기업들은 의사별 정보 생성을 금지하면 판촉의 효율성이 떨어질 것이고, 홍보비로 더 많은 돈이 들어가 결국 의료비가 상승할 것이라고도 주장했다. 아이엠에스 관계자인 호삼 세덱Hossam Sedek은 전국적으로 100만 명이 넘는 의사 중 알츠하이머병 치료제나 당뇨병 치료제에 관심을 보일 만한 의사는 약 5만 명에 지나지 않는 상황에서, 새로운 약을 출시하는 회사를 예로 들었다. "기업은 제품을 처방해 줄 주요 대상을 구체적으로 선별함으로써, 마케팅을 위해 수만 명의 영업사원을 고용하고 수많은 시제품을 만들 필요 없이 자원을 효율적으로 이용할 수 있습니다."[**]

의사별 데이터의 유통을 반대하는 측에서는 그와 같은 관행이 의사의 프라이버시를 침해하고, 의사들로 하여금 기존의 값싼 약 대신 신약을 처방하게 만듦으로써 의료비를 상승시킨다고 주장했다. 하버드대 의과대학 부속 브리검 여성병원Brigham and Women's Hospital의 약물역학 및 약물경제학과 학과장 제리 에이본 Jerry Avorn은 아이엠에스를 비롯한 데이터 채굴기업의 주장에 다

---

[*] 2008년 7월 28일, 버몬트 주 지방법원 '아이엠에스 헬스 대 소렐' 사건, 톰 줄린이 한 증언.
[**] 같은 문헌.

음과 같이 비난했다. "그들이 '우리는 이 데이터를 판매해 엄청난 돈을 벌어들이고 있습니다. 따라서 앞으로도 계속 그렇게 하고 싶습니다'라고 주장하지 않을 것은 분명합니다. 그들은 분명 '이 법은 환자들을 고통받게 할 것'이라거나 '앞으로 의사들은 약품 정보를 구하기 어려워질 것'이라는 등, 사회적으로 보다 쉽게 받아들여질 만한 이유를 들 것입니다."*

에이본은 영업사원들이 최신 약 정보를 의사들에게 소개하는 중요한 역할을 한다는 업계의 주장을 다음과 같이 비웃었다. "그들은 찾아와서 다음과 같이 말하지 않습니다. '안녕하세요? 저는 대학에서 미술사를 전공했고, 약과 관련된 교육은 회사에서 4~5주 동안 훈련 받은 것이 전부입니다. 이제 제가 환자들을 어떻게 치료할지 알려드리겠습니다.' 저는 의사들이 이들이 관련 분야의 전문가가 아니라는 사실을 잘 모르는 것 같아 우려됩니다."**

대법원 판결

세 주의 재판 결과가 서로 배치되자, '아이엠에스 헬스 대 소

---

* 같은 재판에서 녹취된 증언의 일부다.
** 제리 에이본이 2007년 4월 18일에 버몬트 주 하원 보건위원회에서 한 증언. 같은 재판에서 녹취된 증언의 일부다.

렐 사건IMS Health v. Sorrell'이라고 이름 붙여진 버몬트 주의 소송은 2011년 4월에 연방대법원에 회부되었다.* 버몬트 주의 법무부 장관 윌리엄 소럴William Sorrell의 변론을 맡은 브리짓 아세이Bridget Asay는 처음으로 국내 최고의 법정에 선다는 사실에 긴장했다. 공개 변론이 열리기 며칠 전부터 그녀는 자신이 법정으로 가는 데 신발을 신는 것을 깜빡 잊어버리는 꿈을 반복해 꾸었다.

공판일이 되어 정장을 차려입은 아세이는 13.4미터에 달하는 높은 천장 아래, 마호가니색 단상 뒤에 나란히 앉아 있는 아홉 명의 대법관 앞에 섰다. 법정 중앙의 발언대에 선 그녀가 변론을 시작한 지 채 1분도 안 되어, 아홉 개의 높은 대법관석 중앙에 앉아 있던 대법관 존 로버츠John Roberts가 그녀의 말을 중단시켰다. 그와 다른 대법관들의 연이은 질문은, 이들이 버몬트 주 법을 옹호하는 그녀의 주장에 동의하지 않고 있음을 드러냈다.

"영업사원들이 특정 의사들을 접촉하지 못하도록 막는 것이 목적이지요?" 로버츠 대법관이 물었다.

"동의하지 않습니다. 존경하는 재판장님." 아세이가 답했다. "이 법의 목적은 의사들이 환자들에게 처방한 내역에 관한 정보를 영업사원이 접하도록 할지 여부를 의사들이 정하도록 하자는

---

* 이 사건이 연방 대법원에 회부되기 전까지 법적 기록물과 관련 문서들에 기재된 사건 제목은 IMS Health et al. v. Sorrell이었다. 연방 대법원에서 심의하면서 사건 제목이 Sorrell et al. v. IMS Health et al.로 바뀌었다.

것입니다."

이어 앤터닌 스캘리아Antonin Scalia 대법관이 끼어들었다. "그렇죠. 이 정보를 마케팅에 이용하는 것을 막자는 것이 목적이죠." 그런 다음 스캘리아 대법관은 버몬트 주의 법이 의사별 데이터를 학술적, 과학적 연구를 위해 이용하는 것은 여전히 허용함으로써 어차피 개인 정보를 충분히 보호하지 않고 있다고 지적했다.

"처방 데이터를 무료로 제공하는 것은 괜찮고 돈을 받고 파는 것은 안 된다면, 그 처방을 하는 의사의 권리가 어떻게 더 잘 지켜진다는 것인가요?" 스캘리아 대법관이 물었다. "그 법으로 의사들이 개인 정보가 더 잘 보호된다고 느끼게 되나요?"

"이 법은 의사들로 하여금 공격적이고 침투적인 마케팅 관행을 피할 수 있게 합니다." 아세이가 답했다.

"그것은 의사가 '당신과 만나기 싫습니다'라고 말하면 피할 수 있습니다." 스캘리아가 반박했다.

까다로운 질문은 공화당 정권에서 임명된 보수적인 대법관에게서만 나온 것이 아니다. 버락 오바마 대통령이 임명한 소니아 소토마요르Sonia Sotomayor 대법관도, 텔레마케팅을 하는 사람들을 수신거부 하듯이 이들을 만나기를 거부하는 것으로 왜 충분하지 않은지 질문했다.

데이터 채굴기업 측 변호인 토머스 골드스타인Thomas Goldstein은 나중에서야, 의사들이 제약회사 영업사원들을 만날지 여부를 결정할 수 있다는 사실을 강조하기 시작했다. "의사들은 실제로 '나를 찾아오지 마세요'라고 말합니다. 그들은 언제나 그렇게 합니다. 저의 아버지도 의사이신데 영업사원들을 만나지 않습니다."

자신들의 데이터가 익명 처리돼 거래되는 것을 환자들이 반대하는지 여부는 이 재판의 주된 쟁점이 아니었다. "기억하십시오. 환자들은 이 문제와 아무 관련이 없습니다." 골드스타인이 말했다. "국가는 환자에게는 아무런 통제권도 주지 않습니다. 이 사실은 이전이나 이후나 변하지 않을 것입니다."

후에 앤서니 케네디Anthony Kennedy 대법관이 질문했다. "약국이 타인에게 정보를 제공하거나 판매할 수 없고, 정보가 약국에서 흘러나가서는 안 된다는 법령이 있다고 가정합시다."

"그것은 진짜 정보 보호법이 되겠지요." 골드스타인이 답했다. "저는 그 법 역시 헌법에 불합치한다고 생각하지만, 이번 법보다는 헌법의 취지에 가까울 것이라고 생각합니다."

그날의 재판은 버몬트 주와, 데이터 채굴기업의 행동을 막으려는 사람들에게 불리하게 흘러갔고, 법정을 떠나는 아세이도 그 사실을 알았다. 그로부터 2개월 뒤, 케네디 대법관은 의사들의 처방 정보를 수집하는 것은 헌법에 보장된 행위라면서 아이엠에스를 비롯한 데이터 채굴기업의 손을 들어 주었다. "의약품의 판촉을 하는 것은… 헌법에 명시되어 있는 언론의 자유로 보호받는 표현의 한 형태이다." 케네디 대법관은 적었다. "듣고 싶지 않은 말을 듣게 되는 자가 많더라도, 그것은 자유를 위해 감당해야 할 비용이다."

재판에서의 논쟁이 예고했듯, 대법관들은 이 법이 의사별 데이터에 대한 연구자들의 접근은 금지하지 않으면서 영업사원들만 선택적으로 금지한 것에 주목했다. "만약 버몬트 주의 법이 처방자를 알아볼 수 있는 정보를 팔거나 그 내용을 발표하는 행위를 할 수 없다고 하고, 엄격한 조건에서만 예외를 인정하는 취지였다면, 주 정부는 보다 유리한 입장에 설 수 있었을 것"이라고 케네디는 적었다.*

오늘날 미국에서 데이터 채굴기업은 여전히 의사별 정보를 팔고 있다. 전문가들은 의사들이 최신 의약품 정보를 접할 다른 방법을 찾아야 한다고 주장해 왔는데, 그 성과는 제한적이었다. 전자 의무 기록을 처음 개발한 사람 중 하나인 로런스 위드는, 여러 질병에 대한 최선의 처방이 무엇인지 의사 개인이 결정해야 한다는 것은 어리석은 주장이라고 했다. 그는 국가 차원의 표준 처방을 축적해야 한다고 주장한다. "의사들이 각자 마음대로 결

---

* 스티븐 브라이어Stephen Breyer, 루스 베이더 긴즈버그Ruth Bader Ginsburg, 엘리나 케이건Elena Kagan 등 세 명의 연방 대법원 판사는 이견을 피력했다. 브라이어 판사는 다음과 같이 기록했다. "개별 의사의 기존 처방 경향에 따라 판촉 방향을 짜는 것은 특정 제약사의 특정한 약을 더 파는 데 도움이 될 수 있다. 그러나 그것은 의사들의 주의를 약의 안전성, 효능, 그리고 가격에 관한 과학적인 연구 결과로부터 다른 곳으로 돌림으로써 얻는 것이다. 이는 국민의 건강과 주정부의 재정에 부담을 주는 일이다." https://perma.cc/VV2P-AY42 참고.

정하도록 놔두어서는 안 됩니다"라고 그는 말했다.

　이 같은 생각이 새로운 것은 아니다. 1905년에 미국의사협회는 약의 치료 효과를 조사하고 표준 지침을 정하고자 '의약품 및 화학물질 검토위원회Council on Pharmacy and Chemistry'를 만들었다. 1930년부터 1955년까지 미국의사협회는 자체 실험실에서 평가를 마친 제품에 허가증을 부착하기도 했다.* 그러나 제2차 세계대전 이후 신약 개발 붐과 함께 성장한 제약회사들은 약의 홍보에 상당한 영향력을 가지게 되었다. 의학저널에 게재되는 제약회사 광고를 통해 수입의 절반을 올리던 미국의사협회는 마침내 감시자의 역할을 포기했다(인증에 따른 책임을 묻는 소송에 대한 우려도 이유 중 하나였다).**

　"이상적인 세상이라면 제약사 영업사원은 필요하지 않을 것이다." 화이자의 영업사원이던 제임스 리디James Reidy는 2005년에 발간한 자서전에 기록했다. "의사들은 의과대학과 수련의 과정에서 충분한 약학 지식을 익히고, 그렇게 익힌 내용을 오랜 시간이 지난 후까지 잊지 않을 것이다. 의사들은 최신 동향을 익힐 시간이 충분할 것이고, 의사로 일하는 45년 동안 최신 의학 저널을 통해 필요한 지식을 얻을 것이다. 그리고 제약회사들은 기존의 약들보다 월등하게 나은 효과를 보이는 약들만을 시장에 내

---

* Starr, *The Social Transformation of American Medicine*, 131.
** Brody, *Hooked*, 145.

놓을 것이다."*

물론 그런 세상은 존재하지 않는다. 제약사 영업사원은 의사
에게 정보를 제공하지만, 이들은 보다 비용-효율적인 제네릭 약
generics[역주: 브랜드 약의 독점 기간이 만료된 후에 브랜드 약과 동일한
약을 다른 제약회사들이 생산해 낸 제품. 복제약이라고도 한다.]은 무시
하고 비싼 신제품의 홍보에 집중한다. 이보다 나은 방법이 있다
고 제리 에이본은 말했다. 자신이 고안한 것과 같은 학술적 홍보
행사에서 중립적인 전문가들이 최신 의학 경향을 강의하는 것
이다. "이러면 아이엠에스가 의사들에 대해 무서울 정도로 상세
하게 파악하고 판촉의 대상으로 삼는 폐해를 일부라도 막을 수
있을 것입니다." 그는 말했다. 그러나 학술 전문가들이 의사들과
만날 자리를 마련하려면 주정부나 외부 기관에서 비용을 지원해
야 하기에, 현재까지도 그런 노력은 별다른 성과를 거두지 못하
고 있다.

어찌되었든, 의사들은 제약사 영업사원을 만나는 것을 점차
더 꺼리게 되었다. 한 연구에 따르면 2014년 의사 중 49%가 영
업사원의 접근을 엄격하게 제한하는 것으로 나타났는데, 이는
2008년의 23%와 비교했을 때 두 배 이상 증가한 수치다.** 보

---

* Reidy, *Hard Sell*, 70.
** ZS Associates, "Even Traditionally Rep-Friendly Specialists Will See Fewer
Pharmaceutical Sales Reps This Year", 보도자료, 2014년 7월 22일, 기록은 http://
perma.cc/4HCQ-RBR6 참고.

험회사들은 제네릭 약보다 브랜드 약branded drug[역주: 약을 개발해 특허를 획득하거나 그 판권을 구입해 독점 판매권을 보장 받는 약으로, 주로 대형 다국적 제약회사들이 생산한다. 특허약, 오리지널 약이라고도 한다.]에 더 높은 비율의 본인 부담금을 부과하려 하고 있고, 기존에 출시되어 있는 약과 그다지 차이가 없는 신약은 미국 식품의약품청의 인가를 받기 어려워지고 있다. 이 모든 상황 변화 때문에 영업사원을 통한 판촉의 효율이 떨어졌다.

의사별 데이터를 수집하는 것이 여전히 논란인 가운데, 아이엠에스와 그 경쟁사들은 이보다 훨씬 더 내밀한 데이터의 수집에 관심을 돌리고 있었다. 바로 환자의 질병 상세 정보를 의사, 병원, 약국, 보험사, 검사기관 등의 정보원으로부터 모아 개인별로 집계하는 것이었다. 20년 전 의사별 상세 정보를 수집했을 때처럼, 데이터 채굴기업은 환자에게 사실을 알리지 않은 채 익명화된 환자 정보를 모아 상업적으로 이용 가능한 상품으로 만드는 작업을 은밀하게 진행하고 있다. 이전에는 기업이 환자별로 그런 내밀한 정보를 집계할 수 없었지만, 기술의 발전에 따라 그와 같은 일들이 쉽게 벌어지게 되었다.

7장

환자 집단에 대한
장기적인 연구

오염된 급수장

사람들이 빠르게 죽어 가고 있었고, 영국의 의료 체계로는 이들을 어떻게 살려야 할지 아무런 감도 잡을 수 없었다. 콜레라의 맹렬한 유행이 최초로 잉글랜드 지역을 휩쓸고 지나간 것은 이미 오래전의 일이었다. 1831~1832년에 심한 설사와 복통을 유발하는 이 치명적인 질병으로 5만 명이 사망했다. 1848년에도 런던에 콜레라가 창궐했다. 1854년 현재, 이 질병은 다시 한 번 고통과 죽음을 퍼뜨리고 있었다.

존 스노John Snow는 1831~1832년에 젊은 의학 견습생으로 그 재난 현장을 목격했다. 그는 이 질병에 관해 당시 알려져 있던 지식에 의문을 품기 시작했다. 독기miasmas(하수구, 습지, 쓰레기 등에서 나오는 가스)가 콜레라를 일으키는 것이 아니라고 그는 생각했다. 1848년 유행을 겪고 나서, 그는 물이나 음식이 콜레라를 퍼뜨렸을 수 있다는 의견을 제시했다. 전문가들은 그가 증거를 제시하지 못했다는 이유로 그 견해를 수용하지 않았다.

1854년에 콜레라가 다시 유행하자, 스노는 다수의 런던 주민들을 조사해 질병의 원인을 명확하게 밝혀낼 증거를 찾아내기로 결심했다. 2년 후, 그는 자신이 조사한 인구 집단의 자료를 정리해 논문을 발표했는데, 그 내용은 다음과 같았다. "성별, 연령, 직업, 계급에 관계없이 귀족부터 최하층민에 이르는 지역 주민 30만 명 이상을 두 집단으로 구분했다. 조사 과정에 있어서 이들은 선택권이 없었고, 또한 대부분은 조사가 이루어지고 있는지도 알지 못했다."

한 집단은 한 민간 회사가 제공하는, 오수가 유입되는 템스 강의 한 지류에서 채취한 물을 마시고 있었고, 다른 한 집단은 오염되지 않은 상류에서 물을 채취한 다른 회사의 물을 마시고 있었다. 스노는 오염되지 않은 물을 마신 집단보다 오수가 유입되는 물을 마신 집단에서 훨씬 많은 콜레라 사망자가 발생했음을 발견했다. 의료계 전문가들은 여전히 그의 주장에 부정적인 태도를 견지했다.

그해 늦여름이 되자 런던의 소호 지역에 콜레라로 인한 사망자가 급증했다. 스노는 지도에 83명의 사망자가 살던 곳과 그곳으로부터 가장 가까운 급수장給水場, water pump이 있는 곳을 표시했다. 브로드 스트리트Broad Street에 있는 한 급수장이 그의 주의를 끌었다. "나는 조사 과정에서" 그가 기록했다. "사망자 대부분이 그 급수장으로부터 가까운 곳에서 발생했다는 사실을 알아냈다. 다른 급수장과 가까운 곳에 위치한 가구에서는 단 열 명의 사망자밖에 발생하지 않았다."*

　사망자의 가족들을 면담한 결과, 그 열 명의 사망자 가족은 대부분 다른 급수장과 가까운 곳에 사는데도 브로드 스트리트의 급수장에서 물을 가져다 마셨음을 알아냈다. 스노는 지역 관리들을 설득해서 그 급수장을 폐쇄해서 물을 받아가지 못하게 했고, 그러자 질병의 발생이 수그러들었다. 이어진 조사 결과, 근처에 있는 오수 구덩이가 브로드 스트리트 급수장의 물을 오염시키고 있음이 밝혀졌다.** 스노는 환자 집단을 장기간 관찰함으로써 질병에 관한 새로운 사실을 알아낼 수 있음을 보여 주었다. 오늘날, 그는 통계학과 데이터를 활용하여 질병의 전파 양상을 파악하는 현대 역학modern epidemiology의 선구자로 여겨진다.

생존자

　현대 의학의 또 다른 발전은 장기간에 걸쳐 수집된 환자 정보, 즉, **경시적 데이터**를 통해 이루어지기도 한다. 고등학생이었던

---

* Snow, *On the Mode of Communication of Cholera*.
** 같은 책. 스노의 발견에 관해서는 David Vachon, "Doctor John Snow Blames Water Pollution for Cholera Epidemic", part 1, UCLA Department of Epidemiology 참고. 문서 연결은 http://perma.cc/K53EEKZH. 보다 긴 서술은 Johnson, *The Ghost Map* 참고.

고바타케 도요야스Kobatake, Toyoyasu는 8월의 어느 날 아침에 등굣길에 나선 결과로, 세계에서 가장 오랜 기간 연구된 환자 집단에 속하게 되었다.

이 16세 소년은 교복을 입고 시내 중심가에 있는 학교에 가려고 전차(트램)에 올랐다. 그는 가족이 몇 시간 떨어진 곳에 살기 때문에 삼촌 집에서 통학하고 있었는데, 전차를 타고 등교하던 중에 사이렌이 울렸다. 아침 8시가 되기 조금 전이었다. 전차가 멈추었다. 전쟁이 시작된 지 벌써 여러 해였으니 고바타케는 대피하는 법을 알고 있었다. 그는 부근에 몸을 피한 채 공습 해제 경보를 기다렸다가 다시 전차에 올라탔다.

느리게 달리는 전차를 타고 가는 중에 공습경보가 다시 울렸다. 그는 몸을 숨겼다가 다시 전차에 올라타려 했다. 공습 때문에 전차가 지연되어 차량에는 사람들이 꽉 차서 고바타케는 전차 밖에 매달려서 갈 수밖에 없었다. 그는 나머지 길은 걸어가기로 했다. 그렇게 걸어가는데, 어떤 여성이 집 밖으로 나오며 하늘을 가리켰다. "저기 좀 봐, B-29기네."

고바타케는 궁금해서 눈을 들어 낯선 모양의 비행기를 쳐다보았다. 비행기의 각진 날개가 비행기의 몸통보다 더 길어 보였다. 순간 하늘이 섬광으로 가득 찼다. 소년은 누군가가 그의 온몸을 강하게 때린 것 같은 충격을 느꼈다. 요란한 바람이 그를 일본식 전통가옥 쪽으로 밀어붙였고, 가구와 옷과 자갈이 그의 몸 위에 쌓였다. 그는 무슨 일이 일어난 것인지 종잡을 수 없었고, 그의 몸 위로 너무나 많은 잔해가 쌓여서 빠져나오지 못할 것 같다는 생각을 했다. "살아남지 못하겠구나." 그는 의식을 잃기 직전에 생각했다. "이제 죽는 거야."

다시 의식이 돌아왔고, 살아야 한다는 본능은 허약해진 몸을 움직여, 몸 위에 쌓인 검게 탄 나무, 기와, 주택의 잔해를 헤치고 나올 수 있었다. 처음으로 그는 자신의 모습을 볼 수 있었다. 폭발의 충격으로 그의 바지는 타서 없어졌고 일본식 내복과 흰색 상의만 남아 있었다. 무슨 영문인지 알 수 없었지만, 그는 방금 당한 일의 결과로 거의 몸 전체에 화상을 입었다. 그의 팔다리 피부가 헐어서 벗겨져 나가고 있었다.

그는 근처 도심을 가로지르는 강 쪽으로 비틀거리며 걸어 나아갔다. 강물에 아픈 몸을 씻어 열기를 식히고 나서, 학교가 있는 방향으로 계속 걸어갔다. 사방에는 먼지가 자욱했고, 공기에서는 황산 냄새가 났다. 많은 집이 완전히 무너졌다. 아직 서 있는 몇몇 나무 전봇대는 한쪽만 검게 탄 기이한 모습을 하고 있었다. 잔해 더미의 안팎에서 비명 소리가 들려 왔다. "아이들이 집에서 나오지 못했어요. 제발 도와주세요." 누군가가 울부짖었다.

학교를 향해 가는데 피부가 계속 벗겨져서 통증이 심해졌다. 누군가가 병원 방향을 가리켰지만, 그곳에는 이미 수백 명의 환자가 길게 줄을 서 있었다. 다른 병원의 응급실을 찾아갔는데, 그곳에서는 의사들마저 여기저기 부상을 당한 상태였다. 그는 치료받겠다는 생각을 접었다. 누군가가 화상 부위에 바르라고 유채씨 기름을 주었다. 다리 뒤쪽에 물집이 생겨 걷기 힘들어졌다. 그는 물집을 터뜨려서 진물이 흘러나오게 했다.

고바타케는 무언가 매우 이상한 일이 벌어졌다는 것은 알겠는데, 정확하게 무엇이 모든 것을 이토록 파괴시켰는지는 알 수 없었다. 그는 학교 친구 몇 명과 함께 시내를 내려다볼 수 있는 언덕에 올라갔고, 거기서 모든 것이 불타고 있는 광경을 보았다.

"어뢰가 도시를 공격했나 봐"라고 한 친구가 말했다.

"화약 창고, 아마 그게 폭발했나 봐." 다른 친구가 추측했다.

통증이 심했는데도 아직 돌아다닐 수 있었던 것으로 보아, 고바타케의 상태는 비교적 양호했던 것 같다. 어디로 가야 할지조차 모른 채 소년은 계속 배회했고, 이윽고 폭발이 있던 순간 하늘을 쳐다보았던 그 장소에 도달했다. 땅에는 그의 교과서에서 떨어져 나온 종이들이 흩어져 있었다. 돌아다니는 동안, 다리가 부러져서 움직이지 못하는 사람, 유리 파편에 피부가 찢긴 사람들을 보았는데, 일부는 살아 있었고 다른 일부는 움직임이 없었다. 검게 탄 말들이 도로에 소리 없이 쓰러져 있었다.

그가 가 본 모든 곳에는 황량함과 절망만이 눈에 들어왔다. 고바타케는 자신의 부모와 여섯 남매가 살고 있는 집으로 돌아가기로 결심했다. 보통 때 같으면 기차로 세 시간 거리였다. 그는 철길이 있는 곳으로 가서 철길을 따라 후쿠야마 방향으로 걷기 시작했다. 마침내 저녁 6시경이 되자 철길을 따라 기차가 오는 소리가 들렸다. 그는 남은 힘을 모아 달려서 기차에 올라탔다. 고바타케는 종일 아무것도 먹지 못했고, 지쳐 있었고, 온몸이 쓰라렸다. 기차에서 잠이 들었고, 화상을 입은 다리의 피부가 좌석에 들러붙었다.

기차는 자정 즈음에 목적지에 도달했고, 그는 마침내 집으로 돌아왔다. 그의 아버지도 어머니도, 피부가 검게 타 엉망이 된 상태로 서 있는 그 젊은이를 알아보지 못했다. 마침내 형제 중 한 사람이 입을 열었다. "보세요. 도요야스예요."

다음 날 아침, 고바타케 도요야스의 아버지는 그를 의사에게 데려갔다. 그 지역 사람들은 전 날 히로시마에서 무슨 일이 있었는지 알 수 없었고, 의사는 이렇게 심한 화상을 입은 사람을 어떻게 치료해야 할지 자기도 모르겠다고 털어놓았다. 이어진 날들 동안 소년의 몸에는 고통스러운 딱지가 앉았고 고열이 지속되었다. 그의 아버지는 통증을 덜어 주려고 커다란 얼음을 사 왔고, 친척들은 도요야스에게 먹이라고 복숭아를 가져다주었다.

일본의 항복으로 제2차 세계대전이 끝나기 불과 며칠 전, 심각하게 타격을 받은 당시 일본의 상황에서는 정보나 의료품이 무척 귀했다. 한 이웃은 오이를 갈아 상처에 바르라고 권했다. 고바타케 도요야스의 어머니는 날마다 오이를 갈아 그의 전신에 펴발라 주었다. 한 시간에 두 차례씩. 한 의사는 중국식 마늘 향신료를 처방했고, 할머니는 그것을 달걀과 함께 매일 아침, 점심, 저녁으로 그에게 먹였다. 한 달이 지나자 열이 내렸고, 10월에는 걸을 수 있게 되었다. 11월에 그는 다시 학교에 등교했다. 그제야 가족들은 집안에 있는 거울을 숨기지 않게 되었다. 훗날에 가족들은 당시 그의 얼굴이 마치 원숭이 엉덩이처럼 붉은 색이었다고 전해 주었다.

1945년 8월 6일, 히로시마에 원자폭탄이 투하됐을 당시 고바타케는 폭발의 중심부로부터 약 1.6킬로미터 떨어진 곳에 있었다. 2015년에 일본의 항구 도시 요코하마에 사는 그를 방문했을 때, 86세의 이 노인은 피폭 생존자뿐 아니라, 같은 연령대의 다른 누구보다도 힘이 넘쳐 보였다. 그는 기차역까지 직접 운전해 마중 나와 혼자 살고 있는 자신의 집으로 나를 안내했고, 원폭에서 살아남은 놀라운 경험담을 들려주는 몇 시간 동안 피로한 기색을 전혀 보이지 않았다.

히로시마와 나가사키에 원폭 공격 명령을 내린 해리 트루먼 Harry Truman 미국 대통령은 1946년 "원자폭탄이 인간에 미치는 생물학적 영향과 의학적 영향을 장기간 지속적으로 연구하는" 계획을 승인했다. 원폭 생존자에 대한 경시적 연구는 오늘까지도 계속되고 있으며, 생존자들은 1957년에 통과된 일본의 법에 따라 무료로 치료를 받고 있다.

특정 환자 집단을 장기간 추적 연구하는 것은, 다른 경험이나 환경에 놓인 타 집단과의 비교를 가능하게 하는 커다란 이점이 있다. 내가 원폭 투하 70주년을 몇 개월 앞둔 시기에 히로시마를 방문했을 때, 두 원자폭탄의 폭발 생존자 중 약 20만 명이 아직 살아 있다는 사실을 알고 깜짝 놀랐다. 방사선효과 연구재단

Radiation Effects Research Foundation의 부사장이자 대표 연구자 로이 쇼어Roy Shore는, 가장 최근에 시행된 2009년의 조사에 따르면, 폭발 당시 폭심으로부터 10킬로미터 이내에 있었던 생존자로서 연구 대상으로 등록된 9만 3,000명 가운데 30~33%가 생존해 있다고 했다. 그는 피폭 생존자들이 같은 연령대의 피폭되지 않은 사람들에 비해 평균 2년 정도 일찍 사망한다는 사실이 연구 결과 드러났다고 했다. "여전히 많은 사람이 찾아오고 있다는 것은 상당히 놀라운 일입니다." 쇼어는 정밀 검사를 받기 위해 매년 찾아오는 생존자가 아직도 이렇게 많다는 사실을 말했다. "피폭이 생명을 상당히 단축할 줄 알았는데 그런 양상은 나타나지 않았습니다."[*]

지난 수십 년간 연구자들은 폭발 당시에 생존자들이 있었던 정확한 위치를 조사했다. 1킬로미터 이내에 있던 사람들은 폭발의 충격을 상당 부분 가려 줄 만한 물체로 보호받지 못한 경우, 거의 모두 즉사하거나 피폭 후 얼마 지나지 않아 사망했다. 고바타케의 사례처럼 2킬로미터 이내에 있었던 자들의 생존 여부는 방사선을 어느 정도나 피할 수 있었는지에 의해 주로 결정되었다. 초기에는 폭발에 의한 부상과 화상의 합병증이 주요 사망 원인이

---

[*] 원폭 생존자들의 연구를 통해 밝혀진 의학 지식을 잘 요약한 논문으로는 J. D. Boice Jr., "Studies of Atomic Bomb Survivors Understanding Radiation Effects", *Journal of the American Medical Association* 264, no. 5 (1990): 622-23, doi:10.1001/jama.1990.03450050080033이 있다.

었다. 따라서 민간치료법이었던 오이 치료가 고바타케를 살린 것일지도 모른다. 혹은 그가 어려서부터 즐겨 잡아먹었던 작은 물고기(그는 그것이 자신의 장수 비결이라고 생각한다.)가 효과를 보인 것일 수도 있다. 또는, 그저 운 좋게 폭발 순간에 건물이나 다른 물체가 가려 주어 방사선을 피할 수 있었던 것인지도 모른다.

경시적 연구

원폭 공격 후 수십 년 동안 연구자들은 원폭 생존자들의 데이터를 경시적 연구에 사용하는 것에 대해 당사자의 동의를 받지 않았다. 그런데 최근에 시대가 변해 생존자들이 그 문제에 이의를 제기하기 시작했다. 이제는 이들도 오늘날 경시적 의학 연구에 참여하는 대부분의 사람들과 마찬가지로 동의서를 작성했는데, 이는 이들이 연구의 목적을 이해하고 자발적으로 연구에 참여한다는 뜻이다.

경시적 연구의 다른 유명한 사례로 1948년 매사추세츠 주 프레이밍햄Framingham에서 시작된 연구가 있는데, 연구진은 심혈관 질환에 영향을 끼치는 요인을 장기간 조사하기 위해 5,209명의 남성과 여성 피실험자를 모집했다. 피실험자는 2년마다 정밀 검사를 받고, 그 결과를 연구진과 공유하고 있다. 2014년 말 현재 이 연구의 첫 피실험자 중 86명이 여전히 실험에 참여하고 있으며, 이들의 나이는 모두 95세 이상이다. 이 프레이밍햄 심장병 연구Framingham Heart Study를 수행하는 데 그동안 수백만 달러의 비용이 들었고, 그 결과 획기적인 의학적 발견을 많이 이루어 낼 수 있었다. 수천 명을 대상으로 한 이 연구는 이후에 추가로 모집한 피실험자들에 의해 보강되었으며, 초기 피실험자들의 자녀와 손자녀도 피실험자로 참여해 흡연, 비만, 당뇨, 운동 부족, 고혈압, 고콜레스테롤혈증 등 여러 심장질환의 위험인자를 밝혀내는 데 도움이 되고 있다.

섬에 위치한 도시인 아부다비는 프레이밍햄 연구를 근거로 위카야Weqaya(예방) 사업을 시행하고 있는데, 이는 모든 시민을 대상으로 3년마다 심장질환 선별 검사를 실시하는 사업이다. 2008년부터 시작된 이 사업에 전체 시민의 95%인 20만 명이 참여했고, 이를 통해 연구자들은 개별 환자뿐 아니라 전체 인구 집단의 건강 상태를 파악할 수 있었다.[*] 의료 부문의 경시적 연구는 천재의 유전적 요인, 알츠하이머병, 아동 발달, 쌍둥이, 여성 건강 등 여러 부문에서 정보를 분석해 왔다. 심지어 제약사 영업사원이 의사의 처방에 미치는 영향을 조사하는 경시적 연구도 있다.[**]

당신이 미국, 영국, 호주, 혹은 다른 선진국에 살고 있다면, 당

---

[*] 아부다비 보건 당국, "Weqaya Disease Management Programme", *A Healthier Abu Dhabi* 웹페이지 참고. 기록은 http://perma.cc/34K6-W2KM 참고.
[**] Datta and Dave, "Effects of Physician-Directed Pharmaceutical Promotion on Prescription Behaviors: Longitudinal Evidence."

신의 데이터는 장기간에 걸쳐 수집되어 저장되고 있다. 프레이밍햄 연구 같은 사례와는 달리, 당신은 자신의 정보가 수집되는 것에 동의하기는커녕, 정보가 수집되고 있다는 사실조차 거의 알지 못하고 있을 것이다. 그럼에도 불구하고 당신은 거대한 건강 데이터 시장의 한 부분을 이루고 있다.

아이엠에스 헬스와 그 경쟁자인 심포니 헬스Symphony Health 같은 데이터 채굴기업은 진단명, 의료적 처치 내역, 약 처방 내역이 들어 있는 보험 청구 데이터 외에도, 약국으로부터 입수한 처방 내역, 의사나 병원의 전자 의무 기록, 검사기관의 혈액 및 소변 검사 결과 등 다양한 정보원으로부터 수억 명에 대한 익명화된 개인별 상세 정보를 수집한다. 데이터 채굴기업이 동일한 환자의 동일한 치료 건에 대한 데이터를 여러 정보원으로부터 사들이는 것이 불필요하게 보일 수도 있지만, 정보원에 따라 각기 다른 추가 정보가 있을 수 있다. 의사, 약국, 보험사, 검사기관, 그리고 이들 사이에서 정보를 매개하는 각종 중개자까지, 모두가 데이터 채굴기업에게 의료적 문제와 그 치료에 관한 서로 다른 측면의 정보를 제공한다. 이는 마치 야구 중계를 할 때 각각의 카메라가 야구장의 중앙, 홈 플레이트 뒤, 공중에 배치되어서 각기 다른 각도로 야구 경기를 볼 수 있도록 하는 것과 마찬가지다. 각각의 정보원으로부터 제공된 익명화된 데이터는 환자별로 정리된다(그 구체적인 과정은 9장에서 논의된다). 이렇게 다면적인 데이터를 이용하면 의학 연구자들은 질병에 대한 새로운 통찰을 얻어서 치료법을 찾아낼 수도 있고, 각각의 치료법에 따른 장기적인 영향을 알아낼 수도 있을 것이다. 또한, 이 정보는 특정 성향의 환자들이 몇 개월 사이에 한 약에서 다른 약으로 치료제를 바꾸는 경향이 있다는 등, 약품을 판촉하는 사람들이 중요하게 생각할 만한 정보를 알아내는 데 이용될 수도 있다.

동시에, 익명화된 개인별 정보가 축적되다 보면 특히 컴퓨터의 연산력이 커질수록, 개인이 식별될 위험성이 커질 수 있다고 아이엠에스 아메리카의 전 사장이자 후에 소스 인터내셔널에서 핸들 에반스의 동업자가 된 데니스 터너Dennis Turner가 지적했다. "데이터의 수많은 요소를 서로 연결해 내는 처리 능력이 강해지면서 정보화에 새로운 국면이 열리고 있는데, 그것은 환자들에게는 매우 달갑지 않은 일이 될 것입니다." 그가 말했다. "기밀 보호의 문제는 항상 있었습니다. 그러나 데이터의 세밀도가 바뀌면서 문제의 초점이 바뀌었습니다."

보험 청구 데이터의 연구

환자의 경시적 의료 정보를 분석하는 상업적인 서비스가 본격적으로 시삭된 것은 1970년대부터였는데, 당시 의료비가 급등하면서 미국의 대기업들이 의료비 절감 방안을 찾기 시작했기 때문이다. 그 몇 해 전에 상당수의 기업이 진료비와 처방약의 비용을 기업이 제공하는 의료보험에 포함시킨 바 있었다. 예를 들어, 1967년 전미자동차노동조합United Auto Workers Union의 노사협상 당시 회사 측이 제공하는 보험에 의약품비를 포함한다는 조건으로 협상이 타결되었다. 그런데 그 시대의 높은 물가 상승률보다도 약값이 더 큰 폭으로 상승하자 기업들은 속이 탔다. 지엠GM 등 몇몇 회사는 보스턴 대학교에서 진행하는 시범 연구에 자사의 보험 청구 데이터를 보내 분석을 의뢰했다. 그곳의 외과학 교수이자 부총장인 리처드 엑달Richard Egdahl은 보건의료의 질을 조사하는 사업을 시작했다. 그는 1970년대 초에 관리예산처와 백악관에서 메디케어 및 여러 보건 문제를 연구한 경력이 있는 의사 폴 거트먼Paul Gertman을 채용했다.

미국의 린든 존슨Lyndon Johnson 정부가 '위대한 사회Great Society' 프로그램으로 1965년에 도입한 메디케어Medicare와 메디케이드Medicaid 제도는 보험 청구 데이터의 전산화에 박차를 가했는데, 이 사업으로 분석이 필요한 정보가 대량으로 생산되었을 뿐 아니라, 외부 기업들이 이 정보를 다루면서 돈을 벌 기회도 제공했다. 텍사스 주에 있는 일렉트로닉 데이터 시스템Electronic Data System(EDS, 이하 이디에스)이라는 회사가 그 기회를 잡았는데, 이는 아이비엠 전 직원이 1962년에 설립한 회사였다. 이 회사는 1966년에 텍사스 주의 메디케어와 메디케이드의 보험 청구 업무 계약을 따냈고, 1969년에는 캘리포니아 주의도 보험 청구 업무 계약을 맺었다. 사업 성공과 사세 확장을 이어 오던 중 지엠은 1984년에 25억 달러를 지불하고 이디에스스를 인수했고, 그 회사의 설립자였던 로스 페로Ross Perot는 큰 부자가 되어 나중에 두 차례나 대통령 선거에 출마했다.

한편, 공무원이 된 폴 거트먼은 전산화된 보험 청구 내역을 연구하고 싶었지만 그런 일은 유용하지 않으리라는 소리를 들었다. 그가 보스턴 대학교로 자리를 옮기고 2년이 지난 1973년에 기회가 찾아왔다. 메디케어는 그의 팀에게 보험 조건을 개선하기 위해 보험 청구 내역을 분석할 권한을 주었고, 메디케어 환자 수십만 명의 보험 청구 내역 몇 년분을 비식별화된 상태로 보내 주었다. 거트먼과 그의 동료들은 여러 회사에서 보내 준 청구 파일을 어떻게 분석해야 할지에 관해 상당한 진전을 이루어 내기는 했지만, 나이가 64세인 임산부를 진료했다는 청구서나 특정한 날에 몰려서 나타나는 동일한 나이와 진단명이 입력된 청구 내역(이는 병원 직원들이 퇴근을 서두르는 금요일 오후에 입력된 것이었다.) 등의 데이터 입력 오류가 문제가 되었다. 거트먼 팀이 불량한 데이터를 발견해서 분석에서 제외하는 기술을 개발하고 나자, 비로소 의미 있는 분석 결과 — 예를 들면 국내 어느 지역이 질병 경과가 심하게 진행되는지, 혹은 알코올 의존증이 많이 나타나는 지역이 어디인지 등의 — 를 도출해서 지엠 등의 의뢰자들에게 제공할 수 있게 되었다.

보험 청구 데이터는 의사의 의무 기록이나 검사 결과보다는 내용이 구체적이지 못하지만, 균일성이라는 장점이 있다. 또한, 환자 진료와 관련된 모든 기관으로부터 데이터가 들어오기 때문에 데이터를 서로 비교하기가 쉽다. 반면, 의사의 의무 기록은 형식이 매우 다양하며 검사 결과를 보고하는 양식 역시 각 기관마다 다르다.

이렇게 데이터를 통해 얻은 통찰이 비용을 줄이고 의료의 질을 높인다는 사실을 많은 회사가 인정했고, 거트먼은 1981년에 자신의 영리 회사인 헬스 데이터 연구소Health Data Institute를 설립했다.[*] 몇 년 지나지 않아, 그 회사는 미국의 《포춘 100》 기업 순위에 드는 기업의 3분의 1과 보험 청구 내역 분석을 하는 계약을 맺게 되었고, 때로는 기대하지 않았던 양상을 발견하기도 했다. 한 컴퓨터 회사의 데이터를 분석한 결과, 회사가 매우 큰 수익을 올렸다는 보고가 발표되고 9개월에서 12개월이 지나자 임신과 출산이 급격하게 상승하는 현상이 관찰되었다. 다른 사례로, 거트먼과 그의 팀은 팔레스타인 테러리스트 단체에 돈을 지원해 주고 있는 한 무리의 의사들이 보이는 일정한 부당 청구 양상을 발견했다고도 한다.

수백만 개의 릴테이프에 담긴 컴퓨터 파일이 그 회사로 보내졌고, 거트먼의 회사도 다른 중개자들과 약국이 익명화된 처방 정보를 팔듯이 그 정보를 데이터 채굴기업이나 제약회사에게 팔아

---

[*] 헬스 데이터 연구소는 1985년에 케어마크에 인수되었으며, 케어마크는 나중에 씨브이에스와 합병한다.

넘길 수도 있었다. 그러나 그는 그렇게 하지 않기로 결정했는데, 그 이유의 일부는 외부인이 환자를 재식별화할 것을 우려했기 때문이었다. "누구라도 마음먹으면 대부분의 표준 코딩을 깰 수 있다는 사실이 충분히 드러날 만큼의 정보가 우리에게 있었습니다." 그가 말했다. "다른 정보원으로부터 기업별 직원 정보를 구할 수 있는 경우에는 특히 더 쉬웠습니다. 우리는 변환된 식별자scrambled identifier를 사용하고 있었지만, 누군가 완전히 변환되지 않은 다른 정보를 구할 수 있다면 날짜와 예약 상황, 장애 정도 등을 비교해 재식별화해 낼 가능성이 있음을 알았습니다."

또한 그는 "사람들의 개인 정보를 그들을 위해서가 아닌 다른 목적으로 사용해 수익을 올리는 것이 옳다고 생각하지 않습니다"라고 말했는데, 이는 의료 데이터를 팔아 큰돈을 벌 수 있는 사람들로부터는 듣기 어려운 말이었다.

보험 청구 데이터의 판매

또한, 다른 사업가들은 보험 청구 정보를 분석해 기업들이 부담하는 보험료를 줄여 주고 수익을 올리는 데서 한 걸음 더 나아가, 그 과정에서 얻은 데이터를 팔았다. 1970년대 펜실베이니아 주 서부에서 블루 크로스 블루 실드Blue Cross Blue Shield에 근무한 어니 루디Ernie Ludy는 거트먼이 창업한 것과 같은 해인 1981년에 미시건 주에서 메드스태트 시스템즈MedStat Systems를 창업했다. 루디는 포드Ford, 페더럴 익스프레스Federal Express, 제너럴 일렉트릭General Electric, 셰브런Chevron 등의 회사로부터 제공받은 상세한 보험 청구 자료를 모아 각 기업에게 분석 결과와 표준 정보를 무료로 제공하고, 그 대신 익명화한 데이터를 제약사, 연구자, 데이터 채굴기업에게 팔 권리를 얻었다. 데이터가 외부에 팔리는 것을 원하지 않는 회사들은 메드스태트가 제공하는 정보를 얻기 위해 돈을 지불해야 했다. 사업 규모는 빠른 속도로 불어나 1994년에 루디는 회사를 캐나다의 출판회사 톰슨사Thomson Corporation에 3억 3,900만 달러에 매각했다.

지난 2007년, 내가 일하던 로이터 통신Reuters News Agency은 톰슨사와 합병했다. 우리 기자들은 합병된 우리 회사가 환자 수천만 명의 병력과 보험 청구 데이터베이스를 소유하고 있다는 사실을 알고는 깜짝 놀랐다. 기자들은 민감한 문서를 살펴보는 것이 업이기에, 설사 익명화했다 해도 의료 정보라는 지극히 사적인 정보가 유통되고 있다는 사실을 믿기 어려웠다. 그 데이터는 기자들에게는 놀라움과 호기심의 대상이었지만, 기업에게는 거대한 가치를 지닌 상업적 자산이었다. 2012년에 톰슨 로이터는 의약 부문 사업을 12억 5,000만 달러를 받고 매각했고, 데이터는 이 계약을 통해 설립된 트루벤 헬스 애널리틱스Truven Health Analytics에 귀속되었다. 2016년에는 아이비엠의 왓슨 의료 사업부가 이 회사를 이전 가격의 두 배가 넘는 26억 달러를 주고 매입

했는데, 이는 의료 데이터 사업의 거대한 가치와 예상되는 이익의 규모를 방증한다.[*]

캐나다에서도 보험 청구 데이터의 상업화가 진행되었는데, 여기서는 뜻밖에도 정부 관료 출신이 그 일에 나섰다. 1980년대에 톰 브로건Tom Brogan은 캐나다의 소비자기업부Department of Consumer and Corporate Affairs에서 의약품비의 장기적인 추이를 조사했다. 그후 그는 의약품 비용을 감시하는 기관의 책임자가 되어 주정부와 협력하여 캐나다의 의료 데이터를 관장하는 일을 했다. 이 부문이 상업적으로 유망하다는 사실을 깨달은 그는 1989년에 컨설팅 회사를 설립했다.

1992년에 항우울제 팍실Paxil의 출시를 앞두고 있던 스미스클라인 비첨SmithKline Beecham사는 브로건에게 팍실과 같은 계열의 약을 복용하는 환자들이 보통 한 종류의 약을 얼마나 오래 복용하는지, 복용 중인 약을 다른 약으로 얼마나 자주 바꾸는지 알아봐 줄 것을 의뢰했는데, 이는 기존의 데이터로는 알아낼 수 없는 정보였다. 브로건은 캐나다의 한 민간 의료보험사로부터 환자 수십만 명의 개인별 보험 청구 데이터를 사들이는 계약을 맺었다. 그는 그것이 사업적으로 이로운 일일 뿐 아니라, 보다 큰

---

[*] 2016년 2월 18일 IBM의 보도자료, "IBM Watson Health Announces Plans to Acquire Truven Health Analytics for $2.6B, Extending Its Leadership in Value-Based Care Solutions." 기록은 https://perma.cc/XM6G-63YK 참고.

의미로도 좋은 일을 하는 것이라고 믿었다.

친척 여러 명의 암 투병 과정을 지켜본 경험이 있었던 브로건은 암을 치료할 실마리가 그 데이터 속에 숨어 있을지도 모른다고 생각했고, 데이터를 제대로 다룰 수 있는 연구자들이 조사한다면 그것을 찾아낼 수 있을 것이라고 생각했다. 결국 그는 데이터를 구매하거나, 수익을 일부 나누어 갖거나, 데이터 분석 결과와 경향 보고서를 제공하는 등의 거래를 통해서 의약품 보험을 취급하는 캐나다의 공공 및 민간 보험사 약 40곳으로부터 환자 정보를 얻어냈다. 아이엠에스는 이 사업에 큰 매력을 느껴 2010년에 브로건의 회사를 인수했다.

개인별 상세 정보

어니 루디와 톰 브로건이 환자의 경시적 데이터를 수집하기 시작한 지 몇 년이 지난 뒤인 1997년에 아이엠에스도 이 분야에 진출했다. 당시에 마케팅 부문 부사장을 지낸 아나마리아 조그Ana-Maria Zaugg에 의하면, 아이엠에스는 처음에 두 곳의 의료기관으로부터 환자 100만여 명의 익명화된 전자 의무 기록과 미국인 환자 150만 명 이상의 보험 청구 데이터를 모았다고 한다. 또한, 정보 제공에 동의한 일부 에이즈 환자로부터 상세한 의료 정보를 모아 HIV 인사이트HIV insight라는 서비스를 판매하기도 했다.

이 같은 서비스들은 아이엠에스가 이전보다 훨씬 더 내밀한 개인 정보의 영역으로 파고드는 방향으로 진화하고 있음을 보여 준다. 의료 데이터 채굴의 초기에 아이엠에스는 일부 의약품 도매상과 소매상을 통해 매출 데이터를 수집하여 특정 약품의 전체 시장 규모를 계산해 냈다. 시간이 지나면서, 이 회사는 환자 이름이 기록되지 않은 처방 정보를 다른 기록들과 연계하지 않은 상태로 수집했고, 그다음에는 개별 의사들의 약품 처방 내역을 제공했다. 그런데 이제는 데이터 채굴기업이 치료 정보를 환자별로 장기간에 걸쳐 추적할 수 있게 되었다.

의료 데이터 채굴의 시대가 도래하기 직전이었지만, 1990년대까지 아이엠에스의 주력 부문은 다른 곳에 있었다. 이 회사는 당시 엑스포넌트Xponent 같은 상품에 주력하고 있었는데, 이는 개별 의사들의 처방 내용을 분석해 각 약품의 시장 규모를 추산해 내는 서비스였다. 1998년까지 아이엠에스 북미 지역 사장을 지냈던 토미 보만이 말했다. "환자 단위의 데이터를 다루는 데서는 정보를 수집하는 비용이 너무 비싸다는 것이 문제였습니다. 반면, 제약회사들은 우리가 적절한 이윤을 낼 만큼의 돈을 지불할 준비가 되어 있지 않았습니다. 당시 우리는 상업적으로 유통될 만한 환자 단위의 데이터베이스를 만들어 내지 못했습니다."

약품 도매업체인 카디널 헬스와 미국의 기대 약국 체인들이 협력해 설립한 데이터 채굴기업으로, 빠른 속도로 성장하고 있던 아크라이트는 환자의 경시적 데이터를 활용하면 당시 시장을 지배하던 아이엠에스에 도전할 기회를 잡을 수 있으리라 판단했다. 이 기업은 처방 데이터를 수백만 명의 개인별 상세 정보와 연결해서 분석했고, 잠재적인 고객인 제약회사들에게는 지금껏 그들이 실체가 아닌 그림자만 본 것이라 홍보했다. 제약회사들은 약이 실제로 소비되는 과정과 관련된 다음과 같은 여러 측면을 비로소 파악할 수 있게 되었다.

- 유지도Persistency: 환자가 한 가지의 약을 지속적으로 복용하는 정도.
- 순응도Compliance: 환자가 처방에 잘 따르는 정도.
- 처방 변경 행태Switching behavior: 환자가 기존에 사용하던 의약품에서 경쟁사의 의약품으로 변경하는 행태.
- 다제 복용Concomitance: 환자가 특정 약과 함께 복용하는 약들의 내역.

대규모 의료 데이터 시장에서 벌어지는 이 모든 행태에서 영감을 받은 카디널의 경쟁사 맥케슨과 임상실험 회사인 퀸타일즈Quintiles는 2002년에 새로운 데이터 채굴회사인 베리스팬Verispan을 설립했다.* 그다음 해 말까지 베리스팬은 미국 전체 약국의

---

* 경과를 미리 정리하자면, 결국에는 아이엠에스가 2011년에 베리스팬의 후신인 에스씨아이SCI를 인수한다. 그 이후 아이엠에스는 2016년에 퀸타일즈와 합병한다.

3분의 1로부터 비식별화된 환자 데이터를 모아들였는데, 이는 매년 20억 건 이상의 환자 정보를 모으고 있었음을 뜻했다.* 이 사업은 결국 1억 달러의 연간 수익을 창출했고, 가장 큰 고객은 경시적 데이터 및 관련 서비스를 제공받는 데 연간 600만 달러에서 700만 달러를 지불했다고 베리스팬의 업무최고책임자를 지낸 피터 카스타냐Peter Castagna가 말했다.

맥케슨은 의료 데이터 사업이 처음이 아니었다. 일찍이 1988년에 운영하던 파머슈티컬 데이터 서비스Pharmaceutical Data Services를 핸들 에반스와 데니스 터너 등의 투자자들에게 매도했었다. 맥케슨이 이 부문에 다시 뛰어든 이유 중 하나는, 카디널에서 분리돼 설립된 아크라이트가 씨브이에스, 월마트, K마트, 알버트슨Albertsons 및 기타 도매업체에 이윤의 일부를 나누어 주고 있어 자사 고객들을 빼앗길까 봐 우려해서였다. 이는 카디널이 대형 약국 체인점과 관계를 긴밀하게 만들어 온 훌륭한 방법이었다. "당시 월마트는 맥케슨의 최대 고객이었습니다." 카스타냐는 말했다. "그리고 카디널이 아크라이트를 이용해 거대 유통회사를 고객으로 삼고자 할 가능성에 대한 우려가 있었습니다. 그렇게 되면 카디널은 돈을 지불하고 데이터를 얻을 새로운 경로를 확보

---

* 베리스팬의 2003년 9월 26일 보도자료, "Verispan Offers Breakthrough Market Research, Sales Targeting and Compensation Measures to Pharmaceutical Industry", 기록은 http://perma.cc/K27S-3MXP 참고.

할 테고, 그것을 다시 정보로 가공하여 월마트에 제공해 월마트를 미래의 더 큰 고객으로 만들 것이었습니다."

환자 데이터를 구하는 새로운 경로

경시적 데이터를 대상으로 한 경쟁이 격화되자, 아이엠에스는 환자의 상태를 보다 상세히 파악하려고 더 많은 정보원을 확보했다. 아이엠에스 캐나다와 아이엠에스 라틴아메리카의 사장을 지냈고, 이 회사에 1979년부터 2004년까지 근무했던 로저 코먼Roger Korman은 아이엠에스가 정보원을 어떻게 확보했는지 설명해 주었다. "데이터를 구할 때, 우리는 이렇게 말했습니다. '보세요, 당신은 업무의 부산물로 데이터를 만들어 내고 있습니다. 그것은 마치 업무 과정에서 나오는 배기가스와 같은 것입니다. 그것을 저희에게 팔지 않겠습니까?' 우리는 이런 식으로 사람들이 데이터를 자산으로 여기게끔 만들었고, 그것이 누구의 프라이버시를 침해하거나 법을 어기는 것이 아니라는 확신을 가지고 일했습니다."

아이엠에스는 2000년에 1,000만 달러를 올스크립스Allscripts라는 중개회사에 투자해 새로운 데이터 공급처를 확보했다.[*] 원

---

[*] *IMS 2000 Annual Report to Shareholders*, 32 참고.

래는 병의원을 대상으로 한 의약품 도매 회사였던 올스크립스는 1990년대 말부터 의사들이 약국으로 직접 전자 처방을 보내는 서비스에 주력하기 시작했다. "우리는 이 과정이 자동화되면 30억 장의 서류를 전산화해 생명을 구하고 의료를 개선할 뿐 아니라, 동시에 가치 있는 데이터를 생성해 내리라는 사실을 알고 있었습니다." 1997년부터 2012년까지 올스크립스의 최고경영자를 지낸 글렌 털먼Glen Tullman이 말했다.

올스크립스는 후에 이것을 전자 의무 기록의 영역까지 확장시켰으며, 이것을 통해 환자 데이터에 접근할 수 있었는데, 이는 제3자가 환자의 상세 정보를 모으는 중요한 경로가 됐다. "아이엠에스가 입수하는 임상 데이터는 대부분 올스크립스로부터 옵니다." 아이엠에스의 전 임원으로 1990년대에 이 회사의 데이터베이스를 개발하는 데 중요한 역할을 한 밥 메롤드Bob Merold는 말했다. "그들은 의사들로부터 데이터를 가져올 권리를 얻은 최초의 업체 가운데 하나였습니다."*

---

* 오늘날, 전자 처방전 프로그램인 ePrescribe 같은 올스크립스 제품을 구입하는 계약서에 보면, 작은 글씨로 의사는 "이 회사가 HIPAA 규정대로 개인 건강 정보를 비식별화하는 것을 허용하고, 비식별화된 정보를 영구적이고 제약 없이 이용 혹은 공개할 수 있도록 (또한 제삼자에게 그 정보를 이용하거나 공개할 수 있도록) 허용한다"라는 내용이 있다. Allscripts, "Register for Allscripts ePrescribe (Step 1 of 3)", 기록은 https://perma.cc/6QT9.7Z47 참고. 의사들은 주요 고객이어서, 올스크립스는 데이터를 판매할 때 의사의 이름을 공유하지 않는다. "전자 처방전의 사용에 대한 저항이 매우 강했습니다." 최고경영자였던 글렌 털먼이 말했다. "우리는 의사를 절대로 추적해 낼 수 없도록 만들었습니다. 의사들이 시달리는 상황을 만들고 싶지 않았기 때문입니다."

올스크립스가 성장하면서(이 회사는 미국의 의사 세 명 중 한 사람, 그리고 모든 병원 가운데 절반이 자신의 시스템을 이용하고 있다고 주장한다.) 불과 몇 년 전만 해도 300만~400만 달러였던 데이터 판매 실적이 연간 약 3,000만 달러로 치솟았다.* "오늘날, 올스크립스에서 실적의 증가는 순전히 데이터 거래의 증가를 통해 이루어지고 있습니다. 그것이 오늘날 핵심 가치를 지니고 있는 부문이고, 우리는 그것을 전자 의무 기록 데이터에서 얻습니다"라고 털먼은 말했다.

올스크립스의 현 최고경영자인 폴 블랙Paul Black은 정보를 공유함으로써 사회적인 이익이 창출되며, 정보를 신중하게 익명화해서 환자를 보호할 수 있다고 강조했다. 그는 "데이터는, 제대로만 사용된다면, 사회적으로 큰 효용이 있다고 생각합니다. 그리고 저는 제약사 사람들이 그 정보를 매우 신중하게 다루고 있다고 생각합니다"라고 말했다. 그는 환자 데이터 유통 시장에 대해 "현재 매우 폭넓은 정보 보호 조치가 시행되고 있어서 정보의 오용은 존재하지 않습니다"라고 했다.

정보의 판매(이 업계의 용어로는 사용 승인licensing이라고 한다.)와 관련된 나의 질문이 블랙을 불편하게 한 것 같았다. 올스크립스의

---

* 수치는 2015년 중반의 상황을 올스크립스이 payer/life sciences business 부문 대표인 파이살 무쉬타크Faisal Mushtaq가 알려준 것이다. 저자와의 인터뷰, 2015년 8월 7일.

의료 정보학 선임 책임자를 지냈던 제이컵 레이더Jacob Reider는 훗날 내가 받았던 느낌을 확인해 주었다. "그들은 이 주제에 관해 이야기하기를 불편해합니다. 회사가 내세우는 이미지가 '환자와 의료인을 돕는 기업'이라면, 데이터를 팔아 벌어들이는 이익이 전체 순이익 가운데 5%를 차지한다는 사실이 드러나서 기업 이미지에 영향을 미치는 것을 원하지 않을 것입니다."

"큰 규모의 데이터 세트에서 나오는 분석 정보와 통찰이 때로는 과학 발전을 위한 매우 중요한 발견으로 이어질 수도 있고, 때로는 특정 제품의 판매에 매우 중요할 수도 있습니다. 하나의 정보 분석 행위가 이 둘 중 어느 쪽을 위한 것인지 구분해 내기는 어렵습니다. 대부분의 사례가 그 둘 사이의 회색지대에 있고, 그런 점이 이 부문의 활동을 살펴보는 데 가장 어려운 부분입니다."

데이터를 파는 보험사들

지난 20여 년 동안 많은 보험사가 데이터 분석 회사를 설립해 보험사가 확보한 보험 청구 내역으로부터 상세 정보를 모아 왔다. 유나이디드헬스UnitedHealth는 옵텀Optum을, 앤섬Anthem은 헬스코어HealthCore를 설립했다. 블루 크로스 블루 실드의 데이터 분석 회사인 블루 헬스 인텔리전스Blue Health Intelligence는 2005년부터 미국인 1억 2,500만 명의 데이터를 모으고 있다고 최고 경영자 스와티 애벗Swati Abbott이 말했다. 블루 헬스 인텔리전스의 고객 중에는 아이엠에스 헬스도 있는데, 이 회사는 제공받는 정보를 라이프링크LifeLink의 경시적 환자 데이터베이스와 연결한다.*

의료기관과 보험사 운영을 병행하는 기업들도 정보의 거래에 참여했다. 이들 기관에서는 치료 과정이 동일 계열사에서 진행되기 때문에 의료의 모든 측면으로부터 풍부한 경시적 데이터를 모을 수 있다. 캘리포니아 주, 워싱턴 D.C. 등 여덟 개 주에서 운영되는 카이저 퍼머넌트Kaiser Permanente는 1,000만 명 이상의 회원 정보를 보유하고 있고, 그 데이터를 연구자들에게 제공한다.** 메이오 클리닉Mayo Clinic은 임상 데이터를 옵텀 랩스Optum Labs에 제공해서 옵텀의 보험 청구 데이터와 함께 관리한다. 게이싱어 헬스 시스템Geisinger Health System은 데이터 채굴 서비스를 제공하는 회사 메드마이닝MedMining을 자체적으로 설립했고, 이곳

---

* IMS Health, "IMS to Combine Largest U.S. Health Plan claims data base with IMS LifeLink, Enabling Innovative Patient Treatment Insights", 보도자료, 2012년 9월 13일, 기록은 http://perma.cc/3FFA-W9Y6 참고.
** 카이저Kaiser사 연구 결과의 일부는 Kaiser Permanente, "Kaiser Permanente HealthConnect Enables Care Improvement and Transformation", 보도자료, 2013년 3월 6일, 기록은 http://perma.cc/4LFM-GDRZ 참고. 또한 일부 연구 이력은 Ginny McPartland, "Decades of Health Records Fuel Kaiser Permanente Research", 2013년 3월 6일, *History of Total Health* (Kaiser Permanente blog), 기록은 http://perma.cc/524R-F5B6 참고.

을 통해 정신건강의학과 진료 내역, 엄마와 그 자녀를 연결한 데이터, 흡연, 생리 주기 데이터 등 환자 46만 7,000명의 정보를 제공한다.[*] 주요 제약회사, 정보분석회사, 그리고 부즈 앨런 해밀턴 Booz Allen Hamilton 같은 자문회사들이 이 회사의 고객이다.

우리가 보통 의료와 직접 관련이 있다고 생각하지 않는 여러 대기업도 대규모 의료 데이터 시장에 참여하고 있다. 예를 들면, 아이비엠은 2015년에 5,000만 명의 의료 데이터를 보유한 익스플러리스Explorys와 4,500만 명의 환자에 관한 구체적인 정보를 가진 파이텔Phytel을 인수했고, 2016년에는 트루벤Truven을 인수함으로써 2억 1,500만 명의 환자에 관한 정보를 추가로 획득했다.[**]

제너럴 일렉트릭은 자회사인 GE 헬스케어GE Healthcare가 제공하고 있는 센트리시티Centricity라는 전자 의무 기록 서비스를 통해 입수하는 익명화된 환자 데이터를 공유하고 있다. (이 회사는 이에 대한 입장을 밝히지 않고 있으며, 회사의 최고경영자, 대변인, 그리고

---

[*] 메드마이닝은 뉴스레터를 통해 이처럼 제공한다는 사실을 홍보한다(winter 2009 through January/February 2015). 기록은 http://perma.cc/U6GNZ4U2 참고. 그러나 어떤 일을 하는지는 공개하지 않는 쪽을 선호한다. 지난 3년 동안 회사가 하는 일에 관해 이야기하자고 요청했으나 업무 최고책임자인 줄리 로키Julie Rockey는 끝내 거절했다.

[**] IBM, "IBM Watson Health Announces Plans to Acquire Truven Health Analytics"와 IBM, "IBM Acquires Explorys to Accelerate Cognitive Insights for Health and Wellness", 보도자료, 2015년 4월 13일 참고. 기록은 http://perma.cc/DBN5-VRM3 참고.

그 밖의 관계자들은 모두 구체적인 내용에 관해 답하기를 거절했다.) 법률과 방송 서비스를 제공하는 것으로 널리 알려진 데이터 중개 기업 렉시스넥시스LexisNexis는 "미국의 거의 모든 보험사로부터 구한" 12억 건의 보험 청구 정보를 보유하고 있다고 홍보한다. 그 보험사에는 블루 크로스 블루 실드, 유나이티드헬스UnitedHealth, 에트나Aetna, 시그나Cigna, 휴매나Humana, 트리케어Tricare, 아메리그룹Amerigroup, 카이저Kaiser, 그리고 메디케어 등이 포함되어 있고, 이 기업들에 가입된 환자 수는 총 2억 5,000만 명에 이른다.*

이 회사들은 모두 자사가 보유하고 있는 데이터를 통해 의학 및 과학 부문에서 획기적인 업적을 성취할 수 있다고 강조한다. 옵텀의 관계자 두 명은 최근 발표된 백서에서, 대규모 의료 데이터의 이점을 다음과 같이 요약했다. "이 정보는 의료기관 관계자, 연구자, 정책 입안자로 하여금 의료의 비용과 질을 파악하고, 환

---

* 렉시스넥시스가 의료 데이터 서비스를 홍보하는 내용은 LexisNexis, "Medical claims data", *LexisNexis Solutions*에 나온다. 기록은 http://perma.cc/D569-MT6P 참고. 또한 LexisNexis, "It's the Story in the data That Matters", *LexisNexis MarketView* 도 참고. 기록은 http://perma.cc/B8NF-GPXE 참고. 가입자 수는 헬스케어 마켓츠 Healthcare Markets의 선임 부사장 잭 헨더슨Zach Henderson이 2015년 7월 27일에 저자와의 인터뷰에서 밝혔다. 렉시스넥시스가 보험 청구 데이터를 입수하는 경로가 보험사에만 국한된 것은 아니다. "중요한 사실은, 보험 청구 데이터는 보험사에만 있는 것이 아니라 다른 여러 곳에도 있다는 것입니다." 헨더슨은 설명했다. "동일한 청구 데이터가 최소 세 곳에 존재합니다. 보험을 청구하는 기관(의료 기관), 정보를 교환하는 정보센터, 그리고 보험금을 지급하는 기관(의료보험사)요." 잭 헨더슨, 저자에게 보낸 이메일, 2015년 11월 11일.

자 중 만성질환 위험군을 파악하고, 의료비 부당 청구를 정확하게 찾아내고, 치료의 질을 향상하도록 돕는다."*

일부 기업은 의료 데이터를 나눠서 얻을 수 있는 놀랍도록 밝은 미래를 화려한 문장으로 늘어놓고 있어서, 정작 그들이 무엇을 하는 기업이고 돈이 오가는 상거래를 하는 곳인지조차 알기 어려울 때가 있다. "더 현명한 선택. 더 강한 기업. 더 행복한 사람들. 더 건강한 세상"이라고 바이탤리티 그룹Vitality Group은 자사 웹사이트에서 선언한다. 웹사이트를 통해서는 이 기업이 무슨 일을 하는지 파악하기 어려웠는데, 회사의 한 임원에 의하면, 이 회사는 보다 건강한 생활 습관을 준수하고 그 습관을 유지하고 있는지 모니터하는 것에 동의하는 가입자들에게 보험료를 할인해 주는 상품을 설계하는 곳이라고 한다.

새로운 서비스를 제공하는 데 앞장섰다가 역풍을 맞은 경험이 있는 아이엠에스는 수년간 환자의 경시적 데이터 관련 서비스 제공을 미루다가, 2006년이 되어서야 환자별로 익명화된 데이터를 제공하는 서비스를 판매하기 시작했다.** "우리는 더 많

---

* John Wilson and Adam Bock, "The Benefit of Using Both claims data and Electronic Medical Record data in Health Care Analysis", white paper, Optum, April 30, 2014, 기록은 http://perma.cc/LPU5-GNXQ 참고.
** IMS, "IMS Announces Integration of anonymized Patient-Level data Across Global Portfolio of Offerings", 보도자료, 2006년 11월 28일, 기록은 http://perma.cc/5B67.2K3V 참고.

은 표본 자료를 입수하고, 더 많은 고객을 확보하지 않는 한, 상품화에 따라 창출되는 가치가 크지 않으리라는 사실을 알고 있었습니다." 2006년부터 2010년까지 아이엠에스의 최고경영자를 지낸 데이비드 카를루치David Carlucci는 말했다. 카를루치는 아이비엠에서 26년 동안 근무했다. "저희 회사가 구축한 주요 데이터 세트의 경우, 고객에게 가치 있는 정보를 제공할 정도가 되려면 10년 이상의 기간 동안 자료를 축적해야 합니다."

오늘날 아이엠에스는 미국, 캐나다, 독일, 영국, 중국, 일본, 호주, 한국 등 16개국에서 환자의 경시적 데이터를 수집하고 있다.* 카를루치의 후임자인 아리 부스빕은 2015년에 길리어드Gilead의 C형 간염 치료제를 이용한 표준 치료에 8만 4,000달러의 약값을 요구하는 것이 정당하다는 판결을 받아 내는 데 경시적 데이터가 크게 기여한 사실을 사례로 꼽았다. "그들은 실제 세계에서 이 약의 효능을 증명해야 했고, 그 밖에도 경쟁 약품과 비교할 때는 약의 단위 가격이 아니라 질병 치료에 드는 비용 총액을 가지고 비교해야 함을 입증해야 했습니다."**

아이엠에스는 자사의 데이터를 이용해서 미국에서 진행된, 의학적 난제를 보다 잘 이해하기 위한 연구 과제의 목록을 발표

---

* List of countries available at IMS Health, "Patient-Level Data Assets", 기록은 http://perma,cc/PV5P-FPBN 참고.
** Ari Bousbib, remarks at J. P. Morgan Healthcare Conference, San Francisco, 2015년 1월 17일.

했다. 그 간행물은 연구들을 다음과 같이 칭송하고 있다. "의료가 실제 세계에서 어떻게 기능하고 있는지 이 연구들을 통해 더 잘 이해하게 되었으며, 이는 다수의 관계자들에게 헤아릴 수 없을 만큼의 가치가 있다."* 다음은 연구자들이 아이엠에스의 데이터를 이용해 연구한 주제 중 일부다.

- 전문의약품인 비만 치료제의 사용 경향
- 실업률과 전문의약품 소비 사이의 관련성
- 수면과다증이 있는 사람들의 의료비
- 플로리다 주의 정책 변화 이후 약물 과다복용에 의한 사망의 감소
- 항생제 처방의 지역적 차이
- 헤로인 남용
- 5년간 정신질환 치료제 처방 양상의 변화

---

* 아이엠에스는 자사의 데이터를 이용한 학술 연구를 다음의 여러 부문으로 구분한다. "Understanding Disease and Treatment Patterns", "Providing Content for Healthcare Costs", "Assessing Policy Levers", and "Advancing Real World Patient-Level Clinical Evidence." IMS Institute for Health Informatics, "Advancing Academic Research; Bibliography of Published Papers and Presentations Using IMS Health information", June 2015 참고. 기록은 http://perma.cc/NT5N-JSSG 참고. 트루벤 헬스 애널리틱스는 1990년 이후에 마켓스캔MarketScan의 데이터베이스를 이용한 학술 연구가 700건이 넘는다고 말했다. 그 가운데 일부가 다음의 주소에 소개되어 있다. https://perma.cc/CFS7-NUZT. 다음 주소에서는 문서 목록이 검색 가능하다. http://sites.truvenhealth.com/bibliography/ 또한 Optum, "Outcomes Informed Treatment Bibliography", October 2014 참고, 기록은 http://perma.cc/GX9Q-7XUU 참고.

• 염증성 장질환 환자의 특정 질병 발생 위험의 증가

대체로 아이엠에스와 그 경쟁자들은 갈수록 포괄적으로 수집되고 있는 경시적 데이터가 환자의 병세뿐 아니라 기업의 성과도 호전시킬 결정적인 요인이라고 찬양한다. "의료의 가치를 평가하려면 발달된 분석틀과 정교한 도구가 필요합니다. 이 같은 요구가 커지면서 저희의 리얼월드 에비던스 솔루션즈Real-World Evidence solutions는 더 많은 고객이 환자의 경과를 더 잘 이해하게 하고, 실제 세계에서의 성과를 증명하는 데 기여하고 있습니다." 아이엠에스의 2014년도 보고서에서 부스빕이 말했다. "저희는 5억 명 이상의 환자에 관한 익명화된 데이터 기록에 근거해서 모든 주요 국가에서의 치료 결과와 비용, 안전성에 관한 정보를 지속적으로 제공하고 있습니다."

8장

환자를 위한 싸움

의료 개인 정보 보호에 관한 논쟁

정신건강의학과 전문의 데보라 필이 수백 명의 보건의료 전문가가 모인 워싱턴 D.C.의 한 호텔 회의장 연단에 올라선다. 텍사스 주에서 온 이 정신건강의학과 의사는 미국 환자들의 데이터가 충분히 보호되고 있지 않으며, 모든 미국인이 개인 정보를 침해당하거나 그에 따라 차별받을 가능성이 있다고 주장할 예정이다.

지난 여러 주 동안 필은 '환자의 프라이버시 보호와 임상연구의 발전'이라는 토론의 준비에 신경 써 왔다. 그녀의 토론 상대는 컬럼비아 대학교의 역학자epidemioligist 대니얼 바르트존스Daniel Barth-Jones인데, 그는 필의 주장대로 한다면 의료 데이터에의 접근이 어려워져 과학의 발전을 제한하는 결과를 가져오게 될 것이라고 믿고 있다. 필이 먼저 발표하게 되었는데, 시작하자마자 프로젝터가 말썽을 부렸다. 파워포인트 화면이 넘어가지 않는 것이었다.

"보세요, 기술에는 절대 오류가 없군요." 그녀가 꼬집었다. 청중 일부가 그녀의 말에 웃음을 터뜨렸다. 이것은 정보화된 세상이 우리의 가장 내밀한 정보까지 위협하고 있다는 그녀의 경고를 풍자적으로 표현한 것이었기 때문이다.

60대 초반인 필은 기술자들이 문제를 해결하는 동안 기다린다. 곧 문제가 해결되었고, 필은 그동안 알려지지 않았던, 의료 데이터가 유통되는 경로를 설명한다. 그녀는 제약 없는 정보 거래의 구체적인 실상이 곧 대중에게 알려질 것이고, 의료진에 대한 환자의 신뢰가 떨어질 것이라고 경고한다. 그녀는 또한 컴퓨터 기술의 발달로 민감한 의료 정보의 재식별화 가능성이 갈수록 커질 것이라고 우려를 표한다.

컬럼비아 대학교 메일먼 보건대학Mailman School of Public Health의 조교수 바르트존스는 환자들에게 데이터 공유를 금지할 권한이 주어지면 공중보건 연구에 악영향을 끼칠 것이라고 대응한다. "자신의 데이터를 공유하는 것에 동의하는 사람과 동의하지 않는 사람은 매우 다른 특성을 가지고 있다는 사실이 연구 결과 밝혀졌습니다." 그는 말한다. "공중보건학적 목적을 위해서는 동의 여부와 관계없는 좋은 대조군이 필요한 경우가 많습니다."

필은 초조하게 발끝으로 바닥을 탁탁 치며 바르트존스 쪽으로는 눈길을 주지 않고 있다. 그녀는 많은 사람이 과학의 발전을 위한 목적이라면 자신의 데이터를 공유하는 데 동의할 것이라고 반박했다. 반면, 상업적인 목적을 위한 데이터 공유에 대해서는 동의할 가능성이 낮은데, 현재 형성되어 있는 거대한 정보 시장은 대부분 이런 상업적 목적 때문에 운영되는 것이다.

활동가의 탄생

필은 정신건강의학과 의사로 일하던 중 문제의 심각성을 깨닫고 개인 정보 보호 운동가가 되었다. 그녀는 1979년에 오스틴Austin에 있는 브래큰리지 병원Brackenridge Hospital의 정신건강의학과 과장이 되었고, 정신건강 문제에 대해 대외적으로 목소리를 내기 시작했다. 그녀는 1990년대부터 의회 의원들을 대상으로 정신건강과 관련된 쟁점에 대한 자문을 했는데, 처음에는 텍사스 주에서, 나중에는 워싱턴 D.C.에서 활동하였다. 그녀는 1999년에 처음 연방의회 위원회에서 증언했는데, 그 주제는 약국에서 나오는 데이터를 취급하는 중개기업들의 역할에 관한 것이었다. 그녀의 주장은 그때 이후 거의 변하지 않았다. "개인 정보 침해의 폐해는 매우 크고, 이 나라의 모든 사람에게 영향을 끼치는데, 그런 침해 행위는 불만을 품은 직원이나 해커가 벌이는 것이 아니라 관련된 기업의 관행에 의해 체계적으로 일어나고 있습니다." 그녀가 보건사회복지위원회에서 발언했다.

2004년 필은 아무도 나서지 않는다면 자신이 나서야겠다고 결심하고, '페이션트 프라이버시 라이트Patient Privacy Rights'라는 단체를 결성했다. 그녀는 자신의 일이, 마치 2005년에 거대한 허리케인이 뉴올리언스 주에 불어닥치기 전에 장차 다가올 비바람의 엄청난 위력을 미리 경고하는 것과 같다고 생각한다. 허리케인 카트리나가 상륙하기 전까지, 사람들은 재난이 닥쳤을 때 정확하게 어떤 일이 일어날지 알지 못했다. 그러나 위험성은 항상 있었던 것이다.

예를 들어, 필은 고용주들이 직원을 고용할 때, 불법이더라도 의료 데이터를 활용해서 차별할 수 있다고 경고했다. 고용주는 더 건강한 사람이 고용이나 승진에 더 적합하다고 주장할 것이다. 그런 이유로, 일부 환자들은 정보 공개를 거부할 선택권이 주어지지 않으면 자신의 프라이버시를 보호하기 위해 치료받기를 기피할 것이라고 그녀는 말했다. "건강 데이터에 관한 '관리 연속성chain of custody'[역주: 어떤 것이 생산된 이래 그것을 보유한 개인 또는 기관의 승계 과정을 기록한 정보. 관리의 단절이 없음을 보여 주는 것은 기록의 진본성을 판정하는 중요한 기준이다.]을 보장할 제도가 없기에, 우리의 신체와 정신에 관한 민감한 정보를 누가 샀는지, 팔았는지, 교환했는지, 혹은 이용했는지 알 수 없습니다." 필이 말했다. "따라서 대출을 신청하거나 신용카드를 발급받을 때 더 높은 이자를 요구받거나 구직 면접에서 떨어졌을 때, 나의 건강 정보가 그런 차별적인 결정을 내리는 데 이용되었는지 여부를 알 방법이 없습니다."

필은 매우 적은 예산으로 활동하고 있는데, 부동산 개발업자인 남편이 사무실 공간을 기부했고, 운영은 대부분 가족이나 친구들의 후원에 의존하고 있다. 2011년부터 페이션트 프라이버시 라이트는 건강 정보 보호를 주제로 매년 토론회를 개최해 왔다. 행사 개최를 위한 기금 모금은 언제나 어려운 일이다. 2014년의 어느 날 아침, 아이엠에스의 관계자 두 명이 이 토론회의 아침 식사를 후원하는 의미로 5,000달러를 기부했다. 그녀는 대체로 아이엠에스에 대해 비판적인 입장을 취해 왔기에(그녀는 그 회사를 "건강 데이터 도둑"이라고 묘사했었다.) 그 후원에 대해 양가감정을 가지고 있었고, 다음과 같이 말했다. "저는 아이엠에스가 국민의 건강 데이터를 가지고 구체적으로 무엇을 하고 있는지, 그리고 그 정보를 이용하고 판매하는 것이 어떻게 정당한 일인지 미국 대중에게 설명해야만 한다고 생각합니다." 후원을 계속해 오고 있는 아이엠에스의 프라이버시 담당자 킴벌리 그레이 Kimberly Gray와 전문가 담당 이사 로버트 헝클러Robert Hunkler는 아이엠에스가 제공하는 편익이 필이 우려하는 잠재적인 위험보다 훨씬 크다고 믿는다고 응답했으나, 두 사람 모두 아이엠에스가 필을 지원한 이유에 대해서는 답하지 않았다.

필은 2014년도 연례회의에 킴벌리 그레이를 초빙해서 개인 정보 보호를 주장하는 미셸 드 무이Michelle De Mooy와 토론을 벌이도록 했다. 변호사 출신인 그레이는 익명화된 환자 데이터가 의학 발전에 어떻게 기여하는지 강조하면서 차분한 어조를 유지했다. "저는 제가 윤리적인 회사를 위해 일하고 있다고 생각합니다." 그녀는 말했다. "제가 이 회사에 근무한 지 5년이 되었습니다. 절 믿으십시오. 이곳이 윤리적인 회사라고 믿지 않았다면 저는 5년이나 근무하지 않았을 것입니다."

그레이가 아이엠에스가 익명화한 환자 데이터를 거래하는 것에 대중이 관심을 가질 필요 없다고 하자, 논쟁이 달아올랐다. "어떤 조직이 투명하고 책임감 있게 운영되고 있는 이상, 우리는 그 조직을 신뢰합니다." 그녀가 말했다. "그리고 바로 그것이 우리 회사가 제시하는 것입니다."

"좋습니다. 그러나 아이엠에스 헬스는 그중 어느 것에도 해당되지 않습니다." 드 무이는 말했다.

"그 말은 사실이 아닙니다!"

그레이는 결국 익명화된 의료 데이터를 재식별화하는 것이 불가능하지 않다는 사실을 인정했으나, 그렇게 하는 것은 필 등이 주장하는 것보다는 훨씬 어려운 일이라고 주장했다.

피해자의 이야기

필은 개인 정보를 침해당한 환자들을 찾아서 그들이 경험한 사례를 듣고자 늘 노력하고 있다. 나는 2014년에 아메리카온라인AOL의 최고경영자 팀 암스트롱Tim Armstrong이 회사 관계자에게 의료보험 보장 범위를 줄일 계획이며 이는 직원 중 두 명이 조산을 해서 조산아의 치료를 위해 회사가 각각 100만 달러 이상의 비용을 지불해야 했기 때문이라고 말했다는 소식을 듣고 필이 격노했던 것을 기억한다. 암스트롱의 발언은 전국 뉴스의 머리기사로 다루어졌고 큰 비난을 불러일으켰다. 그는 곧 물러서, 보험의 보장 범위를 이전 수준으로 유지하겠다고 했다.

아메리카온라인 사건의 당사자였던 두 여성 가운데 한 사람이 그다음 해 페이션트 프라이버시 라이트의 연례 회의에 참석해 발언했고, 2016년에도 다시 한 번 초빙되었다. "여러분은 건강과 관련된 개인 정보를 침해당해 실제로 피해를 입으리라고는 잘 상상이 되지 않을 것입니다. 직접 당해 보기 전까지는요." 디애나 페이Deanna Fei가 2015년에 워싱턴 D.C.에서 개최된 연례 회의에서 말했다. "개인의 프라이버시를 지키겠다는 선언은 환상일 뿐입니다. … 설사 이름이 들어가 있지 않다고 해도, 매우 민감한 데이터는 쉽게 추적이 가능합니다."

그로부터 몇 해 전에 있었던 페이션트 프라이버시 라이트의 연례 회의에서 필은 극적인 사건을 경험한 다른 여성을 소개했다. 알리나Alina는 중년의 변호사로, 유럽에서 태어나 어렸을 때 미국으로 이민 왔다.* 그녀의 말투에는 특별한 억양이 없어서 많은 이들은 그녀가 다른 국가 출신이라는 사실을 알지 못한다. 또한, 매달 수백 달러어치의 약을 복용하는 덕에 그녀가 양극성 정동장애(감정, 활력, 그 밖의 사회적인 기능을 정상적으로 수행할 능력에 큰 기복을 보이는 질병)를 앓고 있다는 사실을 아는 사람은 더욱 적었다.

---

* 프라이버시 보호를 위해 가명을 사용했다. 이 책에서 그녀와 한국의 내부 고발자는 가명을 사용했다.

그녀는 지금까지 증상 악화로 입원하게 된 경우가 세 차례 있었다. "전 제정신이 아니었습니다." 그녀가 말했다. "고속도로를 걸어서 횡단했을지도 모릅니다." 처음 입원했을 때, 의료진은 전기 충격 치료를 권했지만, 그녀의 부모는 그것을 거부하고 그녀를 퇴원시켰다. 두 번째 발작이 있었을 당시에 그녀는 자신이 태어난 나라를 방문 중이었는데, 거기서 여권을 찢어 버리는 사고를 저질렀다. 2000년에 세 번째 발작을 경험한 이후로는 정신건강의학과 전문의와 매주 상담하고 약을 처방받아 복용하기 시작했다.

치료를 받는 과정에서 그녀는 자신의 가장 내밀한 문제를 정신과 주치의에게 열어 보이기 시작했다. 부모와 관계가 좋지 않았고, 어머니와 한동안 말을 하지 않은 적도 있었다. 알리나는 한때 경제적 어려움을 겪었으며, 학자금 대출을 제때 갚지 못하기도 했다. 그녀는 어렸을 때 아버지의 친구로부터 성적 학대를 당했다. 이런 일들이 무척 수치스러웠기에, 그녀는 가장 친한 친구에게조차 이에 관한 이야기를 한 적이 없었다. 그랬던 그녀가 자신의 이야기를 비밀로 지켜 주리라 믿고 정신과 주치의에게 사실을 털어놓았던 것이다.

어느 날, 알리나는 배가 아파 맹장염일지도 모르겠다는 생각이 들었다. 그녀의 주치의가 출산 휴가 중이어서 다른 의사의 진료를 받았다. 초면인 의사는 그녀의 의무 기록을 들여다보더니, 복부를 진찰하는 대신 단도직입적으로 물었다.

"정신과 치료를 받고 계신가요?"

그는 자신이 그녀의 의무 기록을 읽었는데 현재 복용 중인 약 외에 다른 약을 추가로 처방하는 것은 부담스럽다고 말하고는, 왜 그녀에게 정신과 치료가 필요한지 일방적으로 이야기하기 시작했다. 그녀는 분노가 치밀었다. 그녀는 자신이 정신분석 전문의에게 털어놓은 가장 내밀한 감정과 비밀에 관한 200쪽이 넘는 기록을 그 병원의 어느 의사나 다 들여다볼 수 있다는 사실을 나중에서야 알게 되었다. 그녀의 사생활은 침해되었고 심적 외상을 입었다. 훗날 그녀는 자신의 의무 기록 사본을 입수했는데, 거기에는 "과거의 관계, 가족 문제, 직장 문제에 관한 상담 치료를 함. 아버지의 친구가 가한 성적 학대에 관해 상세하게 이야기를 나눔"과 같은 내용이 기록되어 있었다.[*]

자신이 무슨 질병으로 병원을 방문하든 자신을 치료하는 모든 의사가 정신건강 관련 의료 정보를 전부 들여다볼 수 있다는 사실을 알게 된 그녀는 병원 측에 문제를 제기했다. 그곳의 개인 정보 담당자가 보낸 답장에는 그 기관의 "정신과 의무 기록은 법에 따라 온전히 관리되고 있으며, 개인 정보 보호 및 기밀 유지에 대한 필요와 의사가 환자의 정보에 접근할 필요 사이에서 균형을 잡고 있습니다. 우리는 정신과 의무 기록에의 접근을 제한하

---

[*] 환자가 이 파일 일부를 저자에게 공개했다.

는 경우, 의사가 불완전한 데이터를 기반으로 진료하여 환자를 제대로 치료하지 못하는 결과를 가져오리라고 생각합니다."

분노한 알리나는 건강 데이터에 관한 법인 HIPAA 담당자에게 그 서한의 사본을 보냈다. "저는 개인 정보 정책이 매우 융통성 없고 무차별적으로 적용됨으로써 저의 존엄성과 자율성과 안녕이 침해되고 있다는 사실을 알게 되어서 당황스럽습니다." 그녀는 적었다. "손가락이 부러져서 병원에 가는 경우에조차 저를 치료하는 모든 사람은 제 정신과 기록의 구체적이고 세세한 내용까지 읽을 '권리'를 가지게 됩니다. 그것이 제가 병원을 찾아간 용건과 아무런 관련이 없고, 제가 자료의 공유를 반대함에도 불구하고 말입니다."

돌아온 것은 조사 요청을 기각하는 관료적인 답장이었다. "정신분석 치료 기록을 비롯한 불필요한 정보가 전자 의무 기록 시스템에 포함되어서 권한이 없는 사람들까지 그 내용을 열람할 수 있다는 귀하의 주장이 설사 사실이더라도, 개인 정보 보호 규정에 위반되는 것은 아닙니다."

그녀의 주치의도 그녀가 가입되어 있는 의료보험 관계자들과 HIPAA의 개인 정보 보호 규정을 감독하는 담당자에게 문의한 결과를 그녀에게 알려 왔다. "병원 측에서는 당신의 의료 정보에 대한 타인의 접근을 제한할 수 없으며, 앞으로도 당신의 정보를 전자 의무 기록에 기록해야 한다는 답을 들었습니다. 전자 의무 기록은 현재 연방 규정에 의해 의무화되어 있습니다. 당신이 우리 기관에서 계속 진료를 받는다면 전자 의무 기록에 계속 기록해야 하고, 다른 의료진이 당신을 치료하는 데 필요로 하는 경우 그 자료를 열람하는 것을 제한할 수 없습니다."

자신의 가장 민감한 기록물의 열람을 제한하려는 알리나의 노력은 실패로 돌아갔다. 그녀는 지금도 분노하고 낙담해 있으며, 개인 정보 노출에 대해 매우 조심하게 되었다.

"의사의 진료를 받으러 갈 때면 매번, 정보를 숨길지 양질의 진료를 받을지 저울질하게 됩니다. 몇 년 전만 해도 의사에게 거짓말한다는 것은 상상도 하지 못했습니다. 그런데 이제는 진료를 받는 내내 '만약 내가 말을 하지 않으면 치료에 어떤 영향을 줄까' 머릿속에서 저울질하게 되었습니다. 저는 병력이나 복용 중인 약에 대해 거짓으로 답하는 사람들을 알고 있어요. 그들은 의사에게 사실대로 말하지 않습니다."

"우리는 개인 정보 보호와 최상의 진료를 두고 선택에 내몰려서는 안 됩니다. 이것은 커다란 문제입니다. 제가 왜 그런 선택을 강요받아야 하나요? 왜 안전하게 지내지 못하고 남은 생애 동안 나의 고용주가 알게 되지 않을까 아니면 사람들이 무언가를 알고서 나를 다른 눈으로 보지 않을까 하는 불안에 떨며 살아야 하지요?"

HIPAA는 알리나가 우려하는 것, 즉 치료에 필요한지의 여부와 관계없이 지나치게 많은 의사들이 그녀의 모든 의료 정보를 볼 수 있다는 문제를 다루지 않는다. 그것은 발을 치료하는 의사가 정신건강이나 성^性건강 관련 기록을 볼 수 있다는 뜻이다. 그것이 환자를 당황하게 하거나 불쾌하게 만들 수 있는데도 말이다. 데보라 필 등의 전문가들은 특정 정보에 관한 접근을 일부 의사만 열람할 수 있도록 제한할 권한이 환자에게 주어져야 한다고 주장하는데, 민감한 정보의 분할 관리는 아직 널리 도입되지 않고 있다.

지지자와 반대자

필은 여러 해 전부터 새로운 정신과 환자를 받지 않고 있지만, 두 명의 장기 환자를 지금까지 진료하고 있다. 그녀의 진료실은 오스틴의 작은 상점가 한쪽에 있는 2층짜리 상가의 2층에 있다. 건물의 로비나 진료실 입구에서는 그녀의 이름을 찾을 수 없다. 그곳을 방문하는 길에, 건물 아래층에서 행인 두 명에게 사무실의 위치를 물었다. 필 박사의 이름을 들어 본 사람은 아무도 없었다. 그것이 바로 그녀가 원하는 바였다. 그녀는 사람들이 자신의 환자에 선입견을 가지는 것을 원하지 않았다.

두 개의 방으로 구성된 그녀의 진료실은 환자가 말하는 그 어떤 정보도 그 방을 벗어나지 않으리라는 믿음을 주는 구조로 되어 있다. 대기실에는 접수 직원이 없다. 필은 1980년부터 접수 직원을 두지 않고 있다. 누가 오고 가는지 아무도 보지 않도록 하려는 조치다. 그녀는 시간당 175달러인 진료비 계산서를 손수 작성한다.

나는 2012년에 필을 처음 만났는데, 그녀의 열정, 활력, 그리고 가식 없음에 매료되었다. 많은 활동가들이 자신의 주장을 조심스럽게 정리해서 설명하는 것과는 달리, 필은 늘 자신의 생각을 있는 그대로 표현한다. 사적으로 대화를 나눌 때면 개인 정보의 부당한 취급에 관해 말하는 중에 욕을 쏟아내기도 한다. (공적인 자리에서는 악담을 자제한다.) 그녀는 중요하다고 생각하는 부분을 이야기할 때면, 상대방의 손이나 팔을 꽉 쥔 채 말을 마칠 때까지 놓지 않는다. 또한, 이메일을 쓸 때면 느낌표와 물음표를 아낌없이 사용한다. 한번은 그녀가 단어 100개 분량의 이메일을 보냈는데, 그 안에 느낌표 8개, 물음표 10개, 그리고 **전체를 대문자로 적어 강조한 단어**가 10개나 들어 있었다!!!! 마무리 서명으로는 그녀가 종종 사용하는 표식 "xoxoxo"를 썼다.

고객의 처방 정보를 파는(이것은 필이 비판하는 행위다) 한 편의점 체인의 임원(이름을 밝히기를 거절한)은 자신이 개인적으로는 필의 입장에 상당 부분 동의한다고 했다. "그녀는 대단한 개인 정보 보호 활동가입니다. 우리는 대단한 개인 정보 보호 활동가가 필요합니다."

필의 활동은 해외에서도 주목받고 있다. "데보라는 단지 미국의 지도자일 뿐만 아니라 국제적인 스타입니다." 케임브리지 대학교의 컴퓨터 보안공학과 교수 로스 앤더슨Ross Anderson이 말했다.

그러나 필과 그녀의 업적에 열광하는 사람은 많지 않다. 비난자들은(그 대다수가 의료 데이터를 거래하는 회사 관계자다.) 그녀를, 세상이 변함없이 돌아가고 있는데도 곧 세상의 종말이 올 것이라고 경고하는 정신 나간 사람쯤으로 여긴다. 그들은 그녀가 개인 정보 침해의 위험을 과장하고, 사실을 왜곡하고, 입증하기 힘든 주장을 한다고 말한다. "데보라 필 같은 사람들은 적개심에 차서 사람들로 하여금 데이터에 공포심을 가지게 만드는데, 이들 때문에 업계 관계자들이 속을 끓이고 있습니다"라고 대표적인 의무 기록회사 서너Cerner의 선임 부사장인 데이비드 맥컬리 주니어David McCallie Jr.는 말했다. "그녀는 신뢰할 수 없으며, 때로는 비합리적이라고 할 정도까지 나아갑니다."

미국 보건복지부US Department of Health and Human Services의 건강정보기술을 위한 국가조정위원회에서 의료 부문 책임자로 근무했던 제이컵 레이더는 다음과 같이 덧붙였다. "뎁(데보라)은 매우 열정적이어서, 때로는 그 열정 때문에 토론할 때면 사실보다는, 개인을 식별할 수 있는 데이터로 인해 일어났거나 일어나리라 우려하는 부분에만 집중합니다."

그와 동시에 맥컬리는 자신이 필을 좋아하며 그녀가 토론에서 중요한 역할을 하고 있다고 했다. "누군가가 한쪽 극단의 주장을 하는 것은 나쁜 일이 아닙니다. 덕분에 다른 사람들은 그 중간 어디쯤에 서서 '나는 그녀만큼 극단적이지는 않다'고 말할 수 있습니다. 그녀는 몇 가지 중요한 점을 지적했습니다. 특히 정신건강 관련 정보를, 설사 다른 질환의 치료에 도움이 될 수 있더라도 공개하지 않을 권리에 관해서요."

필은 문제를 제기하는 사람은 누구나 비난받겠지만 자신은 현재의 운동 방식을 고수할 것이라고 답했다. "저의 열정적인 방식이 사람들을 겁먹게 만든다고 합니다." 그녀가 말했다. "그런데 새로운 방법을 익히기에는 나이를 너무 많이 먹었어요."

"그들은 저를 텍사스에서 온 미치광이라고 생각합니다." 그녀가 덧붙였다. "그렇게 생각하는 사람 중에 의료가 가장 중요한 쟁점이라는 사실을 이해하는 사람은 없습니다. … 만약 우리가 자신의 건강 정보 이용을 통제하는 이 중요한 권리부터 지켜 내지 못한다면, 온라인상에서 이루어지는 온갖 감시로부터 자신을 어떻게 보호할 수 있겠습니까?" 때로는 문제를 과장하고 있다는 비판에 대해서는, 기업들이 개인의 건강 데이터를 거래하는 과정에 투명성이 결여되어 있는 상황에서 자신이 할 수 있는 최선을 다하는 것일 뿐이라고 했다. "저는 진실에 목이 마릅니다. 저는 없는 사실을 만들어 내는 것이 아닙니다. 제 주장 어디가 잘못되었는지 보여 주세요. 그러면 제 주장을 수정하겠습니다."

하버드대 의과대학 교수로, 1980년대 초부터 약 처방 양상을 파악하기 위해 메디케이드의 보험 청구 데이터를 연구하기 시작한 제리 에이본 같은 전문가들은 가능한 한 많은 정보를 얻기 원할 것이다. 그는 개인 정보 보호를 주장하는 사람들이 익명화된 의료 데이터에 영향을 끼쳐서 연구를 효율적으로 수행하기 어렵게 만들지 않을까 우려하고 있다. "그 사람들의 의도는 좋은 것이고, 일부 기업들의 데이터 이용 양상에 대한 그들의 대응은 정당하다고 생각합니다." 그는 말했다. "그러나 그런 부분을 강조하다 보니, 식별자를 모두 제거한 데이터를 이용해서 출시 후 5년 동안 환자들에게 심장마비와 뇌졸중을 일으켰던 바이옥스 Vioxx 같은 약을 더 찾아내기 위해 연구하는 저나 동료 연구자들의 작업도 개인 정보 침해라고 여기는 사람이 생겨나는 부작용이 있습니다."

그는 동료들과 함께 메디케어 환자 5만 4,000여 명의 데이터를 분석해 진통소염제 바이옥스를 복용하는 사람들에게서 약 복용 90일 이내에 심장마비 발생 확률이 증가한다는 사실을 밝혀냈던 2003~2004년도의 연구를 말한 것이다.[*] 그들이 연구에 사용한 데이터는 아이엠에스 헬스 같은 기업으로부터가 아니라, 뉴저지 주와 펜실베이니아 주에서 운영하는 저소득층 노인을 돕

---

[*] Solomon et al., "Relationship Between Selective Cyclooxygenase-2 Inhibitors and Acute Myocardial Infarction in Older Adults", 2068-73. 이보다 앞선 2002년에 테네시 주 메디케이드의 데이터를 가지고 연구한 논문에서도 이 약을 복용하는 자들에게서 심장질환 발생이 증가함이 관찰되었다. Ray et al., "COX-2 Selective Non-Steroidal Anti-inflammatory Drugs and Risk of Serious Coronary Heart Disease", 1071-73. 참고. Wayne Ray는 그의 연구팀이 테네시 주로부터 데이터를 무료로 제공받았다고 저자에게 알렸다.

기 위한 프로그램을 통해 입수한 것이었다. 이 약의 생산자인 머크사는 2004년에 바이옥스의 생산을 중지했다. 에이본은 집적된 환자 데이터를 입수하고자 하는 자들의 서로 다른 동기를 살펴보는 것이 중요하다고 했다. "일부 사람들은 의과대학에서 의약품의 효과 및 부작용을 알아내고자 하는 양심적이고 책임감 있는 연구자와, 유통업체의 비밀 연구실에서 타인의 개인 정보를 침해하여 X라는 제품을 더 많이 팔 방법을 알아내려는 사람을 구분하지 못하는 것 같습니다."

환자 데이터의 어떤 부분은 자유롭게 이용하도록 하고, 어떤 부분의 접근은 제한해야 하는지 구분하기도 쉽지 않다. 에이본은 말했다. "우리와 정치적 환경이 아주 다른 경우, 판촉만을 위해 개인 데이터를 모으는 것을 금지하는 한편, 의학 연구를 위해 익명화된 데이터를 이용하는 것은 허용하는 제도를 고려할 수도 있을 것입니다."

당사자에게 물어야 한다

필과 여러 시간 대화를 나누고, 오스틴에 있는 그녀의 집을 몇 차례 방문하고, 여러 회의에서 그녀의 발표를 참관한 후, 정말로 원하는 것이 무엇이냐고 그녀에게 질문했다. 간단한 일이라고 그녀가 답했다. 약국, 의사, 의료기관, 각 과정의 중개자 모두가 의료 데이터(익명화된 것까지도 포함해서)를 공유하기 이전에 환자로부터 동의를 구해야 한다는 것이었다. 사실, 그녀가 "간단하다"라고 말하지는 않았다. 그녀가 실제로 한 말에서는 그녀의 열정, 스타일, 그리고 주장하는 핵심이 드러났다. "핵심은 그저 당사자의 동의를 구하라는 것입니다"라고 말한 그녀는 다음과 같이 덧붙였다. "그들은 동의를 구하려 하지 않습니다. 그들은 훔치고 싶어 합니다."

환자들에게 익명화된 데이터의 제공이나 판매 여부를 선택할 권리를 부여하는 데 반대하는 자들은, 구할 수 있는 가장 완전한 데이터 세트를 바탕으로 연구할 때 학문적 의미가 있는 결과를 얻는다는 점을 내세운다. 캐나다에서 경시적 데이터의 상업적 이용을 개척한 자로, 앞서 소개한 톰 브로건은 다음과 같이 설명했다. "데이터베이스에 반드시 포함되어야 하는 심각한 질환을 가진 사람들이 있다고 합시다. 이들이 데이터 공유에 반대하기 시작한다면, 데이터베이스에 커다란 공백이 생기는 것입니다."

반대자들의 두 번째 논리는 환자 동의 체계의 운영이 복잡하다는 것이다. "저는 똑똑하고 잘 교육받은 사람들조차 이 문제를 제대로 이해하거나, 이해하게 되거나, 이해할 수 있다고 생각하지 않습니다"라고 하버드대 의과대학의 강사이자 노스캐롤라이나 주의 RTI 인터내셔널이라는 비영리 연구기관의 부설 의료 IT 발전 센터의 환자 중심 기술 책임자 조너선 월드Jonathan Wald

는 말했다. "만약 어떤 약국이나 회사가 제 데이터를 어떤 특정한 방식으로 특정 단체와 공유하는 것을 제가 반대하더라도, 저의 동의 여부와 무관하게 그 정보를 구할 다른 경로가 여전히 수십 개 남아 있습니다."

익명화된 의료 데이터의 공유에 대한 동의 여부를 각 개인이 수많은 의료기관과 중개자에게 일일이 고지하는 것보다는, 동의 여부를 개인이 일괄적으로 설정할 수 있는 체계가 반드시 필요하다. 미국 전화거부등록소US Do Not Call Registry라는 서비스는 옵트 아웃 모델opt-out mode을 제시하고 있는데, 여기서는 상대방이 홍보 전화 수신에 동의했는지 여부를 기업 측이 사전에 확인하도록 하고 있다. 2015년 현재, 2억 2,200만 명이 이 서비스에 등록해서 광고전화 수신을 거부하고 있다.*

이와 비슷한 방식을 도입하면 의료 데이터의 문제도 해결될 수 있을 것이다. 그러나 반대자들은 현존하는 수억 건의 익명화된 환자 파일에 각 환자의 동의 여부를 반영하는 것은 불가능하다

---

* Federal Trade Commission, *Biennial Report to Congress: Under the Do Not Call Registry Fee Extension Act of 2007, FY 2014 and 2015* (Washington, DC: Federal Trade Commission, December 2015), 1. 대부분의 기업이 전화거부등록소를 준수하고 있지만, 일부 기업은 법망을 피해 값싼 인터넷 전화를 이용해 해외로부터 광고 전화를 거부한 소비자들에게 전화를 걸기도 한다. 이런 홍보 전화는 최근 몇 년간 소비자들로부터 큰 불만을 샀다. 의료 데이터에도 이와 비슷한 서비스를 제공한다면, 마찬가지로 제도를 우회하는 기업도 있겠지만 법을 준수하는 기업들은 환자의 선택을 존중할 것이다.

고 주장한다. "그러기 위해서는 재식별화를 해야 하는데, 우리는 그렇게 할 수 없습니다"라고 아이엠에스의 개인 정보 보호 책임자 킴벌리 그레이는 페이션트 프라이버시 라이트 토론회에서 말했다.

나는 킴벌리 그레이가 무언가 잘못 알고 있는 것은 아닌지 의심했다. 데이터 채굴기업들은 항상 다양한 정보원으로부터 입수한 익명화된 환자 정보를 개별 상세 정보에 추가하고 있기 때문이다. 그 기술을 이용해 선택적 이탈 요청을 반영할 수 있지 않을까? 나는 그에 대한 대답을 알아보려고, 데이터 채굴기업이 서로 다른 약국, 의사, 검사기관으로부터 특정 환자에 관한 익명화된 파일을 받아서 그것을 다시 그 환자의 경시적 데이터 파일에 추가하는 작업을 어떻게 하는지, 그 드러나지 않은 실상을 알아보는 일에 착수했다. 그 기술은 놀라울 정도로 정교해서, 일부 사람들, 심지어는 몇몇 솔직한 데이터 채굴기업 관계자들까지도 갈수록 개인 정보 침해의 위험이 커지고 있으며 문제가 될 여지가 크다고 생각하고 있다.

9장

'익명화'는
얼마나 안전한가?

데이터 선구자

1950년대에 화학공학을 전공한 앨프리드 쿠엔Alfred Kuehn은 카네기 기술원Carnegie Institue of Technology의 대학원(현재의 카네기 멜런 대학교Carnegie Mellon University)에서 마케팅을 강의하기 시작했다. 그는 소비자의 구매 행동에 관심을 가지고 사람들이 어떻게 구매 결정을 내리는지 연구하고 있었다. 그는 빅데이터 이전 시대의 기준으로는 대규모로 기업 매출 정보를 조사했다. 1958년에 쓴 박사학위 논문에서 그는 시카고에서 거래된 냉동 농축 오렌지 주스 구매 내역 수천 건을 분석해서 사람들이 제품을 구입하는 데 가격 책정과 홍보가 어떤 영향을 끼치는지 알아보았다.*

쿠엔은 많은 자료를 분석하기 위해, 당시에는 너무나 귀해 대여비가 수백만 달러에 이르는 신기한 기계인 컴퓨터를 빌렸다. 그는 1956년부터 대형 회계법인의 컴퓨터를 빌렸다. 후에는 피

---

* Kuehn, "Analysis of the Dynamics of Consumer Behavior."

츠버그에 있는 베티스 원자력 연구소Bettis Atomic Power Laboratory의 컴퓨터를 빌렸는데, 이 연구소는 첫 원자력 잠수함뿐 아니라 첫 원자력 순양함과 항공기를 개발해 낸 곳이기도 했다. 그는 연구소에서 컴퓨터를 사용하지 않는 시간이라면 언제든 때를 가리지 않고 이용했는데, 그 시간이 주말 오전 2시부터 3시까지의 새벽 시간대였던 적도 자주 있었다.

쿠엔은 강의를 하는 한편, 1963년에는 매니지먼트 사이언스 어쏘시에이트Management Science Associates(이하 엠에스에이)를 설립해 제너럴 밀스General Mills(치리오Cheerios와 위티Wheaties 시리얼을 만든다.) 나 레버 브러더스Lever Brothers(유니레버Unilever의 일부로, 마가린, 펩소 덴트Pepsodent 치약, 비누, 세제 등을 생산한다.) 등의 소비재 회사들의 경영 자문을 했다. 엠에스에이는 디저트 토핑 재료인 쿨 휩Cool Whip(1966년)이나 클레롤 허벌 에센스Clairol Herbal Essence(1971년), 아침 식사용 시리얼 등 신제품 관련 데이터를 분석하는 일을 전문으로 했다. 나중에는 텔레비전 방송의 광고 시간대 배치에 관한 자문을 하는 것이 이 회사의 주력 사업이 되었다.

이 사업의 초창기부터 각 회사는 자사의 매출과 상품에 관한 비밀 데이터를 엠에스에이에 제공했다. 비록 디저트 토핑에 관한 정보였을 뿐이지만 여기에 수백만 달러의 매출이 달려 있었다. 그는 이미 1950년대부터 의료 데이터 관련 사업을 하고 있었는데, 이 부문은 1980년내 이우 이 회사의 수력 사업이 되었다. 예를 들어, 1992년에 엠에스에이는 유방 종양 세포 수를 집계하는 임상 실험에서 환자별 경시적 데이터를 분석했다. 이 모든 이력 덕분에 이 회사는 2000년대 들어서 영리적인 목적으로 익명화된 환자 정보를 이용하는 연구를 돕기에 적합한 회사로 알려졌다.

재식별화의 비밀

HIPAA에 규정된 보건의료 분야의 기관들은 의료 정보를 데이터 채굴기업에게 팔기 전에 자료를 익명화해야 한다. 이는 생년월일, 이름, 사회보장번호 등 18가지의 정보를 삭제하거나, 전문가로부터 재식별화의 위험성이 '매우 낮다'는 판정을 받아야 함을 뜻한다.

이 규정에 따라 개별 환자의 정보를 비식별화하는 것은 간단한 일이다. 데이터 채굴기업이 개인별 상세 정보를 축적하기 위해 풀어야 하는 진짜 문제는, 다수의 정보원으로부터 입수된 환자 수백만 명의 익명화된 정보를 분류해 개인별로 모으고, 지속적으로 축적해 나가는 것이다. 한 환자가 하루는 월그린에서 처방을 받고, 다른 날에는 씨브이에스에서 처방을 받을 수 있을 것이다. 그리고 직장을 바꾸어 새로운 보험사를 통해 진료비를 청구할 수도 있다.

이 문제를 해결하기 위한 것이 비식별화 엔진이라는 소프트웨어 프로그램인데, 데이터 채굴기업들이 여러 정보원으로부터 받은 익명화된 기록을 개인별로 분류할 수 있게 해 준다. 이 엔진들은 이름, 생일, 거주지 같은 식별자를, 예를 들면 재닛 윌리엄스Janet Williams, 37세, 네바다 주 리노Reno 출신이라는 정보를 "x5f7jj46sh8" 같은 코드로 치환한다. 새로운 처방전이 씨브이에스에서 오든 그 경쟁 약국 체인에서 오든, 이들이 동일한 비식별화 엔진을 사용한다면 그 소프트웨어는 재닛의 개인 식별자를 삭제하고 대신 "x5f7jj46sh8"라는 기호를 넣어 그 처방 정보가 동일한 코드를 가진 그녀의 다른 정보들과 합쳐질 수 있게 할 것이다.

2000년대 초에 HIPAA가 시행되어 규정이 엄격해지기 이전에, 데이터 채굴기업 아크라이트는 자사의 프로그램이 각 개인별로 고유한 식별자를 반복해 생성하는지 시험할 수 있었다. 이들은 생성된 고유 식별기호를 실명 상태의 환자 정보와 비교해 정확도가 얼마나 되는지 확인했다. 당시에 확인된 정확도는 99%였다고 아크라이트의 업무 최고 책임자인 프리츠 크리거는 말했다(오류가 발생한 사유는 일란성 쌍둥이이거나 치료비를 현금으로 지불한 경우 등이었다).

이 회사는 데이터를 아주 주의해 다루지 않으면 대중적인 반발을 야기할 수 있다는 사실을 아주 잘 알고 있었다. 크리거는 말했다. "우리가 걱정했던 이유는, 대중이 동요할 것이라는 사실 때문이 아니라, 대중의 동요가 저희와 거래하는 데이터 제공자들에게 영향을 끼칠 것이라는 점 때문이었습니다. 우리의 자료가 100% 익명화되어서, 이를테면 우리가 메인 스트리트에 사는 수지 큐Suzie Q라는 사람이 단순포진을 앓았다는 사실을 알아낼 방법이 전혀 없다고 대중에게 인식되기를 간절히 원했습니다."

아크라이트가 익명화된 개인별 상세 정보를 구축하려던 야심은 그 당시의 기술 수준을 고려했을 때 시기상조였던 것 같았고, 그 회사는 결국 몇 년 후에 사업을 접었다. "솔직히 우리는 그 일을 해내지 못했습니다." 아크라이트의 최고경영자였던 톰 러드램Tom Ludlam은 여러 해가 지난 뒤 회고했다. 동일인의 익명화된 데이터를 일관되게 분류해 내는 일을 현실에 적용하는 것이 초기의 실험을 통해 예상했던 것보다 훨씬 어렵다는 사실이 드러났다. "우리는 암호화된 데이터를 서로 연결해 맞추는 작업에서 높은 수준의 신뢰성과 재현성을 구현해 내지 못했고, 따라서 상업성 있는 제품을 만들지 못했습니다."

아크라이트가 실패한 이후인 2000년대 후반이 되어서야, 대량의 비식별화된 데이터를 보다 쉽게 다룰 수 있는 컴퓨터가 등장했다. "그 사이에 많은 연구가 이루어졌고, 더 많은 도구를 이용할 수 있게 되었습니다." 엠에스에이에서 기술 감독으로 비식별화 시스템 관련 업무를 담당하는 야니 셰드Jani Syed는 말했다. "그 이전에는 서버의 연산능력 제약 때문에 그런 작업이 불가능했습니다."

오늘날, 대형 약국 체인점은 매주 혹은 매월 정기적으로 피츠버그에 있는 엠에스에이의 컴퓨터로 정보를 전송한다. 엠에스에

이에서 수백만 개의 새로운 파일을 분석해 기존에 보유한 환자 자료와 연결하는 작업은 몇 시간이면 마무리된다. 이상적인 상황에서 각각의 처방 파일은 사회보장번호, 이름, 주소, 전화번호, 이메일 주소 등 개인 정보를 다수 포함하고 있다. 때로는 파일에 사회보장번호 같은 정보가 누락되어 있기도 한데, 그럴 경우 엠에스에이는 그 파일이 기존에 보유하고 있는 환자와 동일인일 가능성을 점수로 환산한다고 셰드는 설명했다. 때로는 엠에스에이가 오류를 구체적으로 살펴야 할 때도 있다. 리노에 거주하는 37세 "재닛 퀼리엄스Janet Qilliams"는 실제로 "x5f7jj46sh8"인데 이름에 오타가 있어서 오류가 생긴 것일 수 있다. 분석 과정이 완료되면 엠에스에이는 파일을 비식별화해서 익명화된 파일을 데이터 채굴기업에게 전송한다. 쿠엔은 말했다. "우리가 어떤 일을 하는지 설명하면, 사람들은 잠시 생각하다가 '그런데 그렇게 하는 것은 불법 아닌가요?' 하고 묻습니다. 저는 그들에게 '당신이 그렇게 한다면 법을 어기는 것입니다. 우리가 하는 것은 합법적인 행위입니다'라고 말합니다."

아이엠에스 아메리카의 전 사장으로, 2006년에 아이엠에스의 경시적 데이터 부문 진출을 선언했던 빌 넬리건Bill Nelligan에 의하면, 약국 등의 정보 제공자들에게 비식별화 소프트웨어를 설치하도록 설득하기까지는 상당한 노력이 필요했다고 한다. "약국들은 정보 제공 과정에서 혹여 법에 접촉되는 부분이 있을까 극도로 조심하기 때문에, 약국과 제휴할 때는 회사의 역량을 시연을

통해 보여 주곤 했습니다." 그가 말했다.[*]

컨설턴트로 머크에서 24년간 근무하고 아이엠에스의 자문을 지냈으며 심포니 헬스에서도 근무한 경력이 있는 마크 데가타노Mark Degatano에 의하면, 최근 아이엠에스 등의 데이터 채굴기업들은 엠에스에이 같은 비식별화 전문 기업을 거치지 않는다고 한다. 그들은 정보 제공자의 동의를 받아 자신들이 직접 개발한 비식별화 엔진을 제공자 측에 설치함으로써 이를 가능하게 했는데, 이는 장기적으로 보았을 때 환자들의 경시적 데이터를 보다 빠르고 값싸게 수집하기 위한 전략이었다.

"저는 아이엠에스에서 일했기 때문에, 아이엠에스의 비식별화 엔진이 정보 제공자가 보유하고 있는 환자의 개인 건강 정보를 재가공이 불가능한 아이엠에스 고유의 환자기호로 치환한다는 사실을 알고 있습니다." 데가타노는 말했다. "만약 비식별화 엔진을 모든 정보 제공자의 서버에 설치하고 모든 곳의 엔진이 동일한 알고리듬으로 연산한다면, 동일한 개인 건강 정보를 가진 자료는 동일한 아이엠에스 환자 기호를 부여받습니다."

---

[*] 아이엠에스의 Privacy Management 웹페이지에는 보다 상세한 과정이 나와 있다. "비식별화된, 혹은 익명의 정보를 만들어 내기 위해서는 데이터 처리 기술만이 아니라 통계학, 암호학, 법률, 개인 정보, 정보 보안 등 여러 방면의 기술과 전문성이 요구됩니다. 동시에 국내 의료 제도의 작동 방식과 그에 따른 데이터의 흐름도 알아야 합니다. 아이엠에스 헬스는 이런 기술과 전문성에 수십 년간의 경험을 더해 매일 수백만 건의 작업을 수행합니다." IMS Health, "privacy Management", 2015, 기록은 http://perma.cc/F24M-SDK9 참고.

사전에 익명화를 하면, 아이엠에스나 그 경쟁자인 심포니 헬스 등의 회사로 식별 가능한 상태의 데이터가 전송되지 않는다는 사실을 명확히 할 수 있다. "우리 손에 정보가 들어오지 않도록 세심하게 주의를 기울였습니다." 2000년부터 2006년까지 아이엠에스의 최고경영자를 지낸 데이비드 토머스는 설명했다. "우리는 정보를 가진 적이 없으니 그 정보를 유출할 일도 없는 것입니다. 당신이 식별 가능한 환자 데이터를 가지고 있지 않은 것으로 평판을 얻었고, 그것으로 먹고살고, 그것으로 기업을 운영하고 있다고 합시다. 그 원칙이 깨진다면 그 사업은 심각한 위기에 빠질 것입니다. 제가 당신이라면 그 원칙을 절대로 깨지 않을 것입니다."

아이엠에스의 다른 전직 고위 관계자들도 이와 비슷한 말을 했고, 경쟁사인 심포니 헬스의 관계자들도 마찬가지였다. 심포니 헬스의 마케팅 및 상품개발부 선임 부사장이자 이전에 아이엠에스에서도 근무한 적 있는 돈 오터바인Don Otterbein은 데이터의 익명화에 유의하고 있다는 점에서 같은 입장을 피력했다. "우리 회사에는 모든 사업, 모든 데이디 세트, 모든 계약을 검토해서 재식별화의 가능성을 차단하는 업무만을 하는 팀이 있습니다. 따라서 저는 사람들이 이 문제를 걱정하지 않아도 된다고 생각합니다. 설사 누군가 해킹하더라도, 입수한 자료를 실명의 개인과 연결할 만한 정보가 존재하지 않습니다. … 재식별화의 가능성은 극히 적다고 생각합니다."

재식별화

　그런 다짐에도 불구하고, 익명화된 환자 파일을 대량 수집해서 개인별 경시적 상세 정보로 만들어 낼 수 있게 한 바로 그 컴퓨터 기술 때문에 파일들을 재식별화할 가능성이 점차 커지고 있다고 많은 데이터 과학자와 의료 전문가는 말한다. "비식별화에 이용되는 기술을 재식별화에 이용하는 것을 막기는 매우 어렵습니다." 앞에 언급했던 하버드대 의과대학의 강사이자 RTI 인터내셔널의 전문가인 조너선 월드가 말했다. 그는 환자가 희귀한 질병을 앓고 있고, 거기에 환자의 정보 한두 가지만 있으면 쉽게 재식별화할 수 있다고 했다. "온라인상에 공개되어 있는 데이터의 양이 갈수록 증가하고, 이를 연산할 분석 엔진이 점차 강해지고 있어서 갈수록 쉬워지고 있습니다. 어떤 개인이나 단체가 문제를 풀고자 마음먹고 자원을 투여하면, 많은 경우 성공할 것으로 보입니다."

　환자 정보 비식별화 기술의 중심에 있는 엠에스에이의 셰드에게 위험성이 어느 정도나 되는지 물어보았다. 그의 솔직한 대답은 나를 놀라게 했다. "빅데이터 시대에 개인 정보 보호는 항상 문제가 됩니다." 그가 덧붙였다. "당신이 무엇을 하든, 데이터를 철저히 숨긴다고 해도, 충분한 양의 데이터만 있다면 특정인의 정보를 알아내는 것은 항상 가능합니다. 그리 어려운 일이 아닙니다."

　누군가가 그런 기술을 이용해 그나 그의 가족을 곤란에 처하게 만들지 않을지 걱정되지 않느냐고 그에게 물었다. "물론이

지요. 걱정됩니다." 그는 말했다. "나의 모든 전자 데이터를 추적할 수 있다면, 내가 여러 의료기관에서 치료를 받고 있는지, 내가 어떤 병을 앓고 있는지 알아낼 수 있습니다. … 내가 누구인지를 알아낼 방법은 항상 있습니다."

이 위험은 이론상으로만 존재하는 것이 아니다. 익명화 기술의 상당 부분이 실제로 깨질 수 있음을 증명하는 것으로 경력을 쌓은 학자가 있다. 2011년에 대법원이 의사별 정보에 관한 '아이엠에스 헬스 대 소렐' 사건을 심의했을 때, 라타냐 스위니Latanya Sweeney는 기업들이 환자의 데이터를 비식별화하는 과정에 대한 외부의 감시가 거의 없다는, 장차 대두될 중요한 쟁점을 지적하는 보고서를 제출했다. 이 컴퓨터 과학자는 의료 정보가 광범위하게 수집되고 있는 현실이 환자의 프라이버시에 위협이 되고 있다고 주장했다. 하지만 그녀의 주장은 대법원의 판결에 거의 영향을 끼치지 못했고, 대법원은 데이터 채굴기업들이 의사별로 처방 내역에 관한 상세 정보를 집계할 권리를 인정했다. 그러나 그녀의 보고서는 이후 벌어질 논쟁 과정에 지속적으로 영향을 끼쳤다.

하버드 대학교 데이터 프라이버시 연구소의 설립자인 스위니는 법원에 제출한 두 건의 보고서를 통해, 1990년대에 제정된 개인 정보 보호 규정은 컴퓨터의 연산력이 강화된 오늘날에 적용하기에는 충분하지 않다고 주장했다. "아이엠에스의 비식별화 과징은 외부의 감시를 받지 않고 있으며, 그것에 관해 구체적으로 설명하는 공개된 문서도 없습니다. 그리고 이 과정에 대해 공개되어 있는 사실들은 환자 정보가 재식별화에 취약하다는 것을 드러내고 있습니다. … 우리 사회에서 수집되는 개인 정보의 양이 폭발적으로 증가하고 있으며, 이는 HIPAA에 따른 1990년대식의 보호조치를 위협하고 있습니다. 그럼에도 아이엠에스는 개인 정보를 덜 침해하는 접근법을 채택할 의사를 전혀 보이지 않고 있습니다."*

스위니는 데이터 채굴기업들에게 눈엣가시와 같은 존재가 된 지 오래다. 그녀는 미국의 대표적인 재식별화 전문가일 뿐 아니라, 비판자들도 무장해제시키는 쾌활한 성격의 설득력 있는 대중 연설가다. 그녀는 메사추세츠 공과대학MIT에서 전산학 박사 학위를 딴 첫 흑인 여성이며, 2014년에는 미국 연방통상위원회US Federal Trade Commission의 수석 기술관으로 일했다. 그녀는 자신이

---

* 스위니의 보고서는 환자 데이터 비식별화 프로그램을 제공하는 프라이버시 애널리틱스Privacy Analytics의 설립자 칼레드 엘 에맘Khaled El Emam의 결론에 이의를 제기하는 내용이다. 엘 에맘은 제대로 익명화한 데이터는 재식별화될 위험성이 매우 낮다고 주장한다. 2012년에 열린 한 컨퍼런스에서 저자는 자사 소프트웨어의 성능을 자랑하는 프라이버시 애널리틱스의 임원을 만났는데, 그녀는 그 소프트웨어를 하버드 대학교 양적사회과학연구소Institute for Quantitative Social Science에 보내 취약성을 검증하자는 저자의 거듭된 제안을 거절했다. 아이엠에스 헬스는 이 회사의 실적이 인상적이라고 생각했는지, 2016년에 이 회사를 인수했다. (IMS Health, "IMS Health Acquires privacy Analytics, Advancing Real-World Evidence Technology to Drive R&D and Commercial Performance," press release, May 25, 2016 참고, 기록은 https://perma.cc/Y3PD-J87E 참고.) Latanya Sweeney의 보고서는 "Patient privacy Risks in U.S. Supreme Court Case Sorrell v. IMS Health Inc., Response to Amici Brief of El Emam and Yakowitz," working paper 1027-1015B, Data privacy Lab, Harvard University, Cambridge, MA, 2011 참고. 기록은 http://perma.cc/UR5K-JXZE 참고.

교수로 재직하고 있는 하버드 대학교에 내가 연구원으로 근무할 수 있도록 후원해 주었고, 이 부문에 눈뜨게 해 줌으로써 내가 이 책과 바로 전에 출간한 책을 저술하는 데도 영향을 끼쳤다.

그녀가 처음으로 여론의 주목을 받은 것은 1997년이었는데, MIT 대학원생이었던 그녀는 매사추세츠 주 보험업위원회Massachusetts Group Insurance Commission가 널리 공개한 주정부 공무원과 그 가족의 의료보험 기록을 분석했다. 주정부 공무원들의 의료보험자인 그 위원회는 이름은 삭제했지만 생년월일과 자택 우편번호, 성별 정보는 남겨 둔 상태로 자료를 공개했다. 그 기록을 주지사인 윌리엄 웰드William Weld가 거주하는 케임브리지 지역의 선거인 명부와 연결해서 확인한 결과, 스위니는 주지사의 정보를 특정해 낼 수 있었고, 이에 대해 주지사가 공개적으로 불쾌감을 표했다. 그녀는 분석자라면 생년월일, 우편번호, 성별 정보만 가지고도 전체 미국인 가운데 최대 87.1%의 신상 정보를 알아낼 수 있을 것이라고 산출했다.*

---

* Sweeney, "Uniqueness of Simple Demographics in the U.S. Population." 후에 다른 저자는 우편번호, 성별, 생년월일을 가지고 신상 정보가 파악되는 사람의 비율을 보다 낮은 수치인 63%로 산출했다. Philippe Golle, "Revisiting the Uniqueness of Simple Demographics in the US Population", in WPES '06 Proceedings of the 5th ACM Workshop on privacy in Electronic Society (New York: Association for Computing Machinery, 2006), 77-80 참고. 저자는 스위니가 그의 개인 정보를 밝혀낸 것과 관련해 질문하고자 윌리엄 웰드와 너뎌 차례 접촉을 시도했으나, 그는 아무 반응노 보이지 않았다.

1998년에 한 지역 신문이 일리노이 주의 신경아세포종 neuroblastama(주로 5세 미만의 소아에게서 발병하는 뇌종양의 한 종류) 환자들의 증례에 관한 문서를 입수했는데, 스위니는 익명화된 그 문서에 있는 22명의 소아 환자 중 20명의 신상을 재식별화해 낼 수 있었다. 그녀는 진단 검사와 치료 경과를 살펴보고, 그것을 병원의 퇴원 자료와 일반에 공개된 기록들과 결합했다. 일리노이 주 법원은 스위니 같은 최고의 전산학 전문가들만이 재식별화를 해낼 수 있을 것이라 판단했고, 따라서 그녀에게 그 기술을 다른 사람들과 공유하는 것을 금지하는 판결을 내렸다.[*] 스위니는 공식적으로 자신을 천재라고 인정해 주는 이 판결을 받아들이는 대신, 자신은 간단한 작업을 했을 뿐이라고 했다. "오늘날에는 수많은 데이터가 촘촘하게 연결되어 있기에, 고등학생이라도 인터넷에 공개되어 있는 정보를 이용해 한 시간 이내에 자료를 재식별화할 수 있습니다."[**]

2011년에 그녀는 퍼스널 게놈 프로젝트Personal Genome Project에서 공개한 자료를 분석했다. 연구자들의 학술 연구를 지원할 목적으로 수행된 이 연구에서, 자원자들은 자신의 게놈과 병력, 기본적인 인구학적 정보 등 개인의 구체적인 정보를 제공하

---

[*] 판결은 Southern Illinoisan v. Dept. of Public Health, 349 Ill. App.3d 431 (Ill. App. Ct. 2004) 재판에서 내려졌으며, 2006년 2월 2일에는 일리노이주 내법원에서 확정되었다. 이에 대한 기록은 http://perma.cc/6ZAB-9XVT 참고.

[**] Sweeney, "Patient privacy Risks."

고, 이 모든 정보는 공개된다. 일부 참여자는 과거에 복용한 약 내역, 아동 학대 경험 여부, 낙태, 알코올 중독, 정신건강 문제도 공개했다. 데이터 중개 기업으로부터 입수한 579명의 정보에 있는 생년월일과 우편번호, 성별을 근거로, 그녀는 이들 중 84~97%에 이르는 참여자의 신상 정보를 찾아냈다.* 이 세 가지 정보가 얼마나 큰 위력을 가질 수 있는지 알리려고 스위니는 aboutmyinfo.org라는 웹사이트를 개설했다. 이 웹사이트에서 사람들은 생년월일, 성별, 우편번호를 입력하고 자신과 동일한 조건을 가진 사람이 몇 명이나 있는지 조회해 볼 수 있다.

스위니의 실험을 비판하는 사람들의 반응은 일리노이 주 법원이 보인 반응(그래, 일부 예외적인 전문가들은 익명화된 정보로부터 환자를 재식별화해 낼 수 있을지 몰라도, 일반인은 그녀의 기술을 흉내 낼 수 없을 것이다.)과 대체로 같았다. 전산학이나 암호학, 수학에 전문적인 식견이 없는 사람도 성공할 수 있지 않을까 궁금해서 나는 퍼스널 게놈 프로젝트 대상 중 특히 긴 병력을 가진 세 명을 선택해 이들의 정보를 기존에 공개되어 있는 데이터베이스와 맞추어 보았다. 이렇게 하는 것만으로도 나는 재식별화하고자 했던 두 명의 여성과 한 명의 남성의 신원을 찾아낼 수 있었다. 나는 그들에게 전화를 걸었는데, 놀란 그 자원자들은 자신이 퍼스

---

* Sweeney et al., "Identifying Participants in the Personal Genome Project by Name."

널 게놈 프로젝트에 참여했음을 확인해 주었다.[*] 그 이후, 다른
연구자들도 다른 공개 게시판에 게시된 다른 게놈 데이터의 취
약성을 증명했다.[**]

매번 탈출하기 더 어려운 장치로부터 탈출하는 묘기를 보여
준 유명 마술사 후디니Houdini처럼, 스위니는 의료 정보를 공개
하는 주들 중 하나인 워싱턴 주가 공개한 의료 정보를 분석하
는 새로운 실험에 착수했다. 이번 작업의 특징은, 파일 내용에 생
년월일 대신 환자의 나이가 연월 단위만 기록되어 있어서, 윌리
엄 웰드 재식별화 건에 비해 자료의 정확성이 떨어진다는 것이

---

[*] 나의 소박한 재식별화 실험은 2014년에 출간된 《베가스에는 무엇이 있나?》, 106-7에
기록되어 있다.

[**] 예를 들어, 2015년의 한 연구는 23andMe가 염기 서열 분석하고 openSNP라
는 공유 사이트에 게시한 정보를 이용해, 분석을 시도한 표본 사용자 중 약 4분의
1을 재식별해 냈다. "게놈 연구가 진전됨에 따라 재식별의 위험성은 계속 증가할 것
이고, 이는 게놈 데이터 세트로 참여한 자원자들의 유전 정보 안전성에 심각한 문제
가 있음을 드러낸다"고 논문은 결론짓는다. "한 개인의 게놈 데이터가 공개되면, 그
사람의 가까운 친족들의 게놈 정보도 함께 위협받게 된다는 사실을 기억해야 한다."
Mathias Humbert, Kevin Huguenin, Joachim Hugonot, Erman Ayday, and Jean
Pierre Hubaux, "De-anonymizing Genomic Databases Using Phenotypic Traits",
Proceedings on privacy Enhancing Technologies 2 (2015): 99-114 참고, 기록은
https://perma.cc/GK5E-DC8G 참고. 재식별화 사례가 발표된 이후, 연구자들은 개
인 정보 보호를 강화할 방법을 모색했지만, 번번이 새로운 취약점이 드러났다. 2015년
의 한 연구에 따르면, 1,000명의 정보가 있는 데이터베이스에서 '예, 아니요'로 답을 들
을 수 있는 질문만을 던질 수 있도록 조건 지어신 경우에조차, 일부 참가자의 신원을
파악해 내는 것이 가능했다. Suyash Shringarpure and Carlos Bustamante, "privacy
Risks from Genomic Data-Sharing Beacons", *American Journal of Human
Genetics* 97 (November 5, 2015): 631-646, doi: 10.1016/j.ajhg.2015.09.010 참고.

었다.[*] 그녀는 워싱턴 주에서 공개한 의료 정보 81건을 "입원하다"라는 단어가 들어 있는 뉴스 기사와 맞추어 보았다. 기사들은 주로 자동차 사고나 폭행 사건, 혹은 유명 인사의 입원 소식을 전하는 것들이었다. 그녀는 그중 43%에 해당하는 35건을 재식별화할 수 있었다.

그녀가 보스턴 시에서 운영하는 자전거 공유 프로그램 허브웨이Hubway 참여자들의 비식별화되어 있는 정보를 재식별화했다는 설명을 들은 한 공무원이 보인 불쾌한 반응은 나도 직접 목격했다. 2012년에 데이터 시각화 컨테스트의 일환으로, 허브웨이는 500만 건의 자전거 이용 정보를 공개했다. 스위니는 이 컨테스트에 참가해 트위터 등 SNS에 올라온 정보를 이용해 비식별화되어 있는 자전거 이용자 정보의 재식별화를 시도했다.[**] 보스턴의 대도시계획위원회Metropolitan Area Planning Council 데이터 서비스 책임자였던 홀리 클레어Holly St. Clair는 이 자료가 재식별화에 취약할 것이라고는 전혀 생각하지 못하고 있었다. 그녀는 이 컨테스트가 자전거 공유 프로그램의 이용을 증가시킬 것으로 기대했다. "제출하신 결과물을 보고 우리는 모두 경악했습니다."

---

[*] Sweeney, "Matching Known Patients to Health Records in Washington State Data."

[**] 허브웨이 컨테스트는 Hubway Data Visualization Challenge"에 있다. 기록은 http://perma.cc/64B3-V6EU 참고. 스위니는 컨테스트 응모에 관해 "About My Ride"에 설명하고 있다. 기록은 http://perma.cc/Y3SM-4TA7 참고.

그녀가 스위니에게 말했다. "이것 때문에 경연대회가 거의 중단될 뻔했습니다."

이들은 상당히 전형적인 반응을 보였다. 보건의료 분야의 많은 인사들은 스위니가 그 분야의 기업들을 향해 끊임없이 돌을 던지고 있다고 여겨 그녀를 경계한다. "재식별화는 매우 파괴적인 결과를 가져옵니다." 스위니는 내게 말했다. "저는 그 영향을 덜 충격적인 방법으로 전하려 했고, 그들의 일정에 맞추어서 협업하려 여러 차례 시도했지만, 모두 실패했습니다. 그들은 시간을 전혀 내주지 않았습니다. 보건의료계에 있는 많은 이들은 저나 다른 사람들이 제안한 해결책들을 고의로 무시하고 있는 듯이 보입니다. 대신에 이들은 양자택일의 선택을 강요하고 있습니다. 그런 방식으로 해야만 할 이유가 없습니다."*

인구학적 정보가 없는 정보의 재식별화

데이터 채굴기업들은 자신들이 HIPAA의 기준에 맞추어 의료 정보를 익명화하고 있으며, 이는 스위니가 깬 익명 파일보다 더 강한 수준의 개인 정보 보호를 하고 있다고 강조한다. 예를 들

---

* 건강 정보의 공유를 개선할 방법은 Sweeney et al., "Sharing Sensitive Data with Confidence"에 간략하게 설명되어 있다.

어, 미국 법은 우편번호를 세 자리까지만 공개하도록 제한하고 있으며, 또한 생년월일이 아니라 태어난 연도만을 공개하도록 규정하고 있다. 이들의 주장은 맞는 말이지만, 익명화된 개인의 상세한 경시적 정보가 다른 데이터들과 연결되어 분석될 때 신상 정보가 드러나는 것에 취약하다는 사실을 간과하고 있다.

재실명화에 성공한 최근의 몇몇 사례는 이런 취약점을 잘 드러낸다. 한 사례로,《뉴욕타임스》의 기자 두 명은 65만 7,000명의 익명화된 인터넷 사용자 중에서 특정 여성을 재식별해 냈는데, 이들은 아메리카온라인이 공개한 2,000만 건의 검색 정보를 분석하는 방법을 썼다.* 그 여성이 인터넷에서 검색한 내역만으로도 그 신원을 파악하는 데 실마리가 되었던 것이다. 다른 사례는 대학원생인 아빈드 나라야난Arvind Narayanan이 지도교수의 도움을 받아 진행한 연구인데, 넷플릭스가 공개하고 있는 정보인 개인별 동영상 시청 이력을 영화 웹사이트 IMBD에 게시된 영화평 목록과 비교해 익명의 사용자 50만 명 가운데 특정인을 구분해 낼 수 있다는 사실을 보여 주었다.**

"익명화된 정보에 대한 전통적인 생각 중 상당 부분은 아주 큰 모집단 속에 숨을 수 있다는 기대에 근거해 있었다"고 현재

---

* Barbaro and Zeller, "A Face Is Exposed for AOL Searcher No. 4417749."

** Narayanan and Shmatikov, "Robust De-Anonymization of Large Sparse Datasets."

는 프린스턴 대학교의 전산학과 교수가 된 나라야난이 블로그에 썼다. "오늘날에는 강화된 연산력에 의해 그런 가정이 완전히 깨졌다. 어떤 악의를 가진 사람이 충분한 정보를 가지고 있다면 데이터베이스에 목표물과 관련 있는 정보를 있는 대로 입력해 관련성이 가장 큰 자료들을 추려 내기만 하면 될 정도로 쉬운 일이다."*

익명화되어 있는 택시 이용 정보조차 민감한 정보가 될 만한 정보를 포함하고 있을 수 있으며, 재식별화할 수 있다. 2013년에 뉴욕 시의 택시 및 리무진 위원회가 정보 공개 요구에 따라 소속 택시들이 이동한 GPS 자료 1년분을 공개한 일이 있다. 호주의 정보학자 앤서니 토카Anthony Tockar는 익명화되어 있는 이 자료에서 특정 개인들의 이용 내역을 뽑아내는 것이 어렵지 않음을 보여 주었다. 그는 인터넷에서 "2013년 맨해튼 택시를 탄 유명인사"를 검색해 배우 브래들리 쿠퍼Bradley Cooper와 제시카 알바Jessica Alba(영화《미트 페어런츠 3Little Fockers》에서 제약회사 영업사원으로 분했다)의 사진을 찾아냈다. 그는 그 정보를 바탕으로 이들이 이동한 정확한 경로와 택시요금을 알아낼 수 있었다. 《포브스》가 2015년에 2억 달러의 수입을 올린 것으로 추정한 제시카 알

---

* Arvind Narayanan, "About 33 Bits", *33 Bits of Entropy* (blog), 기록은 http://perma.cc/4N7H-GP4S 참고. 이 사이트 이름은, 세계의 인구 66억 명 중 한 사람을 식별해 내는 것은 단 33비트의 정보만 있으면 가능하다는 의미를 담았다고 한다.

바는 택시 기사에게 팁도 주지 않았다고 한다. 그는 자정에서 새벽 6시 사이에 퇴폐업소 앞에서 출발한 택시들의 목적지를 추적할 수 있었고, 롱아일랜드나 뉴저지 등지의 특정 주소지까지 파악한 경우도 많았다.

GPS 정보는 누군가가 임신중절을 하거나 항암 치료 등 민감한 치료를 받아야 하는 장소에 갔는지에 관한 정보도 드러낼 수 있다. 만약 환자가 운전해서 어디론가 이동하면, 데이터 거래자들은 판매되고 있는 자동차 번호판 사진 정보를 이용해서 그 차량의 위치 정보를 파악할 수도 있다. 몇 년 전에 나는 한 데이터 중개업자로부터 얻은 자료에서 친척의 자동차 번호를 (본인의 동의를 받고) 찾아보았는데, 그 차가 어떤 병원 주차장에 세워져 있었던 날짜와 시간을 알아낼 수 있었다.[*] 마찬가지로, 트위터에 올린 글을 통해 글을 올린 사람이 그 시점에 어디에 있었는지 위치를 파악할 수 있고, 이를 재식별화의 실마리로 이용할 수 있다.

"분명 개인을 보호하기 위해서는 현재의 관행이 바뀌어야만 한다." 토카는 결론지었다. "바꿔 말하자면, 개인 정보를 보호할 능력도 없으면서 시민과 소비자의 데이터를 이용하는 것이 당사자들에게 공정한 처사인가?"[**]

---

[*] Tanner, "Data Brokers Are Now Selling Your Car's Location For $10 Online."
[**] Anthony Tockar, "Riding with the Stars: Passenger privacy in the NYC Taxicab Dataset", *Neustar Research* (blog), 기록은 https://perma.cc/B9BT-7JQD 참고.

서로 다른 정보원에서 입수한 정보들을 결합하면, HIPAA 기준에 맞게 비식별화된 의료 정보라도 재식별화하는 것이 가능하다. 예를 들면, 경시적 데이터에 나이 46세인 환자가 병원 두 곳에서 치료받고 있는데, 한 곳은 환자의 집에서 가까운 곳에 있고, 다른 한 곳은 미국 대륙 반대편에 있는 별장 가까이에 있다는 사실을 보여 줄 수도 있다. 의료 정보는 키, 몸무게, 알레르기 등을 포함하고 있는데, 이 정보를 재식별화 과정에서 실명 후보자의 범위를 더욱 줄이는 데 이용할 수 있다. 특정한 질병이나 여러 질병을 동시에 앓고 있으면, 그 사람은 여러 조건에 맞는 유일한 사람이 되고, 결국 신원을 파악할 수 있게 된다. 사람들은 휴대폰, 자동차, 건강 관련 앱이나 기기를 통해 제공하는 위치정보라든지, 인터넷 검색 내역, 구매 내역 등 여러 정보를 계속 만들어 내고 있기에, 익명화되어 있는 개인의 자료를 재식별화할 가능성은 갈수록 커진다.

스웨덴의 국립데이터서비스연구소Swedish National Data Service Institute의 임원 막스 펫쏠드Max Petzold는 연구자들에게 공개된 스웨덴의 의료 정보를 이용하면 HIV나 다른 특정 질병을 앓고 있는 환자의 개인 신상을 쉽게 알아낼 수 있다고 말했다. "문제가 터지는 것은 시간문제입니다. 연구자들은 매우 민감한 정보에 접근할 수 있기 때문입니다." 그는 말했다.

"저는 데이터 남용의 알려진 사례가 없다는 사실이 오히려 놀랍습니다." 그는 말을 이었다. "저의 경우만 해도, 저는 스웨덴의 모든 HIV 환자의 정보를 다루고 있습니다. 물론 하지는 않았지만, 하고자 한다면 저는 그 정보에서 개인을 식별해 낼 수 있을 것입니다. 특히 다른 데이터와 결합하는 경우예요."

또한, 연구자들은 인터넷의 다른 사이트에 공개된 나이나 거주하는 주와 같은 몇 가지 실마리만 있으면 이를 DNA 정보와 결합해 개인의 신상을 파악할 수 있다는 것을 보여 주기도 했다.[*] 2013년에 이 연결성을 보여 준 논문을 쓴 저자 가운데 한 명인 야니브 에를리흐Yaniv Erlich는 과학 실험의 어떤 부문에서 그런 일이 일어날 가능성이 큰지 연구자들이 명확하게 밝히라고 촉구했다. "피실험자들로부터 받는 동의서 양식에 재식별화의 위험이 있다는 사실이 포함되어야 한다는 데 의견이 모아지고 있습니다." 그는 말했다.

그는 퍼스널 게놈 프로젝트를 진행할 때, 자원하는 피실험자들에게 위험성을 분명하게 경고했던 것을 사례로 들었다. 하버드 대학교의 유전학자로 이 사업을 이끌고 있는 조지 처치George Church는 이름이나 다른 유용한 식별자를 포함하지 않는 데이터라 해도 익명성을 보장할 수 없다고 한다. 처치는 학과에서 무기명으로 시행하는 설문조사에 응답할 때면, 어차피 응답자가 누구인지 알아낼 수 있다면서 설문지 상단에 자신의 이름을 적

---

[*] Gymrek et al., "Identifying Personal Genomes by Surname Inference", 321.

는다. "의학 연구에서도 마찬가지입니다. 특히 당신의 유전자, 생활환경, 형질에 관해 깊이 연구할수록 취약해집니다." 그가 말했다. "데이터의 어느 부분이든, 아무리 작은 일부분이라 해도 식별을 가능하게 해 줍니다. 공유할 의도로 데이터를 모으는 경우, 데이터를 안전하게 보호하겠다는 약속은 모두 거짓입니다. 그런데 거의 대부분 이에 해당됩니다."

2008년에 제정된 미국 유전자 정보 차별 금지법US Genetic Information Nondiscrimination Act은 DNA 차이를 근거로 한 차별을 금지하고 있지만, 이 민감한 문제를 둘러싼 긴장이 아직도 높은 것이 현실이다. 유전 정보는 한 개인의 얼굴과 마찬가지로 기본적인 개인 식별자인 동시에, 의학 발전을 획기적으로 이루어 낼 가능성이 있는 소재이기도 하다. 2014년도의 한 백악관 보고서가 그 개요를 담고 있다. "예측의학predictive medicine을 통해 밝혀진다고 하는 정보는 개인의 위험 요인이 되는 데서 그치지 않으며, 유사한 유전자를 지닌 다른 사람들, 검사자의 자녀와 장차 태어날 후손에게도 위험 요인이 될 것이다. 유전체 정보와 치료 정보가 연결되는 지점에 있는 검체은행Bio-repositories은 의료 연구 및 치료 부문에서 개인 정보 보호에 관한 중요한 쟁점들이 첨예하게 드러나는 대표적인 영역이다."*

---

* Executive Office of the President, *Big Data*, 23.

일반적으로, 사람들은 자신의 은밀한 정보가 공개되었다는 사실을 아는 것만으로도 상처받을 수 있다. "한 여성의 누드 사진이 본인의 동의 없이 인터넷에 업로드되면, 그 사진에 그녀의 이름이 없고 그녀가 절대로 만날 일 없는 다른 나라 사람만이 그것을 다운로드 받는다 해도," 시카고 제7순회재판구역의 항소법원 판사 리처드 포스너Richard Posner는 2004년에 낙태와 관련된 판결문에 적시했다. "그녀는 여전히 자신의 사생활이 침해되었다고 느낄 것이다. 만기 임신중절 기록에 포함된 은밀하고 구체적인 정보가 누설되면, 여성에게 이와 유사한 상처를 입힐 수 있다. 설사 해당 의료 정보를 통해 환자의 신원이 드러날 가능성이 없더라도 사생활의 침해가 있었다고 할 수 있다."*

기밀의 침해

외부인이 익명화된 파일을 다시 식별화하는 또 다른 방법은, 해커나 정보 도둑들이 최근에 불법으로 입수한 민감 정보 파일들과 익명 정보를 상호 참조하는 것이다. 불행하게도, 진료 파일

---

* Seventh Circuit in Northwestern Memorial Hospital v. Ashcroft, 362 F.3d 923 (7th Cir. 2004) 45 C.F.R. § 164.502(d)(2), decision. 기록은 http://perma.cc/CC5R-PFVT 참고.

에 있는 당신의 상세 정보는 이미 인터넷이나 해커들 사이에서 유통되고 있을 수 있다. 나는 이미 그런 일이 있을 수 있다는 사실을 개인적으로 경험한 바 있다. 의료보험사와 의료기관 해킹으로 정보가 유출된 수백만 명의 피해자 가운데 나도 포함되었다는 고지를 받았다. 미국 보건사회복지부는 2009년부터 2016년 상반기 사이에 500명 이상의 정보가 유출된 사건이 1,300건 이상 발생했다고 밝혔다. 정보 유출로 인해 총 1억 7,000만 건 이상의 환자 파일이 유출되었고, 거의 매주 새로운 유출 사건이 발생하고 있다.*

일부 유출 사건은 그 규모가 놀라울 정도로 크다. 2015년 1월, 프리메라 블루 크로스Premera Blue Cross사는 해커들의 공격으로 약 1,100만 명의 사용자 정보가 유출되었다는 사실을 발표했다. 이 사고로 "이름, 생년월일, 이메일 주소, 자택 주소, 전화번호, 사회보장번호, 회원번호, 은행 계좌번호, 그리고 의료 정보를 포함한 보험 청구 정보"가 유출되었다.

그로부터 몇 주 후, 앤섬은 블루 크로스 블루 실드 보험에 가입된 7,880만 명의 개인 정보를 도난당했다는 사실을 발표했다.

---

* 최근의 의료 데이터 유출에 관해서는 다음 참고. US Department of Health and Human Services Office for Civil Rights, "Breaches Affecting 500 or More Individuals", in *Breach Portal: Notice to the Secretary of HHS Breach of Unsecured Protected Health Information*, 2016년 2월 3일 접속, https://ocrportal.hhs.gov/ocr/breach/breach_report.jsf.

해커들은 개인 정보, 고용 정보, 사회보장번호를 가져갔지만 의료 정보는 가져가지 않았다고 한다(이 사건의 피해자 중 상당수는 아이엠에스 헬스의 직원이었다). 누군가의 개인 정보 중 일부만 입수했더라도, 유출된 정보는 범죄자들에 의해 의료 정보를 재식별화하는 등의 범죄나 장난에 이용될 수 있다. 앤섬의 유출 사건 이후, 범죄자들이 피해자의 명의로 세금 환급을 청구하고, 통장에서 예금을 인출하고, 신용카드를 발행받거나 대출을 받았다는 등 피해를 주장하는 사람들의 소송이 제기되었다.*

매사추세츠 주에 사는 의사 게리 라스네스키Gary Lasneski도 여러 피해자 중 한 사람이었다. 자신의 정보가 유출되었다는 사실을 안 지 얼마 지나지 않아, 국세청으로부터 어떤 사기꾼이 그의 명의로 소득 신고를 한 것으로 의심된다는 메일을 받았다. 처음에 그는 그 소식을 대수롭지 않게 생각했다. "저는 매년 세금을 내기 때문에 '좋아. 저들이 소득 신고를 했으니, 세금도 내겠지'라고 생각했습니다." 그러나 가볍게 여길 일이 아닌 것이, 범죄자들이 소득 신고를 하는 이유는 세금 환급을 노리는 것이기 때문이다. 얼마 지나지 않아 누군가가 그의 개인 정보를 이용해 베스트바이Best Buy, 오피스디포Office Depot, 캐피털원Capital One에 불법 계좌를 개설하려고 시도했다. 그는 후에 앤섬을 상대로 한 집단

---

* Anthem, Inc. Data Breach Litigation, U.S. District Court, Northern District of California, San Jose Division, case 15-md-02617 LHK.

소송에 참여했다.

업계 내부의 실상은 대중이 인지하는 것보다 더 심각하다. 예를 들면, 환자들이 의료 기록을 보관, 관리하는 웹사이트 마이크로소프트 헬스볼트Microsoft HealthVault에 해커들의 침입 시도가 계속되고 있다고, 이 서비스를 총괄했던 숀 놀런Sean Nolan은 말했다. "공격은 대부분 해외에서 시도되는데, 대체로 매우 상투적이고 기술 수준이 낮습니다." 그는 말했다. "이들은 좀비 PC를 경유해 잘 알려져 있는 경로로 정보를 빼내려 합니다."

누군가의 상세한 의료 기록을 바탕으로, 보험에 가입되어 있지 않은 자들이나 도망 중인 범죄자 혹은 불법체류자가 무료로 진료를 받거나 약 처방을 받을 수도 있다.* 한 보고에 의하면 2014년에 미국에서 신원을 도용한 진료로 230만 명이 피해를 입었는데, 이는 그 전년도보다 22% 증가한 수치다.** 이렇게 증가된 이유 중 하나는, 범죄자들이 해킹한 자료를 거래하는 "어둠의 경로"의 수요와 공급 균형에 변화가 있었기 때문이라고 한다. 훔친 신용카드의 공급 과잉으로 정보 절도범에게 의료 정보가 상대적으로 더 많은 수익을 올려 주게 된 것이다. 아르에스에이RSA라는 보안회사가 공개한 다음의 게시물은 지하시장의 현실을 보

---

* 더 자세한 내용은 Camp and Johnson, *The Economics of Financial and Medical Identity Theft*, 64 참조.
** Ponemon Institute, *Fifth Annual Study on Medical Identity Theft*, 8.

여 준다. "당신은 이 정보를 일반 사기에 이용할 수도 있고, 건강 보험 상품에 가입해서 그 혜택을 온전히 누릴 수도 있습니다."

또한, 해커들은 의무 기록의 통제권을 장악하고는 이를 인질 삼아 돈을 요구해서 받아내기도 했다. 예를 들면, 2016년에 로스앤젤레스에 있는 할리우드 장로교 메디컬센터Hollywood Presbyterian Medical Center의 서버가 악성코드에 감염되어서 병원의 의무 기록을 열람할 수 없게 되었는데, 병원 측은 그 상태를 풀 암호화키를 받기 위해 1만 7,000달러를 해커에게 지불해야 했다. "병원의 업무와 행정 기능을 복원하기 위한 가장 빠르고 효과적인 방법은 몸값을 내고 암호화키를 받는 것이었습니다." 병원의 대표이자 최고경영자인 앨런 스테파네크Allen Stefanek는 말했다. "병원을 정상화하는 것이 가장 중요했기에 그렇게 선택했습니다."*

모든 정황을 고려했을 때, 개인의 건강 정보 유출은 계속 증가할 것이 분명하다. "많은 병의원은 환자의 개인 건강 정보를 보호할 능력이 없을 것"이라고 데이터 중개기업 익스피리언Experian의 보고서가 결론 내렸다.** 미래에 범죄자들이 랜섬웨어 공격으로 환자의 비식별화된 상세정보를 훔쳐 이를 공개하겠다고 협박하는 범죄를 상상하기는 어렵지 않다.

* Allen Stefanek의 공개 서한. Hollywood Presbyterian Medical Center, Los Angeles, February 17, 2016, 기록은 https://perma.cc/C2V9-W721 참고.
** Experian, "Data Industry Breach Forecast", Experian, 2015, 기록은 http://perma.cc/P3ZY-3LRF 참고.

때로는, 해킹은 정보를 도난당한 회사와 직접 거래를 하지 않은 사람들에게까지 피해를 주기도 한다. 2015년에 나는 앤섬으로부터 나의 데이터가 도난당했다는 내용의 고지서를 받았다. 앤섬과 보험 계약을 맺은 적이 한 번도 없었기에, 나는 그 회사에 전화해서 어떻게 나의 정보를 보유하고 있었는지 물었다. 몇 주 동안의 조사와 반복된 재촉 끝에 앤섬이 알려 준 내용은 다음과 같았다. 앤섬은 의약품 보험 관리회사인 씨브이에스 케어마크로부터 나의 정보를 입수했다고 했는데, 이 회사는 내가 이전에 근무했던 직장의 의약품 보험 정보를 다루는 회사였다. 케어마크는 일부 보험 상품의 행정 업무를 다시 앤섬에 위탁했다고 한다. 내가 알지 못했던 사이에 다수의 기업이 나의 의료 정보를 보유하고 있었고, 불행하게도 이들 중 한 기업이 외부의 침입을 막아 내지 못한 것이다.

데이터 채굴기업의 반응

의료 데이터를 사고파는 회사들은 보안과 익명화에 허점이 있을 가능성에 관해 이야기할 때면, 마치 보통 사람들이 대장 내시경 검사를 해야 할 때만큼이나 큰 관심을 가지고 임한다. 개인 정보 보호 책임자를 포함한 현재의 아이엠에스 관계자들은 대부분 이 문제를 비롯한 여러 문제에 관해 구체적으로 이야기하기를 거절했고, 아이엠에스의 대변인 토르 콘스탄티노Tor Constantino는 서면으로 다음과 같은 답변을 보내 왔다. "익명화된 의료 정보를 수집하고 이용하면서 환자의 프라이버시를 보호하는 것은 아이엠에스 헬스 경영의 초석입니다. 아이엠에스 헬스는 프라이버시와 보안에 관한 수칙을 매우 엄격하게 준수하며, 법과 제도가 요구하는 기준을 따르는 데 그치지 않고, 업계 최고의 엄격한 기준을 지키고자 애쓰고 있습니다."[*]

그런데 2002년에 아이엠에스가 유럽연합 회원국 중 5개국에서 우월적 지위를 남용했다는 혐의에 대해 유럽 위원회가 조사를 벌였을 때 아이엠에스가 제출한 문서를 보면, 아이엠에스가 볼 때 지나치게 엄격한 익명화 요건이라는 내용이 어떤 것인지 드러나 있다.

개인 정보를 익명화함에 있어서… 해당 기관은 식별자를 파괴하여야 하며, 실제로 실현될 가능성이 극히 낮은 경우까지를 포함해서, 예상 가능한 모든 방법을 동원해도 개인의 신원을 복구할 방법이 없다는 것을 확신할 수 있어야 한다고 정의해서는 안 됩니다. 이런 방식은 매우 비현실적이고 실제로 이행하기가 극도로 어렵습니다. 이 조항의 요구대로 하려면 비식별화 작업을 하는 기관이 통

---

[*] 토르 콘스탄티노, 저자에게 보낸 이메일, 2014년 9월 12일.

제할 수 있는 범위 밖에 있는 의미 있는 데이터 세트를 파괴해야만 할 경우도 있을 수 있습니다. 대신에 특정인을 식별하기 위해 시도될 것으로 합리적으로 예상되는 모든 시도가 실패할 방법으로 데이터를 비실명화한다고 해도 개인들의 권리, 자유, 그리고 정당한 이해관계를 충분히 보호할 수 있습니다. 법이 사실상 불가능한 수준의 엄격한 익명화 수준을 요구한다면 개인의 데이터를 익명화하여 우리가 얻을 수 있는 이점이 사라지고 말 것입니다.*

예전에 아이엠에스에 근무했던 한 관계자도 회사는 환자 정보가 재식별화되지 않도록 크게 주의를 기울인다고 강조했다. "만약 우리가 정보 보호에 실패한다면(우리에게 정보를 제공하는 이들은 매우 신중한 사람들입니다.) 회사는 그날로 문을 닫아야 합니다." 톰 브로건은 말했다. "그러니 우리는 정보를 아주 조심해서 다룰 수밖에 없습니다."

이런 우려에도 불구하고, 데이터 전문가들은 기업들이 더 안전하고 발달된 익명화 기술을 도입하면 데이터의 유용성을 살릴 수 있을 것이라고 한다. 차등정보 보호기법differential privacy이라는 한 유망한 기술이 있는데, 이는 데이터 세트에 작은 교란 정

---

* IMS Health, "Review of Directive 95/46/EC", IMS Health, July 2002, 기록은 http://perma.cc/W759.58KJ 참고. 유럽 의회가 아이엠에스를 상대로 제기한 소송은 2003년에 취하되었다. 강조체는 원본에 있던 것이다.

보를 삽입해 외부인이 특정 개인을 식별해 내는 것을 방지하는 기법이다. 이 기법을 이용했을 때, 만약 연구자들이 익명화된 어떤 집단에서 HIV 양성인 사람이 몇 명인지 조사한다면, 그 집단에서 한 사람을 더하거나 뺀다 해도 그 개인의 신원을 유추할 만한 실마리는 노출되지 않을 것이다. 설사 연구자가 그 데이터 세트에 들어 있는 사람들에 관한 별도의 정보를 가지고 있다고 해도 말이다. 차등정보 보호기법의 바탕이 되는 수학과 논리는 상당히 복잡해서, 그것을 설명하려면 여러 페이지에 이르는 긴 공식을 다루어야 한다. 요지는, 차등정보 보호기법은 작은 데이터 세트보다는 큰 데이터 세트를 다루는 데 더 적합하며, 이 기법이 현재 사용되고 있는 다른 익명화 기법들보다 더 효과적인 접근법이라고 많은 사람이 생각하고 있다는 것이다.

왜 재식별화하는가?

사람들이 왜 군이 의료 데이터를 재식별화하려 하는지 살펴보는 것도 의미가 있을 것이다. "개인 정보 보호를 주장하는 사람들에게 제가 하고 싶은 말은, 익명화된 정보를 재식별화하는 것보다는 그냥 원본을 훔치는 것이 훨씬 더 쉽다는 것입니다." 아이엠에스의 전직 부사장이자 2016년 현재 미국 임상종양학회 ASCO 부설 품질 연구소의 전략실장으로 일하고 있는 밥 메롤드가 말했다. "만약 제가 해킹을 한다면, 무엇 하러 비식별화된 정보를 해킹하겠습니까?"

현재까지 해커가 침입해서 아이엠에스 헬스나 그 경쟁사들이 보유한 환자별 상세 정보를 빼냈다고 공식적으로 보고된 사례는 없다. 또한, 학술 실험으로 시도된 것 이외에는 미국 국내에서 익명화된 의료 정보를 재식별화한 사례도 보고된 바 없다. 설사 정보 도둑들이 그 기록을 해킹해 냈다 하더라도 익명화된 기록을 재식별화해야 하는 복잡한 문제가 남는다. 그 모든 노력에 대한 보상은, 익명화한 환자 데이터가 약국, 보험 청구 내역, 진료 의사, 그리고 검사 결과까지도 모두 포함하기에 단일 정보원으로부터 얻는 파일보다 다면적인 정보를 얻을 가능성이 있다는 것이다.

전문가들은 실제로 벌어질 가능성이 있는 재식별화 범행의 유형을 다각적으로 파악하고 있는데, 이에는 호기심 많은 이웃, 사업상의 경쟁자, 언론인, 참견하려는 고용주, 금전 요구, 무자격자의 의료보험 부당이용 등이 있다.* 최근 몇 년간 온라인 정보 절도가 급격하게 증가하고 있는 것으로 보아, 이런 행위가 불법인데도 어둠 속의 해커들이 개인 정보를 훔쳐서 유통시키는 일이 일상적으로 벌어지고 있음을 알 수 있다. 익명화된 정보를 재실

---

* Wood et al., "Integrating Approaches to privacy Across the Research Lifecycle" 참고.

명화하는 행위는 정보 제공자와의 계약 조건에 따라서는 계약 위반이 될 수는 있어도, 어떤 경우에도 불법은 아니다.

민주주의와 기술 센터Center for Democracy and Technology의 개인 정보 보호 전문가 미셸 드 무이는 대량의 개인 정보를 익명화하는 데 수반되는 문제점에 대해 다음과 같이 말했다. "특히 건강 정보에는 수면 패턴이나 진단명, 유전 정보까지 다양한 내용이 포함될 수 있으며 과거의 기록을 소급해서 찾아내는 것으로 돈을 버는 업종까지 생겨났습니다. 그 정보는 우리의 매우 구체적이고 개인적인 부분까지 그려 내므로 본질적으로 익명화하는 것이 불가능합니다. 그래서 데이터 중개업, 상품 판촉원, 법 집행기관, 그리고 범죄자 등 다양한 주체가 탐냅니다. 환자별 식별자의 이용을 비롯해, 기업들이 사용하는 기존의 익명화 기법은 개인별로 축적되는 정보가 증가하면서 점차 큰 문제로 떠오르고 있습니다."

미국의 상원의원이 어떤 국가를 비난한 결과로 자신의 내밀한 의료 정보가 인터넷에 퍼지는 보복을 당하거나, 파렴치한 정치 세력이 경쟁 후보의 정보를 유출하는 작전을 쓰는 것을 상상하는 것은 어렵지 않다(2016년도 미국 대통령 선거의 씁쓸한 결과를 보면 이처럼 지저분한 전략을 쉽게 떠올릴 수 있다). 부도덕한 투자자들이 주요 기업 대표들의 건강 정보를 그것이 주가에 반영되기 전에 입수하려 할 수도 있다. 어떤 운동선수의 열광적인 팬이 라이벌 팀의 유명 선수를 망신시키고 싶어 할 수도 있다.

"그것이 가장 큰 문제입니다." 마이크로소프트 헬스볼트의 관계자였던 숀 놀런이 말했다. "금융 사건과는 달리, 대규모의 정보 유출이 일어나야 문제가 되는 것이 아닙니다. VIP의 정보가 식별화되는 것이 문제가 됩니다. 그것이 당신이 이용해서 실제로 무언가를 할 수 있는 진짜 데이터이기 때문이지요."

"HIPAA 기준으로 익명화되었다는 것이 실제로는 익명화가 아니라는 사실은 그다지 비밀이 아닙니다." 그는 덧붙였다.

당신이 꼭 유명하거나 뛰어난 사람이어야만 그런 위협을 당하는 것은 아니다. 직장의 경쟁자가 당신의 직책이 탐나거나 그저 당신을 싫어해서, 당신이 병가를 낸 날짜와 몇 가지 다른 정보를 가지고 대량의 익명화된 환자 파일에서 당신의 것을 찾아낼 수도 있다. 어느 날 갑자기 당신의 파일이 재식별화되어 유포될 수도 있다. 치정에 얽힌 범죄, 사랑을 두고 경쟁하는 사람들, 아니면 화가 난 과거의 연인이 그런 정보를 인터넷에 퍼뜨리고 싶어할 수도 있다. 마치 헤어진 애인이 내밀한 사진을 온라인에 올리는 리벤지 포르노의 변종처럼.

그것이 비식별화된 것이든 식별화된 것이든, 고위 공무원이나 군 장성, 그 가족의 의료 데이터는 국가 안보를 위협하는 무기가 될 수 있다. "그런 정보는 한 사람의 장군, 한 사람의 상원의원을 곤혹스럽게 만드는 데서 그치지 않습니다." 익명을 요구한 한 군 관계자가 말했다. "VIP 급의 인물들은 조직의 일부로도 봐야 하기 때문입니다. 그래서 우리는 특정한 의료 데이터를 잠재적인 기밀 정보로 간주하고 있습니다. 예를 들어, 제가 포트 브래그 Fort Bragg 지역 같은 특정 지역의 예방접종 정보를 수집해 군사 일정과 함께 검토한다면, 특정인이 세계의 어느 지역으로 파견될지 알아낼 수도 있을 것입니다."

외부의 민간 기업이 군인의 민감한 의료 정보에 접근할 수는 있으나, 민간 의료기관의 정보를 다루는 것보다 더 엄격한 제약을 받는다. 예를 들면, 맥케슨의 자회사 릴레이헬스RelayHealth는 미국의 육군, 해군, 공군 복무자가 자신의 주치의와 소통하는 보안 문자 서비스를 제공한다.* 미군의 개인 정보 보호 정책에 따르면 집적된 환자 정보를 외부 업체가 공유하도록 허용하기는 하지만, 그 정보를 2차적으로 이용하는 것은 명백하게 금지하고 있다.** 익명을 요구한 한 군 관계자에 의하면, 릴레이헬스는 이 조건을 마지못해 받아들였다고 한다. 릴레이헬스 측 관계자들은

* RelayHealth, "Expands Successful Patient Engagement Efforts Within Army, Navy and Air Force Medical Services", 보도자료, 2012년 10월 15일 참고. 기록은 http://perma.cc/7F3E-GSL6 참고. 전체적으로, 릴레이헬스는 2,400여 병원, 63만 의원과 금융 거래 23억 건 이상을 진행하고 있으며, 전자 기록 환자 포털을 운영하고 있다. McKesson, "New ConnectCenter from RelayHealth Redefines Online Claims Management", 보도자료, 2015년 2월 23일 참고. 기록은 http://perma.cc/ ZC2S-J9J3 참고.
** 집적된 데이터를 외부와 공유하는 것에 관해서는 릴레이헬스 정보 보호 정책의 "Aggregate Data" 참고. 기록은 http://perma.cc/AF93-VDV8 참고. 미군 관련 규정은 US Military Health Systems, "Draft Business Associate Agreement", 기록은 perma.cc/SVD7-5P3H 참고.

그 사실을 확인해 달라는 거듭된 요청에도 불구하고 답변을 거절했다. 그러나 한 익명의 관계자는 회사가 2009년에 국방부와 처음 계약을 맺을 때부터 큰 반대 없이 조건을 받아들였다고 말했다.

아이엠에스 역시 연방 정부를 위해 미군과 그 가족들의 의료 기록을 분석하고 있는데, 아이엠에스의 건강 전략실의 책임자이자 미군의 의료 데이터 전문가인 웨스 왓킨스Wes Watkins는 "군으로부터 입수한 익명화된 정보를 다른 용도에 이용하는 것을 금지하고 있다"고 확인해 주었다.*

릴레이헬스나 아이엠에스 같은 회사들이 국방부와 계약할 때 익명화된 환자 데이터를 2차적으로 판매하지 않기로 합의한 것은 나름 시사하는 바가 있다. 세계에서 가장 강한 군대만이 환자의 상세 정보를 끝없이 모으고자 하는 데이터 채굴기업의 의지를 억제할 수 있다는 것이다. 군 당국의 신중함은, 특정 유형의 사람들의 집적된 정보는 그 데이터 세트에 있는 그 누구의 정보도 재식별화하려는 자가 없더라도 여전히 매우 예민한 사안이라는 사실을 보여 준다.

한국에서 두 명의 내부 고발자가 자신들의 회사가 익명화된

---

* 아이엠에스는 미군과의 업무에 관해 다음에 서술했다. "A 360° View of the Healthcare Marketplace", *Information Sources* (IMS Health blog), 2015, 기록은 https://perma.cc/932ACERU?type=source 참고. 웨스 왓킨스의 내용은 2015년 11월 23일 저자에게 보내 온 이메일에서 인용했다.

데이터 세트를 아이엠에스에 팔아넘기고 있다는 사실을 언론과 검찰에 제보함으로써, 익명화된 의료 데이터의 취약성이 드러나 세간의 관심이 모아졌다. 이를 계기로, 세계에서 기술이 가장 발달한 국가 중 하나인 한국은 환자 의료 정보의 상업적인 이용을 두고 벌어지는 싸움의 한복판에 놓이게 되었다. 환자 정보를 재식별화하는 것은 우리가 상상했던 것보다 훨씬 더 쉬운 일이었음이 드러났다.

10장

한국에서 벌어진
환자 데이터 전쟁

죄책감

어느 날 저녁, 한국인 백민재(가명)는 저녁 텔레비전 뉴스 보도를 보고 크게 당황했다. 그는 자신이 그동안 직장에서 비윤리적인 일을 한 것인지, 어쩌면 정말로 불법을 저지른 것은 아닌지 의문이 들기 시작했다. 한국 검찰은 기업들이 불법적으로 환자 데이터를 아이엠에스 헬스 코리아에 판매했는지 여부를 조사하기 시작했다. 텔레비전 보도에 따르면, 한국 약국의 절반가량이 환자 식별 정보를 제대로 숨기지 못하는 형편없는 소프트웨어를 사용하여 데이터를 공유해 왔다고 했다. 사실 이 소프트웨어는 너무 형편없어서 데이터에 포함된 한국의 사회보장번호인 주민등록번호를 재식별화하는 것은 거의 어린아이의 장난과도 같았다.

최근까지 백 씨는 의사, 약국, 보험사 및 기타 의료 서비스 제공자 사이의 데이터 흐름을 처리하는 한국의 중개회사들 가운데 한 곳에 근무했다. 백 씨가 근무했던 회사가 익명화된 환자 데이터를 아이엠에스에 판매함으로써 올린 수익은 그 회사 총

수익의 약 3분의 1을 차지했다. "그렇다면 나 역시 범죄를 저지른 것은 아닌가?" 하는 의문이 들었다. "나도 이 범죄의 공범자란 말인가?"

2013년 12월에 방영된 텔레비전 뉴스를 보고 백 씨는 민감한 환자 데이터의 교환을 용이하게 하는 데 본인이 했던 역할을 진지하게 되돌아보기 시작했다. "제가 나쁜 사람인지 스스로 묻기 시작했습니다." 그는 훗날 자신의 기억을 돌아보며 말했다. "저는 최고경영자가 아니기 때문에 직접적으로 그 과정에 참여하지는 않았지만, 뉴스 속에 나오는 일에 일부 관여했다는 사실이 기분이 썩 좋지는 않았습니다."

세계적으로 볼 때, 한국은 데이터 채굴로 이익을 창출할 기회가 증가하는, 그 중요성이 점차 커지고 있는 대표적인 제약 시장이다. 한때는 아프리카와 아시아의 가장 가난한 개발도상국 수준으로 가난했던 이 나라는, 1960년대 이래 극적으로 성장하여 현재 세계에서 열세 번째 또는 열네 번째로 큰 경제 규모를 가지고 있다.

백 씨는 계속되는 양심의 가책에도 몇 달 동안 아무것도 하지 않았다. 때때로 그는 자신이 아는 한국의 환자 데이터 거래 실태를 세상에 알려야 하는지 고민했다. 그는 어떻게 하는 것이 더 좋을지 장단점을 비교해 보았다. 한편으로는 이렇게 나서는 것이 오히려 문제를 더 복잡하게 만들 수 있었다. "나 말고 다른 사람들도 이야기를 꺼낼 수 있는데, 왜 굳이 내가 나서야 해?" 백 씨는 스스로에게 물었다. 또한 한국은 미국과 달리 내부 고발자를 보복으로부터 보호하는 장치를 갖고 있지 않다.

그래도 그 문제는 그를 계속 괴롭혔다. 백 씨는 자신을 모범적 삶을 살아가는 선량한 사람으로 생각해 왔기에, 텔레비전 보도를 통해 알게 된 사실을 두고 고민에 빠졌다. 그는 악몽에서 깨어나는 것처럼, 자신을 괴롭히는 도덕적 딜레마가 빨리 사라지기를 정말로 원했다. 결국 그는 스스로 납득할 만한 타협안을 마련했다. 뉴스를 처음으로 보도한 기자와, 두 번째로 보도한 24시간 뉴스 채널의 기자에게 이메일을 보내기로 했다. 만약 그들이 응답하면, 그는 자신이 아는 모든 것을 말할 참이었다. 그러면서도 한편으로는 답장이 오지 않기를 바랐다. 그래야 적어도 자신은 무언가 해 봤다고 스스로에게 말하고, 모든 것을 잊고 지나갈 수 있을 테니까.

그는 이메일을 보냈고, 아무런 답장 없이 하루가 지나갔다. 백 씨는 방송국 기자들이 자신의 이야기를 듣고 싶어 하지 않는다는 사실에 안도감과 동시에 약간의 실망감을 느꼈다. 그는 여행을 떠나 며칠 동안 이메일을 확인하지 않았다. 여행에서 돌아온 그는 자신의 양심을 자극했던 텔레비전 뉴스를 보도한 기자로부터 온 몇 통의 문자 메시지를 발견했다. 결국 그는 이 일에 관여하게 되었다.

신경외과 의사

　어느 기준으로 봐도 조동찬 씨는 기자가 되기에 훌륭한 자격을 갖추고 있었다. 그는 의사로서 일했을 뿐만이 아니라 2,600회가 넘는 뇌와 척추 수술에 참여한 신경외과 의사이기도 하다. 의학에서도 가장 까다로운 전문 분야 중 하나인 신경외과 의사가 되기 위해 그는 의과대학에서 6년, 병원 인턴으로 1년, 신경외과에서 4년, 군 병원에서 3년, 그리고 대학병원에서 6개월의 전임의 과정을 수련했다. 그의 전문지식과 환자를 대하는 부드러운 태도는 환자들을 편안하게 만들었다.

　그러나 이 모든 훈련을 마친 그는, 의학의 복잡한 세계를 텔레비전 뉴스에 나오는 영상과 기사로 옮기는 일을 해 보기로 결심했다. 그는 뜻밖의 사건을 계기로 직업을 바꾸기로 결심했다. 그는 이탈리아 피렌체에 있는 우피치 미술관을 둘러보다가 초기 르네상스 시대의 장인 산드로 보티첼리의 그림에 매료되었다. 그는 심장이 세차게 뛰는 것을 느꼈다. 그동안 여러 예술작품을 보면서도 한 번도 느껴 본 적 없는 감정이었다. 그는 자신이 무엇을 하면서 살아왔는지 생각하기 시작했다. 그는 의사가 사회적으로 좋은 직업으로 여겨지기에 의과대학에 진학했던 것이다. 그러나 그는 다른 일을 통해 더 행복해질 수 있다는 사실을 깨달았다.

　2008년, 그는 민간 방송사 SBS에서 의학 전문기자를 뽑는다는 소식을 들었다. 그는 거기에 지원했고 결국 합격했다. 언론인의 일이 뇌수술만큼 복잡하진 않아도 그 일에 익숙해지는 데는 상당한 시간이 걸렸다. "솔직히 말해서 저는 언론인으로 일하는 것이 더 쉬울 것이라고 생각했지만, 그렇지 않았습니다. 처음 3~4년은 신경외과 의사로 일하던 때만큼이나 힘들었습니다. 그런데 이제 보니 언론인이 더 어려운 직업이더군요!" 정부와 기업 임직원의 침묵을 뚫고 보건의료 분야에서 실제로 벌어지는 일들을 밝히는 것이 얼마나 어려운 일인지 설명하면서 그가 말했다.

2013년 어느 날, 그도 소속되어 있는, 10만 명의 회원을 둔 대한의사협회의 직원으로부터 흥미로운 소식을 들었다. 소식에 의하면 환자 데이터의 비밀 거래 관련 뉴스로 괴로워하던 한 직원이 제보를 했다는 것이다. 이 내부 고발자는 한국약학정보원 Korean Pharmaceutical Information Center(KPIC)[역주: (사)대한약사회, (사)한국제약협회, (사)한국의약품도매협회 3개 단체가 설립한 비영리 공익 재단법인. 각종 의약품 관련 정보의 수집 및 데이터베이스 구축, 의약품 정보 서비스, 의약품 정보의 활용과 관련한 정책 개발, 연구 용역 사업 수행 등을 한다.]에 근무했는데, 이곳은 한국의 의약품 관련 단체들이 설립한 법인이다. 한국약학정보원은 국내 약국의 절반가량이 사용하는 PM2000이라는 소프트웨어를 개발했다. 무료로 제공되는 이 프로그램은 의약품 보험금 청구 관리를 돕고 병의원과 연계시키는 기능을 가지고 있다.

자신의 정체가 드러나는 것이 두려웠던 이 내부 고발자는 조동찬 기자를 직접 만나 주지 않았다. 그렇지만 그는 데이터 중개기업이 어떤 방법으로 환자의 정보를 아이엠에스에 판매하는지 대한의사협회의 관계자에게 제보했다. 조 기자는 PM2000이 처방 정보를 처리하기 위해 환자의 이름, 성별, 처방 의사, 약품, 그리고 질병 코드(예를 들어, 경련성 질환은 G404, 에이즈 B200, 위염 K520이다) 등 환자 데이터를 중앙 서버에 업로드한다는 사실을 알게 되었다. 그 가운데 13자리 숫자로 이루어진 주민등록번호가 포함되어 있는데, 이 숫자는 개인에 대한 정보를 매우 구체적으로 드러낸다. 처음 여섯 개의 숫자는 그 사람의 생년월일을 나타낸다. 그리고 그 사람의 성별을 나타내는 숫자가 뒤따른다. 다음에는 출생한 도시와 지역을 상세하게 나타내는 네 자리 숫자가 있고, 같은 날에 태어난 사람들을 구분하기 위해 숫자가 하나 들어간다. 그리고 마지막 숫자는 앞의 숫자들을 조합해 계산된 것이다.

내부 고발자는 한국약학정보원이 아이엠에스에 환자의 이름을 삭제하고 주민등록번호를 조금 변조한 데이터를 연간 30만 달러에 판매함으로써 사용자들에게 무료로 제공하는 PM2000 프로그램을 운영했다고 밝혔다. 조 기자는 의료 데이터의 밀거래에 대해 듣고 대경실색했다. '한국약학정보원과 아이엠에스는 도대체 무슨 일을 벌이고 있는 거지?' 그는 궁금했다.

조 기자에게는 기자와 시민으로서뿐만 아니라 의사의 입장에서도 환자의 데이터가 판매된다는 사실은 중요한 일이었다. 이 파일들에는 의사가 처방한 약에 대한 정보까지 포함되어 있었기 때문이다. '어떻게 해서 의사인 내 동의 없이 내가 처방한 정보를 아이엠에스에 팔 수 있는 거지?' 그는 생각했다.

그는 한국에서는 의사가 암 수술 과정에서 추출한 환자의 장기를 이용해서 연구를 하려고 할 때, 설사 그것이 과학 발전을 위한 연구라 해도 환자의 동의 없이는 함부로 연구할 수 없다는 사실을 떠올렸다. "이 사건의 경우, 환자의 사적인 데이터 사용에 대한 동의를 받지 않았으므로 문제가 있다고 생각했습니다." 조 기자는 말했다. "익명으로 처리되더라도 여전히 문제가 있습니다. 첫째, 익명으로 처리되더라도 환자의 동의는 필수적이며, 둘째, 익명으로 처리되었지만 그것은 아주 쉽게 복원되었습니다."

조 기자는 고발자의 진술에 심란함과 동시에 흥미를 느꼈지만, 이 이야기를 방송에 내보내는 것은 조심스러웠다. 제보자가 그를 만나는 것을 거부했으므로 의학 기자[조 기자]는 우선 사실관계를 더 확인하기로 했다. 그는 형사부 검사에게 연락하여 자신이 얻은 정보를 전달했다. 검찰은 이에 대한 조사를 벌였고, 2013년 12월에 대한약사회와 한국약학정보원 사무소를 수색했다. 조 기자는 그제야 이 사건을 보도했다.

그로부터 불과 열흘 만에 한국 정부는 개인 정보 보호에 관한 새로운 규정들을 발표했다. 2014년 2월 대한의사협회는 데이터 판매에 항의하는 의사 1,200명과 환자 900명을 모아 한국의 약국 로비에 관여한 한국약학정보원과 아이엠에스 헬스 코리아에 대해 집단소송을 제기했다. 2014년 7월, 검찰은 대한약사회와 그 산하기관인 한국약학정보원을 기소했으나, 아이엠에스는 데이터 구매를 입증할 구체적인 증거가 부족했기 때문에 제외되었다. [역주: 이 재판의 경과에 대해서는 http://www.etnews.com/20180115000202 참고.]

조 기자는 다른 누군가가 나서서 더 자세한 정보를 제공해 주면 좋겠다고 생각했다. 바로 그때, 중개기업의 간부였던 백 씨가 조 기자에게 이메일을 보내왔던 것이다. 처음에 조 기자는 매일 100통 넘게 들어오는 이메일 사이에 있는 백 씨의 이메일을 보지 못했다. 마침내 백 씨의 이메일을 읽은 그는 즉시 준비 중이던 유방암에 관한 기사를 제쳐 두고, 미친 듯이 이메일 발송자와의 접촉을 시도했다.

범죄 수사와 소송

내부 고발자로서 매우 조심스러웠지만, 백 씨는 마침내 조 기자와 만나기로 했다. "저는 〈더티 해리〉에 나오는 멋진 주인공이 아닙니다"라고 그는 기억을 돌이키며 말했다. "저는 슈퍼맨이나 배트맨도 아닙니다. 저는 평범한 시민일 뿐이고, 이런 일에 끼어드는 것이 번거롭디는 것도 알고 있습니다. 그래서 저는 조 기자의 열의가 썩 마음에 내키지는 않았습니다."

백 씨는 자신이 만나려는 이 기자가 한때 신경외과 의사였다는 사실이나 기자의 진실성 여부에 대해 아무것도 알지 못했다. 그는 기자를 만나 본 적이 없었으며, 기자를 신뢰할 수 있을지 여부도 알지 못했다. 백 씨는 비양심적인 기자들이 어떤 회사에 불리한 정보를 수집한 다음, 문제의 회사에 가서 그 비밀을 보도하지 않는 대가로 돈을 달라고 요구하는 경우가 있다는 소문을 들은 적도 있었다. 만약 그런 일이 일어나면, 백 씨는 자신이 알고 있는 것을 세상에 알리지도 못한 채 과거의 고용주에게 신분이 노출되어 위험에 처해질 수도 있었다. 한마디로, 그는 두려웠다.

조 기자는 먼저 부드러운 말로 백 씨를 안심시킨 뒤, 익명 인터뷰를 하도록 설득했다. 자신이 증언해도 이 사건에 아무런 영향을 끼치지 못할지도 모른다는 백 씨의 우려와는 달리, 조 기자의 보도는 여론의 주목을 받았고, 나아가 한국을 개인 의료 데이터 거래를 두고 국제적으로 벌어지고 있는 전투의 최전선에 놓이게 했다. 이번에도 조 기자는 검찰이 움직일 때까지 백 씨와의 인터뷰 보도를 늦추었다. 그렇게 여러 달이 지나갔다. 이 인터뷰가 보도된 것은 겨울이었는데 방송 화면 속의 백 씨는 반팔 셔츠를 입고 있다. 조 기자는 화면에 나타나는 고발자의 얼굴을 모자이크 처리했고 목소리도 변조해서 누구도 그것이 백 씨라는 것을 알아볼 수 없도록 했다.

2015년 초, 한 검사가 백 씨를 자신의 사무실로 초청했다. 몇몇 다른 사람도 참석한 이 회의에서 그 검사는 의료 데이터의 민감성을 이렇게 강조했다. "제가 스스로 발기할 수 없다고 가정해 봅시다. 그래서 제가 비아그라를 필요로 한다고요." 검사가 말했다. "그리고 저는 결혼 중매인을 통해 맞선을 보기로 했습니다. 맞선에 나오기로 한 여성은 저를 철저하게 조사해 제가 아주 좋은 집안 출신이라는 것을 알게 됩니다. 뿐만 아니라, 제가 비아그라를 복용한다는 것도요. 제가 그 약물을 복용한다는 사실을 그녀가 미리 알고 있다면 제가 어떤 상황에 처하게 될지 상상해 보십시오."

백 씨는 그럴 때 어떤 기분이 들지 충분히 이해했고, 그래서 이렇게 나섰던 것이다. "개인의 의료 데이터는 거짓이 없기 때문에 아주 고급 데이터입니다." 그는 말했다. "어떻게 개인의 이런 고급 데이터를 제삼자가 팔 수 있습니까? 예를 들어, 제가 위장에 문제가 있는데 그 사실을 보험회사가 알고 있다고 상상해 보십시오. 보험회사는 저를 보험에 가입시키지 않을 수도 있습니다. 이 자료가 공개된다면 한국에서 정상적으로 살아갈 수가 없습니다."

한국 방문

나는 대한약사회와 PM2000 소프트웨어를 배포한 한국약학정보원 계열사를 언급한 아이엠에스의 2014년도 연례 보고서를 통해, 환자 데이터를 둘러싸고 한국에서 벌어지고 있는 소송을 알게 되었다. "민사소송의 원고들은 대한약사회와 한국약학정보원이 한국의 약국 컴퓨터에 설치되어 있는 소프트웨어를 통해 환자의 동의 없이 개인 정보를 수집하고 개인 정보 보호법을 위반했으며 그 개인 정보는 아이엠에스 코리아로 전송되어 제약회사에 판매되었다고 주장한다. 원고들은 미화 약 600만 달러 및 그 이자에 해당하는 금액의 손해배상을 청구하고 있다. 우리는 이 소송이 일고의 가치가 없다 생각하며, 원고의 주장을 거부하고 아이엠에스 헬스의 입장을 적극적으로 방어하고자 한다."*

자산 규모가 수십억 달러에 달하는 회사의 입장에서 그 정도의 손해배상 금액은 상대적으로 미미한 것이었지만, 이 사건은 중요한 선례가 될 수 있었다. 소송 관련 문건을 거의 구할 수 없어서, 나는 2015년에 직접 서울을 방문했다. 방문 초기에 나는 가정의학과 전문의이며 데이터 공유에 대해서 집단소송을 제기한 1,200명의 의사 가운데 한 명인 김성배 씨를 만나러 갔다.

"이 사건을 처음 접했을 때 충격을 받았습니다." 그는 유창한 영어로 말했다. "만약에 제가 매독이나 고혈압 혹은 당뇨병에 걸려 있다면, 그리고 당신이 나도 모르게 그 정보를 가지고 있다면, 그것은 매우 충격적인 일입니다. 저는 이번 사건에서 정의가

* IMS Health Form 10-K, filed on February 13, 2015, for year ending December 31, 2014, 27.

지켜지기를 원합니다. 그 누구도 이런 정보를 가질 권리는 없습니다."

"아이엠에스나 한국약학정보원이 저의 건강 자료를 원한다면 그들은 저의 동의를 받아야 합니다." 그는 말을 이었다. "그들이 동의를 받지 않았다면 그들에게는 아무런 권리가 없습니다. 이것은 매우 비윤리적인 일입니다."

이야기를 계속 나누면서, 나는 한국이 지나온 격동의 역사가 한국인이 개인 정보를 민감하게 받아들이는 데 기여했다는 사실을 알게 되었다. 일본 제국주의의 폐허에서 시작하여 제2차 세계대전 이후 분단된 한국은, 1950년 공산주의 정권인 북한에게 거의 함락될 뻔했다가 이어진 3년 동안의 전쟁 끝에 이전의 분계선을 회복했다. 서울에서 불과 56킬로미터밖에 떨어져 있지 않은 북한의 계속된 위협은 수십 년간의 권위주의적 통치를 정당화하는 데 기여했다. 1968년에 북한 요원들이 남한 대통령 관저에 침투하는 공격이 벌어진 후, 개인의 정보를 상세하게 식별할 수 있는 주민등록번호 제도가 도입되었다.

일반적으로 미국인은 은행계좌를 개설하거나 신용카드를 발급받거나 세금신고를 할 때만 사회보장번호를 사용한다. 하지만 한국인은 소셜 미디어에 가입하거나 휴대폰을 사거나, 고객 우대 프로그램에 가입하거나, 그 밖의 상거래를 할 때도 으레 주민등록번호를 사용한다. 다른 여러 나라와 마찬가지로 한국 기업들도 최근 몇 년 동안 해킹으로 피해를 입었으며, 광범위하게 사용되는 주민등록번호가 그 과정에서 함께 유출된 경우도 많았다. 결국, 정부는 상세한 개인 정보를 담고 있는 주민등록번호를 너무 많은 기관이 사용하고 있다는 사실을 깨닫게 되었고, 일상적인 거래에 선택적으로 사용할 수 있는 두 번째 식별번호를 만들었다. 그럼에도 불구하고 과거에 해킹당한 번호를 포함해, 주민등록번호는 그대로 사용되고 있다.

앞날에 대한 걱정

김성배 씨는 의료 데이터 공유에 대한 집단소송에 참가한 환자 900명 가운데 한 명인 사촌 김민소 씨를 만날 수 있도록 주선해 주었다. 우리는 김민소 씨가 중국문학과 경영학을 공부하고 있는 이화여자대학교 근처에 있는, 서울에 무수히 많은 서양식 커피숍 중 하나에서 만났다. 김 씨를 비롯한 환자들은 정신적 피해 보상으로 개인당 약 2,000달러의 배상을 요구했다. 의사들은 면허 번호와 처방 기록이 공개된 것을 이유로 3,000달러를 요구하고 있다. 요구하는 배상액이 비교적 적어서, 나는 그녀가 왜 소송에 합류했는지 궁금했다. "이제 스무 살인 저는 아직 어릴지 몰라도, 데이터베이스에는 저에 대한 정보가 많이 있을 것입니다." 그녀는 말했다. "사람들은 그것을 가지고 저의 미래를 예측할 수도 있을 것이기에, 사람들이 이렇게 데이터를 팔 수 있다는 것은 정말 위험하다고 생각합니다."

그녀는 스트레스를 느낄 때마다 위장에 염증을 일으키는 장염이 있다고 말했다. 그녀는 아직 어리지만 다른 한국인처럼 밤낮없이 공부하고 있는데, 그것은 한국 경제의 급격한 성장을 촉진한 한국인의 자질 가운데 하나이기도 하다. 또한, 그녀는 미래의 건강 상태를 드러낼 수 있는 유전자 정보가 의료 데이터에 포함될까 봐 두려워하고 있다. 그녀의 조부모 중 두 분을 비롯해 여러 친척이 뇌졸중으로 쓰러진 가족력이 있다. "그들이 저의 가족력과 저의 데이터를 손에 넣으면 저의 질병을 예측할 수 있을 텐데, 이것은 저에게는 두려운 일입니다." 그녀는 말했다.

비록 한국은 국민건강보험을 전 국민에게 제공하고 있지만, 그녀는 해외에서 살게 된다면 건강 이력이 미래의 고용이나 보험에 영향을 끼칠 수 있다는 점을 우려했다. 그녀는 자신이 언어와 문학을 전공한 중국과, 어려서 1년 반 동안 산 적이 있는 뉴질랜드를 오가며 지낼 수 있기를 원하고 있다.

약사와 의사의 대립

한국의 법적 분쟁이 흥미로운 이유는, 의료 정보의 주요 출처인 환자와 의사가 실명 파일뿐만 아니라 **익명** 파일의 거래에 대해서도 맞서 싸우고 있다는 점이다. 그들은 의료 정보에서 이름,

주민등록번호, 그 밖의 직접 식별자들을 제거하더라도 의료 데이터는 개인의 사적인 정보라고 주장하고 있다.

이런 그림을 더욱 복잡하게 만드는 요인이 하나 더 있다. 2000년까지 한국의 의사들은 자신이 처방한 약을 직접 환자에게 팔아서 수입을 보충해 왔다.* 그해에 정부는 의사들의 약 판매를 금지했고, 처방전을 발급해 약을 약국에서 사도록 하는 정책을 시행했다. 한국의 의사들은 이 정책에 분노하면서 반대했고, 심지어 파업에 돌입하기도 했다. 그들은 아직도 의약분업 정책을 폐기하기 위한 로비를 하고 있다.

"대한의사협회와 대한약사회는 최근 15년 동안 갈등을 빚고 있습니다." 대한의사협회의 이용진 기획부회장이 말했다. 낮에는 신경외과 의사로 일하는 그는 의사협회에서 '의료 정보 보호를 위한 특별위원회'를 이끌고 있다.

"한국에서는 지난 5,000년 동안 의사가 환자를 진료하고 약을 조제해 왔습니다." 그는 말을 이어 갔다. "의사의 처방전은 그들의 기술이자 권위이며, 의사와 환자 사이에서만 다루어져야 합니다." 그러나 이 기획부회장은 데이터 채굴을 두고 한국에서 벌어지고 있는 커다란 논쟁의 맥락에서 볼 때 놀라운 말을 했다. 그는 자신과 다른 의사들이 근무하는 병의원이 아이엠에스 헬

---

* 이런 관행이 흔한 것은 아니지만 미국의 여러 주에서도 의사가 약을 처방하고 조제하도록 허용하고 있다.

스 코리아에 직접 데이터를 판매한다고 했다. 그리고 그는 바로, 그 내용을 이 책에 싣지 말아 달라고 했는데, 그렇게 하는 것은 공정하지 않았으므로 나는 그 요청을 받아들이지 않았다. 그러자 그는 그 사례가 현재의 논쟁과 어떻게 다른지 설명했다. 첫째, 의사들은 환자로부터 권리를 포기한다고 명시한 동의서를 받았다(약 30%만이 동의했다고 그는 말했다). 또한, 그런 정보가 특정 약물을 사용하는 환자가 얼마나 되는지와 같은 보편적인 통계 자료로만 사용된다고 그는 설명했다.

"이 소송 때문에 많은 기업과 사람이 데이터 판매에 대해 알게 되었고, 그래서 이제는 아이엠에스가 한국에서 쉽게 정보를 수집하지는 못할 것입니다." 그는 말했다. "그동안의 관행을 정당화하기 위해, 아이엠에스 코리아는 데이터를 어떤 긍정적인 목적으로 사용할 것인지, 그리고 어떻게 안전하게 보호할 것인지 설명해야 합니다."

나는 대한약사회, 한국약학정보원, 아이엠에스 코리아로부터 더 많은 이야기를 듣고 싶었지만 모두 답변을 거부했다. 사실 아이엠에스 헬스의 미국 대변인이 내가 서면으로 보낸 질문에 답을 주기는 했는데(이것은 나에게 협조하지 않는다는 이 회사의 방침을 고려했을 때 매우 예외적인 일이었다. 왜냐하면 당시에 나는 잡지에 투고할 기사를 쓰기 위한 별도의 아이엠에스 관련 취재도 병행하고 있었기 때문이다), 거기에는 한국의 상황에 대한 세부적인 내용은 거의 없었다.

"아이엠에스 헬스는 익명화된 의료 정보만을 받습니다. 아이엠에스 헬스는 그 정보가 익명으로 유지될 수 있도록 추가적으로 암호화 코딩을 합니다." 토르 콘스탄티노는 말했다. "나아가, 아이엠에스 헬스는 다양한 정보원으로부터 모은 의료 정보를 종합한 신디케이트 시장조사 보고서를 만들어 고객에게 제공하는데, 이는 데이터 공급자들로부터 받은 데이터보다 한층 일반화된 형태의 정보입니다. 아이엠에스의 신디케이트 시장조사 보고서는 집적된 익명의 정보만을 제공하며, 개별 환자의 정보는 전혀 드러나 있지 않습니다."*

이런 예방 조치에도 불구하고, 내부 고발자인 백 씨가 제공한 익명화된 환자 정보는 쉽게 재식별화 되었다. 하버드 대학교의 데이터 탐정인 라타냐 스위니와 한 젊은 연구원이 아이엠에스가 익명화된 형식으로 받은 데이터에 들어 있던 2만 3,000개 이상의 주민등록번호를 조사했다. 그들은 이때 사용된 암호화 기법이 놀랍도록 단순한 것이었음을 설명하는 논문을 발표했다. 그 기법은 각 숫자의 위치가 짝수 자리에 있는지 또는 홀수 자리에 있는지에 따라 각 숫자를 정해진 특정 알파벳으로 바꾸는 단순

---

* 토르 콘스탄티노는 2015년 5월 28일 저자에게 보낸 이메일에서 "우리는 한국 당국에 전적으로 협력해 왔으며, 이 문제의 해결을 위해 계속 그렇게 할 것"이라고 덧붙였다. 콘스탄티노는 아이엠에스가 PM2000 소프트웨어를 사용하지 않는 약국으로부터도 데이터를 구입하는지, 그리고 언제부터 PM2000을 사용하여 데이터를 구매하기 시작했는지에 대해서는 답하지 않았다.

한 방법이었다.* 암호화된 코드가 이렇게 간단하기에, 외부인이 익명화된 한국의 의료 기록을 다른 기업에서 해킹한 주민등록번호를 포함한 소비자 정보와 상호 참조해 분석할 수 있을 것이다. 재식별이 너무 쉬워서, 자신의 데이터가 공유되고 있다는 사실을 알게 된 사람들은 물론 대규모의 건강 데이터 시장을 통해 이득을 보는 사람들조차 그 사실을 불편하게 생각하는 경우가 많다는 것은 별로 놀랄 일이 아니다. "저는 저의 데이터가 공유되는 것을 원하지 않습니다." 몇 년 전 한국에 진출한 일본 최대의 제약회사 다케다Takeda 제약의 한국 사업 개발 및 사용권 계약 책임자로, 아이엠에스의 데이터를 이용하고 있는 이지형 씨는 말했다.

그녀는 외부 회사가 그런 데이터를 쓰려면 자신의 허락을 받고 자신에게 돈을 지불해야 할 것이라고 했다. "그런 조건이 아닌 한, 저는 자료를 공유하지 않을 겁니다. 전 그들이 동의를 구해야 한다고 생각합니다. 동의 없이 저의 데이터가 사용되었다는 것을 알게 되면 조금 화가 날 겁니다. 아니면 그들은 돈을 지불해야 합니다."

이 씨는 개인 데이터에서 도출된 정보의 가치를 이용하는 많은 마케터 가운데 한 명이다. 하지만 그런 그녀도 외부인이 자신

---

* Sweeney and Ji su, "De-anonymizing South Korean Resident Registration Numbers Shared in Prescription Data."

에 대한 일체의 기록을 수집하는 것은 우려하고 있다.

일본의 우려

세계에서 두 번째로 큰 제약 시장인 이웃나라 일본의 전·현직 의료 관계자들이 한국과 미국에서 마구잡이로 이루어지고 있는 환자 데이터 수집 관행에 불안해하고 있다는 것을 나는 알게 되었다. 일본에서 상업적 목적의 환자 정보 수집은 이른바 회색 영역에서 이루어지고 있어서, 그 현황은 거의 알려져 있지 않다. 데이터 수집의 규모가 빠른 속도로 커지면서 시장이 형성되었는데, 그 시장의 규모를 제대로 파악하는 사람이 거의 없을 정도다. 예를 들어, 아이엠에스 헬스는 일본인의 경시적 데이터를 판매하면서 "약국으로부터 나온 개별 환자의 실제 처방 데이터" 라고 광고한다.

미국 의료계의 내부자들은 대체로 제삼자에게 환자 데이터를 파는 것을 현실로 인정하고 있다. 그러나 일본의 의료 관계자들은 그런 관행을 혐오한다. "일본 아이엠에스와 미국 아이엠에스의 차이. 일본에서는 데이터와 프라이버시를 더 조심스럽게 취급합니다." 큰 영향력을 가진 일본의사협회의 회장 요코쿠라 요시타케Yokokura, Yoshitake는 내게 말했다. "의학은 사업을 위한 것이 아니라 공공의 이익을 위한 것이어야 합니다. 만약 누군가 이윤을 얻고자 한다면, 반드시 환자의 동의를 구해야 합니다."

로슈Roche의 자회사 쥬가이Chugai의 회장이자 최고경영자 나가야마 오사무Nagayama, Osamu는, 데이터를 수집하는 기업들은 반드시 환자들에게 정보 공유가 과학 분야에 가져오는 이점을 설명하고 동의를 받아야 한다고 했다. "사람들이 데이터 공유의 중요성을 이해하면 이런 요청에 매우 협조적이 될 것입니다."

오츠카 제약의 마케팅 매니저 구라마에 에미Kuramae, Emi도 비슷한 의견을 피력했다. "앞으로는 익명 데이터를 이용하려면 고지에 입각한 동의를 받아야 할 것이라고 생각합니다. 저희는 한국처럼 되고 싶지 않습니다." 그녀는 말했다. "만약 자신의 정보에 대해 걱정하는 사람이 있다면, 우리는 어쩌면 옵트아웃 제도를 만들 수 있을 것입니다."

여러 항암제를 생산하는 쥬가이는 일본 국내의 데이터 채굴기업들과 아이엠에스로부터 상업적 데이터를 구입한다. 그럼에도 불구하고, 쥬가이의 고객관리 인터넷 홍보부장은 그 어떤 목적으로든 외부 회사가 자기 가족의 데이터를 판매하는 것을 원하지 않는다고 말해 나를 놀라게 만들었다. "제 딸들을 위해서입니다. 아이들의 데이터가 어딘가로 갈 겁니다. 저는 그런 일이 정말로 두렵습니다." 만났을 당시 네 살과 열세 살 딸을 둔 야노 가츠야Yano, Katsuya 씨가 말했다. "저는 개인적으로 반대합니다."

일본에 살고 있는 은퇴한 제약 회사 관계자인 헨리 마리니Henry Marini도 익명화된 경시적 데이터의 판매에 반대했다. "저라면 개별 의사 수준으로 제한할 것 같습니다." 그는 말했다. "한 개인의 입장에서 이 문제는 저의 프라이버시를 침해한다고 생각합니다. 의사가 처방한 내역은 그 의사와 저 사이의 일입니다. 저는 나이가 많습니다. 하지만 나이 때문에 입장이 달라진다고는 생각하지 않습니다. 저는 제 건강 문제에 대해 의사에게 격의 없이 이야기합니다. 제가 제 아들의 나이였어도 제 병의 상태를 누군가가 알아봐 준다면 고맙게 생각할 것입니다. 그러나 제가 직업을 구하려고 하는데 암을 앓고 있다면, 저는 제 고용주가 그 사실을 알기를 원하지 않을 것입니다."

심지어 일본의 전직 아이엠에스 관계자들도 이런 생각에 동의했다. "저의 임기 중에는 항상 통합 데이터를 제공하는 것이 아이엠에스의 원칙이었고, 개인의 데이터는 익명일지라도 공개되지 않았습니다." 여러 해 동안 아이엠에스 재팬의 최고경영자였던 게이마츠 슌스케Keimatsu, Shunsuke는 말했다. "간단한 질문이 있습니다. 첫째, 아이엠에스의 고객들에게 익명으로 처리된 개인의 데이터가 가지는 가치가 무엇이고, 고객들은 이 데이터를 어떻게 사용할 수 있습니까? 둘째, 아무리 익명화된 데이터라 할지라도 개인 정보 보호법을 위반할 소지가 있지 않습니까? 저는 솔직히 만약 그들이 이 두 가지 질문에 대한 합리적인 대답을 하지 못한다면 그들은 선을 넘었다고 생각합니다."

아이엠에스 재팬의 현직 임직원들은 나의 거듭된 인터뷰 요청을 거절했다.

초기에 아이엠에스 재팬을 이끌었던 오모이 도루Omoi, Tohru 씨에게 이 문제는 특히 개인적인 문제였다. 왜냐하면 그는 최근에 식도암에 걸렸다가 회복되었기 때문이다. "저의 데이터가 그런 수준에서 판매된다면 저는 매우 불쾌할 것입니다." 그는 말했다. "저는 그런 것을 좋아하지 않습니다. 너무 많은 개인의 데이터가 상업적 목적으로 보관되거나 활용되어서는 안 됩니다. 데이터의 보호를 위해 아무리 노력하더라도 데이터 유출의 위험은 항상 있습니다."

내가 일본의 환자 데이터 거래 현황을 파악하는 데는 다소 시간이 걸렸다(2015년도에 이 문제를 조사하는 데 5주가 걸렸다). 비록 일본의 기업들이 미국보다 훨씬 신중할지는 몰라도 데이터 거래 사업은 확실히 성장하고 있었다. 전반적으로 일본과 한국의 사례를 보면, 일정한 지침이나 정부의 금지 규정이 없는 한 전통적 사업 환경이 아무리 보수적이라 할지라도 시장의 힘이 작용해서 개인 데이터 수집을 조용히 확장해 나가리라는 것을 알 수 있다. 일본의 의료 및 기업 관계자 수십 명과 인터뷰를 하면서, 나는 성장하고 있는 이 데이터 수집 사업을 명확하게 인식하고 있는 사람이 거의 없다는 사실을 분명히 알게 되었다. 이런 측면에서 보면, 일본도 미국과 다른 나라들을 괴롭히는 것과 동일한 근본적 문제를 가지고 있다. 일반 국민이 거대한 의료 데이터 시장에서 생길 수 있는 기회와 위험을 더 잘 이해하기 전까지는 미래의 원칙들을 제대로 만들어 가기 위한, 사실에 입각한 토론은 불가능하다.

　설사 보건의료 서비스에서 무엇을 원하는지 모든 사람이 알고 있더라도, 그런 목표는 좌절감을 느낄 정도로 달성하기 어려운 것으로 남을 수 있다. 미국에서 환자 진료의 개선을 위해 편리하고 포괄적인 전자 의무 기록을 창조한다며 반세기가 넘도록 해온 시도를 되돌아보면, 이것이 쉽지 않은 일이라는 것이 확실하게 드러난다.

11장

환자 데이터의
바벨탑

장대한 과제

2008년 대통령 후보자였던 버락 오바마Barack Obama는 전자 건강 기록의 새로운 시대를 열겠다고 공약했다. 그는 이듬해에 취임한 지 몇 주 만에 '경제 및 임상보건을 위한 건강 정보 기술 Health Information Technology for Economic and Clinical Health(HITECH)' 법안에 서명했는데, 이 법은 디지털화된 기록의 "의미 있는 사용"을 위해 의사와 병원에 수십억 달러의 교부금을 제공하는 내용을 담고 있다. 그는 5년 안에 미국의 건강 정보를 컴퓨터화하겠다고 말했다.

그 이후 컴퓨터는 실제로 진료실과 병원에서 널리 쓰이게 되었는데, 2015년 말까지 지원된 310억 달러가 넘는 보조금은 그런 흐름에 불을 붙였다. 그러나 수백 가지의 전자 의료 시스템은 여전히 서로 다른 언어를 사용하고 있다. 의료 관계자들은 이것을 **상호운용성 문제**라고 부르며, 이 문제 때문에 환자들은 자신의 평생 기록에 접근하는 데 어려움을 겪고 있다.

컴퓨터 칩 제조업체 인텔의 전 최고경영자 크레이그 배럿Craig

Barrett은 이 문제를 직접 경험했다. 얼마 전 그는 몬태나 주에 있는 목장을 방문하는 동안 심장마비를 일으켰다. 그곳에서 치료받은 기록을 메이오 클리닉Mayo Clinic의 주치의에게 전달하기 위해 그는 서면으로 된 요청서를 제출해야만 했다. 그렇게 해서 자신의 의료 기록 일체를 확보했는지 배럿에게 묻자, 그는 짧게 대답했다. "아뇨, 그럴 리가요."

1970년대에 약국 기록을 전산화하는 데 기여한 데니 브릴리Denny Briley, 아마 그 사람이라면 자기 자신의 의료 기록 파일에 접근할 수 있으리라고 생각할 수 있겠다. 얼마 전 그는 시카고에서 캔자스 주로 이사할 때 자신의 의료 기록 사본을 직접 가지고 가야 했다. "시카고에서 캔자스 주의 올레이스Olathe로 과거의 의료 기록을 옮기는 유일한 방법은 그것을 직접 가져가는 방법뿐이었습니다." 그는 말했다. "어처구니없죠."

다른 서비스 공급자가 기록한 건강 기록에 접근할 수 없는 문제는 서너의 창립자이자 최고경영자인 닐 패터슨Neal Patterson조차 쩔쩔매게 했다. 서너는 자칭 "세계 최대의 독립적인 건강 정보 기술 기업"이며 주요 전자 건강 기록 시스템을 운영하는 회사다. 그의 아내는 2007년에 유방암에 걸렸고, 전국에 있는 서른다섯 곳의 의료기관에서 진료를 받았는데 자신의 의료 기록을 직접 가지고 다녀야 했다고, 2015년에 열린 상원의 한 위원회에서 닐이 증언했다. 어쩌면 패터슨 역시 자신의 아내처럼 기록을 직접 지니고 다녀야 할지도 모른다. 그는 2016년에 자신이 연조직 암

진단을 받았다는 사실을 공개했다.

"2007년, 제 아내는 4기 암 진단을 받았습니다." 그는 상원의원들 앞에서 말했다. "2015년 현재, 아내가 새로운 의사나 전문의를 만날 때마다 기록을 쇼핑백에 넣어 가지고 다녀야 한다는 사실은 우리 모두의 실패라고 생각합니다."

"물론 이런 현실은 암 환자들만이 겪는 것은 아닙니다. 만성질환으로 전문의의 진료를 받아야 하는 사람들, 이사하는 사람들, 병의 치료를 위해 응급실을 이용해야 하는 사람들 모두가 겪고 있습니다. 그 사람이 당신 자신이거나 당신이 사랑하는 사람이고, 그 정보가 중요한 정보라면, 저는 그 데이터를 차단하고 환자들이 그것을 직접 들고 다니도록 강요하는 것은 부도덕하다고 생각합니다."*

최악의 경우, 의료 서비스 제공자가 포괄적인 기록에 쉽게 접근할 수 없으면 환자는 더 악화되거나 심지어 사망할 수도 있다. 실제로 2016년에 나는 강사로 해외 유람선에 타고 있었는데, 당뇨병이 있는 79세의 남성 승객이 갑자기 쓰러졌다. 근처에 있던 간호사와 의사는 그의 아내에게서 기존 병력을 알아내려 했으나, 그녀는 중국 태생의 뉴질랜드 사람으로 영어를 잘 못했다. 그렇게 그는 몇 분 만에 세상을 떠났다. 사실 그 어떤 개입도 그를

---

* 2015년 6월 10일 보건, 교육, 노동 및 연금에 관한 미 상원 위원회US Senate Committee on Health, Education, Labor, and Pensions에서 닐 패터슨의 증언.

구할 수 없었을지 모른다. 하지만 더 많은 정보가 있었다면 분명 도움이 되었을 것이다. 응급 상황에서 의사들이 제공하는 치료가, 그들이 미처 알지 못한 환자의 기존 병력이나 약물 치료에 악영향을 끼칠 수도 있다. 이런 상황에서 당연한 질문이 하나 떠오른다. 수십억 달러에 달하는 비용을 지출하고도 이 분명해 보이는 목표를 이루지 못하는 이유는 무엇인가?

일부 전문가는, 특정 전자 기록 시스템 업체, 병원, 검사기관 및 관련 업체는 복잡한 호환성 문제를 해결하기보다는 고객들, 그리고 고객의 의료비용을 자기들의 고유한 시스템에 붙잡아 두는 데 더 관심이 있다고 지적한다. 오바마 행정부의 국가 건강 정보기술 조정 위원회Office of the National Coordinator for Health Information Technology(ONC-HIT)가 2015년 의회에 제출한 보고서는 다음과 같이 기록하고 있다. "몇몇 보건의료 제공자와 건강 정보통신 개발자는 건강과 보건의료 서비스 개선에 활용할 여지가 제한되도록, 의도적으로 전자 건강 정보의 교환이나 사용을 방해하고 있다. … 이 행위는 현 시장 상황에 비추어 볼 때 일부 행위자에게는 경제적으로 합리적일 수 있지만, HITECH 법과 보건의료 개혁의 목표를 달성하는 데는 심각한 장애물이 되고 있다."*

---

* Office of the National Coordinator for Health Information Technology, *Report on Health Information Blocking* (Washington, DC: ONC, Department of Health and Human Services, April 2015), 기록은 perma.cc/AU72-FLMU 참고.

이 보고서는 정확한 기업명은 인용하지 않았지만, 제한적인 계약, 엄청난 수수료, 데이터 공유를 어렵게 만드는 시스템, 사용자의 이동을 제한하는 기술과 같은 '정보 차단' 기술들을 상세히 기술했다. "전자 건강 정보의 교환을 포함한 건강 IT 제품 및 서비스 부문에 투명성과 신뢰할 만한 정보가 결여되어 있는 상태가 지속되고 있는데, 이는 정보의 차단을 야기하고 악화시키는 요인일 뿐 아니라 건강 IT 시장이 효율적으로 운영되는 것을 실질적으로 저해하는 중요한 문제다. 정보 차단의 정확한 내용과 차단의 정도는 아직 드러나지 않고 있는데, 그 원인의 상당 부분은 관련 증거의 공개를 금지하는 계약 조건 때문이다."

위 단락의 마지막에 언급된 문제는 이 책 전반에 걸쳐 반복되는 주제다. 의료 정보를 다루는 회사들은 종종 무대 뒤에서 어떤 일이 일어나고 있는지 파악하기 어렵게 만들어서, 의료 부문의 주요 쟁점에 대한 수준 높은 논의를 어렵게 만든다. 대기업들이 정보를 분리하고 고립시키는 것은 사업상의 이유가 있기 때문이라고, 조지 W. 부시 대통령의 건강 정보기술 담당 코디네이터였던 데이비드 브레일러David Brailer는 말했다. "의료 관련 업체들은 환자들을 자신들의 전달 체계 안에만 두려고 경쟁하고 있어서, 경쟁자와 협력하려 하지 않습니다." 그는 내게 말했다. "또한, 업체들은 장벽을 만들어서 고객이 다른 시스템으로 이동하기 어렵게 만들고 싶어 합니다."

최근의 랜드RAND 보고서를 비롯한 일부 전문가는, 특히 상호운용성의 결여와 관련해 전자 의무 기록 회사 에픽Epic을 문제로 지적해 왔다.* 루이지애나 주 공화당 상원의원 빌 캐시디Bill Cassidy 는 2015년 상원 청문회에서 "에픽은 마치 방 안의 코끼리[역주: 모두가 알고 있지만, 거론하지 않고 있는 문제.]처럼 보입니다"라고 발 언했다. 코끼리든 아니든, 이 회사는 클리블랜드 클리닉, 카이저 퍼머넌트, 매사추세츠 종합병원, 존스 홉킨스 병원 등을 포함한 수많은 고객을 확보해 왔다.

에픽은 컴퓨터 프로그래머인 주디 포크너Judy Faulkner가 1979년에 설립한 회사다. 위스콘신 대학교의 대학원생이던 그녀 는, 환자 권리를 주장했던 워너 슬랙이 공동 강의를 맡았던 의학 전산학 수업을 들은 적이 있다. 1972년 즈음, 아직 대학원생이던 포크너는 환자의 이용 경로를 추적하는 시스템 관련 일을 시작 했다. 오늘날 그녀의 회사는 개인 기업으로 남아 있고,《포브스》 는 2015년에 그녀의 재산을 25억 달러로 평가했다.

포크너는 언론인과 대화를 나누는 경우가 거의 없었기에, 금요 일 저녁에 그녀가 전화를 걸어왔을 때나 몇몇 이메일에 답장해 주었을 때 무척 기쁘고 놀랐다. 그녀는 에픽이 다른 회사들보다 더 빠른 2005년부터 상호운용성 문제를 다루기 시작했다고 말 했다. 당시 소아과 의사인 그녀의 남편이 진료하던 환자가 응급

---

* 예를 들어, Garber et al., "Redirecting Innovation in U.S. Health Care", 36-38 참고.

실을 잘못 찾아갔는데, 그곳의 당직 의사는 그 여자아이의 생명을 구할 수도 있었을 의무 기록을 가지고 있지 않았다. 그 환자의 사망 이후 포크너는 상호운용성 문제를 다루기 시작했다.

포크너는 서로 다른 회사가 운영하는 각각의 시스템은 절차와 정보를 기술하는 각기 다른 자신만의 코드를 사용하기 때문에 서로 소통하기가 매우 어렵다고 지적했다. "대부분의 데이터 요소에 관한 명확한 정의가 없어서, 우리가 직접 정의를 내려야 했습니다." 그녀는 말했다. "이런 상황은 모든 공급자에게 마찬가지입니다. 서너, 메디텍, 올스크립스, 아테나, 에픽 모두 다 같습니다. 만약 모든 회사가 정의를 똑같이 내렸다면, 그것이 오히려 매우 특이한 일이었을 겁니다. 어떤 사람은 '토하다'라고 하고, 다른 사람은 '구토'라고 하며, 또 다른 사람은 '코드 37'이라고 적는데 '코드 3'이라고 적는 사람도 있습니다."

에픽은 건강과 관련된 모든 정보를 15만 개의 데이터 코드로 구분한다. 의약품 같은 일부 분야에는 업계 표준이 존재하는 반면, 알레르기와 같은 다른 분야에는 그런 표준이 없다. "이것이 발진인가? 이것이 고열인가? 이것이 구토인가? 이것은 실제 사망했다는 뜻인가? 어떤 곳에서는 알레르기 반응을 87가지로 구분해 기술할 수 있습니다. 다른 곳은 그것을 12가지로 기술합니다. 이런 것들을 어떻게 서로 대응시켜 나갈 수 있을까요?" 포크너는 말했다.

이 에픽 설립자는 공통된 표준에 대한 합의를 이끌어 내려면 정부와 다양한 위원회가 전자 의료 시스템 공급자들을 조직해야 한다고 했다. 내가 그녀에게 이 모든 서로 다른 시스템들이 공통의 언어를 사용하려면 얼마나 시간이 걸릴지 묻자, 그녀는 그럴 가능성은 결코 없을 것이라고 답했다. 이런 장애물에도 불구하고 에픽이 2016년 현재 매달 2,100만 건의 의무 기록을 교환하고 있고, 이는 다른 경쟁사들보다 훨씬 많은 수치라고 그녀는 말했다. "에픽이 개방성이나 상호운용성이 낮다는 이야기가 처음 나왔을 때, 우리는 그 소문의 심각성을 충분히 인식하지 못했습니다." 그녀는 말했다. "우리가 잘못된 정보를 바로잡기 시작했을 때는 이미 상호운용성을 둘러싼 논란이 크게 일어난 후였습니다."

상호운용성을 확대하기 위한 의료 정보교환 네트워크인 커먼웰 헬스 얼라이언스CommonWell Health Alliance에 가입하지 않은 유일한 주요 전자 기록 공급자가 에픽이라는 비판이 있다. 포크너는 에픽이 왜 가입을 주저하는지 설명해 주었다. "모든 사람에게 한 가지 기술만 사용하라고 요구하는 것은 마치 블랙베리의 기술이 아이폰과 블랙베리가 서로 통화할 수 있게 하는 유일한 방법이라는 잘못된 판단을 근거로 아이폰 개발자에게 블랙베리의 기술을 쓰라고 요구하는 것과 마찬가지입니다. 단일한 플랫폼이 반드시 필요한 것은 아니며, 이것은 오히려 혁신을 가로막을 수 있습니다."

환자들은 자신의 과거 의무 기록에 접근할 수 없는 반면 영리를 목적으로 하는 데이터 채굴기업은 익명화된 자료를 축적할 수 있는 이런 역설적인 상황은, 결국 기업들이 어떻게 행동할 것인지 예견하지 못한 정부의 정책 및 규제 실패이기도 하다. 한마디로 말하면, 미국의 공무원들은 업체들이 HITECH로부터 수십억 달러의 보조금을 받아 가기 전에 호환성이 보장되는 시스템 구축을 선결조건으로 내거는 데 실패하는 큰 실수를 저질렀다고 미시건 대학교의 보건의료 정보기술 전문가 줄리아 애들러밀스타인Julia Adler-Milstein은 말했다. "저는 (전자 건강 기록) 공급자들이 고의로 건강 정보를 분절화해 돈이 되는 데이터를 쌓아두는 나쁜 자들이라고 생각하지 않습니다." 그녀는 말했다. "그러나 나는 정보 공유를 쉽게 할 수 있도록 하는 것이 그들에게 최선의 이익이 된다는 점이 분명하게 드러나지 않는다면, 그 부분을 위한 인센티브를 설정해야 한다고 생각합니다."

"에픽이 수백 곳의 다른 공급자들과 논의하고 연계하는 방안을 찾는 작업에 자신의 돈을 투자하는 것이 합리적이라고 생각할 만한, 그런 사업 모델을 우리는 제시하지 않았습니다. 상당히 큰 투자가 필요한 일이었고, 그것이 실제로 그들의 수익에 도움이 될지 확실하지 않았습니다."

오바마 대통령 정부에서 건강 정보 정책을 담당했던 데이비드 블루먼솔David Blumenthal은 HITECH 법의 시행에 앞장섰다. 그는 당시 의료 서비스 공급자가 의무 기록을 전산화하도록 장려하는 것이 우선적인 목표였으며, 그 이후에 의료 서비스 공급자들이 기록을 서로 공유할 수 있도록 시스템을 정비해 갈 것을 기대했다고 한다. "초기에 상호운용성을 달성할 수 있었으면 좋았겠지만, 현실성 있는 목표라고 생각하지 않았습니다." 그가 내게 말했다.

시간이 지나면서, 서로 다른 공급자들이 함께 정보를 공유하도록 하는 것이 공무원들이 바랐던 것보다 더 어려워질 것이 분명해졌다. "제가 예상하지 못한 것들 중 하나(당시에는 이해하지 못했지만 나중에 이해하게 된 것)는 기업 간의 상호운용성을 구축한 선례가 없었다는 것입니다." 블루먼솔은 말했다. 전자 의무 기록 판매자들이 협력하도록 만드는 것은 마치 서로 다른 유통업체인 타깃Target과 월마트가 고객의 기본 정보와 구매 양상, 소매가격에 관한 정보를 공유하도록 만드는 것과 유사한 일이라고 그는 말했다.

전자 의무 기록 회사의 입장에서는 상호운용성의 수용이 사업적으로 이익이 되는 일이 아니기에, 표준을 정해 이를 따르도록 하는 것은 정부의 책임이다. "공급자들이 이 문제를 스스로 해결하기를 기대할 수는 없습니다." 비영리 조직인 건강기록은행연합회Health Record Banking Alliance의 최고경영자 윌리엄 야스노프William Yasnoff는 말했다. "비유하자면, 전화통신의 표준이 없는 상태에서 한 기업의 전화기로 다른 기업이 만든 전화기에 전화를 걸 수 없다고 해서, 전화기 제조업체를 비난하는 것은 합리적이지 않습니다."

그는 각 개인이 자신의 돈을 통제할 수 있게 하는 은행 업무와 유사한 제도를 지지하고 있다. 예전에는 돈을 인출하려면 반드시 자기가 거래하는 은행의 지점으로 직접 가야만 했다. 이제는 세계 어디에서나 ATM을 통해 현금을 인출할 수 있다. "저의 구상은, 환자가 본인의 동의에 의거하여 자신의 데이터를 수신하고 관리하는 제삼자를 지정하는 것입니다." 야스노프는 말했다. "은행도 당신의 돈을 어디로 보낼지 결정하지 않습니다. 바로 당신이 결정합니다. 만약 당신의 동의 없이 돈을 어딘가로 보낸다면 그들은 감옥에 가게 될 것입니다."

구글의 시도

쉽게 사용할 수 있고 환자가 직접 통제할 수 있는 의무 기록에 대한 비전은 심지어 세계에서 가장 성공적인 기술 회사들에게도 아주 어려운 일로 남아 있다. 선구자인 로런스 위드, 워너 슬랙, 그 외에도 여러 사람이 수십 년 전에 시작했던 이 야심찬 목표는 여전히 모든 이들에게 아주 어려운 과제로 남아 있다. 구글은 회사의 모든 두뇌와 돈을 동원하면 환자들이 여러 곳에서 진료 받았던 내용을 한곳에서 쉽게 찾아보는 서비스를 만들 수 있을 것이라고 생각했다. 구글의 최고경영자 에릭 슈밋Eric Schmidt이 2008년 구글 헬스Google Health라는 의무 기록 은행을 발표했을 때 구상했던 시나리오를 설명했다. "그럴 일이 없었으면 좋겠지만, 만약 제가 이곳 플로리다에서 응급실에 갈 일이 있다면, 그곳의 어떤 의사든 나의 과거 몇 년간의 방사선 검사 기록을 조회할 수 있기를 바랍니다. 그것도 지체 없이 조회할 수 있으면 좋겠습니다. 이제 우리는 그렇게 할 수 있습니다."*

슈밋은 구글 헬스가 예방접종 확인에서부터 응급 상황에 의사가 정보를 조회하는 것까지, 환자들을 위한 모든 데이터를 저장할 것이라고 설명했다. 환자가 데이터를 가져오기 쉽게 하려고 구글은 약국(월그린스Walgreens, 듀앤 리드Duane Reade, 롱스 드럭스Longs Drugs), 진단 검사기관(퀘스트 진단 검사Quest Diagnostics), 정보 중개기업(올스크립스), 보험사(에트나) 및 의료 공급자(클리블랜드 클리닉, 베스 이스라엘 디커너스 메디컬 센터Beth Israel Deaconess Medical Center) 등과 계약을 체결했다. 구글의 다른 서비스를 통해 더 많은 사업을 벌여 이익을 창출할 수 있을 것이라면서, 사용자의 허락 없이 데이터를 공유하지 않겠다고 약속했다. 슈밋은 2008년 당시 미국에 200여 개의 개인 기록 시스템이 존재했으며, 그 대부분이 특정 회사나 특정 의료 시스템과 연계되어 있었다고 지적했다. 그는 "정보가 고립되어 있다는 것은 의료가 제대로 제공되지 않는 배

---

* Eric Schmidt, keynote speech, Healthcare Information and Management Systems Society Annual Conference, February 28, 2008, Orlando, 기록은 http://perma.cc/R4MW-P5HR 참고.

경이 되는 것"이라고 했다.

검색과 브라우저, 지도, 기타 여러 분야에서 성공을 거둔 전례를 생각했을 때, 누군가가 이런 서비스에 사용자들을 끌어모을 수 있다면, 그것도 무료 서비스라면, 그것은 아마도 바로 구글일 것 같았다. "사람들은 가만히 앉아서 말합니다. '음, 이것은 결코 현실화되지 않을 거야. 5% 정도의 사람들만이 이런 서비스를 사용할 거야'라고." 그는 말했다. "첫해만 본다면 그 말은 언제나 옳았습니다. 하지만 10년차가 되면 대체로 70~80%의 사람들이 그 서비스를 사용하고 있습니다." 참으로 대담한 말이었다.

실리콘밸리에서는 이런 대담한 발표가 종종 현실이 되기도 한다. 그러나 의료 정보를 취합하는 분야에서는 그렇게 되지 않았다. 2011년, 구글은 이 사업을 포기하고 서비스 제공을 중단했다. 구글은 서비스를 종료하면서 "구글 헬스는 우리가 기대했던 것만큼 큰 영향을 끼치지 못했습니다"라고 발표했다. "기술에 익숙한 환자와 의료진, 근래에는 운동과 건강에 열중하는 사람들이 이 서비스를 사용했습니다. 하지만 우리는 이런 제한적인 사용을 넘어서서 수백만의 사람들이 일상적인 건강 관리에 이 서비스를 사용하도록 하는 방법을 찾지 못했습니다."*

---

* Aaron Brown, "An Update on Google Health and Google PowerMeter", Google Official Blog, June 24, 2011, 기록은 http://perma.cc/3WSD-43EK 참고.

마이크로소프트의 헬스볼트

구글이 서비스를 일시 중단한다고 발표했을 때, 마이크로소프트는 재빠르게 자사의 헬스볼트HealthVault는 여전히 운영되고 있으며 구글의 데이터를 자사의 시스템으로 받아들일 준비가 되어 있다고 발표했다. 마이크로소프트의 무료 서비스는 구글보다 더 오래 운영되었을 뿐만 아니라 헬스볼트는 구글보다 서비스를 1년 먼저 시작했다.

헬스볼트가 상대적으로 더 오래가기는 했지만, 헬스볼트의 총괄 관리자였던 숀 놀런은 2014년 마이크로소프트를 떠날 당시 애초에 목표로 했던 1,000만 명에 한참 못 미치는 200만 명 정도만이 서비스에 가입했다고 말했다. "논리를 조금이라도 갖춘 사람이라면 누구나 이 업계를 들여다보고 알아챌 수 있습니다. 이것은 어리석은 일이고 우스운 일이라는 것을 말입니다. 나는 이것을 하루 만에 확인할 수 있었습니다." 그는 내게 말했다. "사람들을 건강하게 만드는 것은 돈이 되지 않습니다. 때문에 아무도 투자를 하지 않고 아무도 변화시키려 하지 않습니다."

서로 다른 의사, 병원, 서비스 공급자로부터 사용자의 저장소로 그냥 정보를 전송하는 것조차 쉽지 않음이 증명되었다. "데이터를 사용할 수 있게 하려고 여러 긴깅 관련 업체와 얼마나 많이 부딪쳐야 했으며, 얼마나 많은 회의에 나가야 했고, 얼마나 많은 변호사와 상의해야 했는지…." 마이크로소프트의 건강 부문을 총괄했던 부사장 피터 뉴퍼트Peter Neupert가 한탄했다. 헬스볼트로 데이터를 끌어들이는 데 협조하지 않은 의무 기록 업체 중에는 에픽과 서너가 있다고 뉴퍼트는 말했다.* 마이크로소프트의 헬스볼트는 사업 구상 단계인 2015년까지 거의 1억 달러를 날렸다. "생돈을 날린 것이지만, 우리가 2008년부터 서비스를 시작해서 9년 동안의 결과이니, 아주 많은 금액은 아닙니다." 뉴퍼트는 이야기했다.

이 분야를 겪어 본 다른 많은 사람과 마찬가지로, 뉴퍼트도 언젠가는 건강 기록 은행이 현실화되리라고 확신한다. "그렇게 될 것입니다." 그는 말했다. "소비자가 자신의 건강 데이터를 스스로 관리하고자 하는 수요가 있을 것입니다. 사람들이 데이터를 입력하고 관리하는 기기는 아마도 전화기가 될 것입니다. 우리는 인터넷이 보다 유력하리라고 생각했었는데 말이지요."

다만, 보건의료는 이런 논리적인 변화를 받아들이는 데 다른 분야보다 훨씬 느릴 뿐이다. "이전에 우리는 은행이 제시한 조건에 맞추어서 은행과 거래했습니다. 이제는 은행이 당신이 제시한 조건에 따라 당신과 거래합니다." 뉴퍼트는 말했다. "이런 변화가

---

* 저자가 에픽의 창업자인 주디 포크너에게 이에 대해 질문을 했을 때, 그녀는 "우리는 우리의 고객이 함께 일하기를 원하는 공급자들과 일합니다. 우리 고객은 마이크로소프트와 일하라고 요구하지 않습니다"라고 답했다.

아직 일어나지 않고 마지막까지 남아 있는 두 부문이 바로 건강과 교육 분야입니다."

실리콘밸리의 또 다른 시도

실리콘밸리의 다른 중요한 인물들도 의무 기록에 대한 환자의 통제권을 강화할 수 있는 해법을 찾았다고 생각했다. 인텔의 전직 임원이었던 크레이그 버렛Craig Barrett은 이가 아파 치과의사를 찾아갔는데, 그 의사는 온갖 엑스레이 검사를 다 하고는 다른 전문의를 찾아가 신경치료를 받아야 한다고 결론 내렸다. 두 번째 전문의는 다시 한 번 온갖 엑스레이 검사를 하고서는 다시 제삼의 치과의사를 찾아가라고 권했고, 그 의사도 (예상대로) 다시 처음부터 엑스레이 검사를 했다. 인텔에서 35년 이상 성공적으로 근무했던 버렛은 이런 추가 비용을 쉽게 감당할 수 있었지만, 이런 반복 검사가 의료비 증가를 불러오는 낭비이자 비효율이라고 생각했다. 그래서 그는 마이크로소프트와 구글보다 앞선 2006년에, 환자가 자신의 기록에 쉽게 접근하도록 해 주는 도시아Dossia라는 회사를 설립했다.

버렛은 어플라이드 머티리얼즈Applied Materials, BP 아메리카, 인텔, 피드니 보우즈Pitney Bowes, 월마트를 설득해서 이들이 각각 150만 달러씩을 선불로 지불하고 도시아의 첫 고객이 되도록 했으며, 그 돈으로 이 신생기업이 250만 명의 환자 기록에 접근하게 하려고 계획했다. "전자 의무 기록을 직원들에게 제공해 그들의 권한을 강화하는 것이, 끊임없이 증가하는 의료비를 붙잡을 방법 가운데 하나라고 생각했습니다." 그가 말했다. "미국 정부는 그 복잡성과 관료주의 때문에 건강 기록에 대해 아무 일도 하지 않을 거라고 우리는 결론 내렸으며, 민간 부문이 이 일을 훨씬 더 빨리 해낼 수 있으리라 생각했습니다."

초기에 언론은 이런 시도에 열렬한 지지를 보냈다. 그러나 프라이버시 옹호자인 데보라 필이, 고용주가 이런 정보를 악용해 차별을 행사할 수 있으므로 개인들은 자신의 의료 기록을 고용주가 지원하는 기관이 아니라 중립적인 제삼의 기관에 위탁해야 한다고 주장했다.

도시아는 2007년 중반까지 이 사업을 본격적인 궤도에 올리기 원했지만, 기반 기술을 제공하기로 계약한 회사와 분쟁이 생겼다. 2008년에 소송이 마무리될 때까지 도시아는 1,200만 달러를 지출했으며 현금이 급격히 고갈되었다고, 그즈음 이 기업의 최고운영자로 임용된 스티브 무니니Steve Munini가 말했다. 이 기업은 구조조정을 단행하고 사업을 밀고 나갔다.

현재까지 도시아를 사용하는 회사들 가운데 전체 직원에 대한 의무 기록 관리 비용을 지불하는 회사는 없다. 대신 각 기업은 이 서비스의 이용을 원하는 직원 1인당 매달 2달러의 비용을 지불하고 있다(월마트처럼 큰 회사에게는 상당 폭의 할인을 해 준다).

2014년 말 현재, 도시아에 등록된 사용자의 수는 14만 명인데, 이는 이 서비스의 이용을 제안 받은 피고용자 500만 명 가운데 3%에도 못 미치는 수다. 과연 도시아는 직원들이 콜레스테롤 검사나 대장내시경 검사 같은 선별검사를 받도록 동기를 부여해서 애초에 의도한 것처럼 기업의 의료비 절감에 도움이 되었을까? "만약 일이 아주 잘 풀렸다면 도시아가 오늘날처럼 어려움을 겪고 있지는 않을 것"이라고 버렛은 말했다.

버몬트 주의 선구자들

구글과 마이크로소프트, 도시아는 모두 전자 건강 기록 분야에 상대적으로 근래에 참여한 회사들이다. 이 문제에 대한 근본적인 견해를 묻고자, 나는 크리스마스 일주일 전에 캐나다 국경 근처에 있는 버몬트 주 북부의 시골 지역 언더힐까지 차를 몰고 갔다. 기온은 아직 영하로 떨어지지는 않았지만, 눈은 이미 이 지역을 뒤덮고 있었다. 나는 지방도로를 벗어나 키 큰 나무들로 둘러싸인 길고 경사진 도로를 달렸다. 드디어 57만 제곱킬로미터의 숲이 우거진 부지 위에 세워진 T자 모양의 집을 발견했다.

인너힐에서 2.4킬로미터 떨어진 곳에는, 이 지역에서 가장 유명한 주민인 해상 상인 캡틴 리처드 필립스Captain Richard Phillips가

살고 있다. 소말리아 해적의 약탈에서 생존한 그의 이야기는 톰 행크스 주연의 영화 〈캡틴 필립스〉로 만들어졌다. 실은 나는 또 다른 굳건한 생존자인 로런스 위드를 찾아가는 길이었다. 90대 의 나이에도 불구하고 이 의사는 숲속에서 홀로 살고 있었다. 나 는 사용하기 쉬운 전산화된 의무 기록이라는, 그가 반세기 전에 제시한 비전을 미국이 달성하는 데 실패한 이유가 무엇인지 그 의 생각을 듣고 싶었다.

교수직을 제안 받은 위드는, PROMIS(Problem-Oriented Medical Information System)라고 이름 붙인 개혁 프로젝트를 수행하고자 1969년에 그의 선구적인 의료 데이터 개발팀을 이끌고 버몬트 주로 이주했다.[역주: 4장의 '환자가 직접 입력하는 최초의 컴퓨터' 부분 참조] 프로그래머 얀 슐츠가 이끄는 팀은 수십만 줄의 컴퓨터 코 드를 작성해, 위드가 문제지향적 의무 기록problem-oriented medical record이라고 이름 붙인 일관된 방식으로 의사들이 환자의 병력 을 기록할 수 있도록 했다.* 또한, PROMIS 시스템은 인터넷이 도 입되기 수십 년 전에 의사와 간호사가 수백 가지의 의학적 문제 에 관한 정보를 찾아볼 수 있게 해 주었다. 이 시스템의 목표는 개별 의사의 통찰력에 대한 의존을 최소화하는 것이었다. "우리

---

* 이 아이디어는 SOAP(subjective, objective, analytical, and planning) 경과 기록progress note으로 연결된다. 이 접근법은 오늘날 의료계에서 널리 사용되고 있으며, 오늘날 의 료계에 남겨진 위드의 가장 큰 업적이다.

는 이 시스템을 통해 진정한 환자 치료를 하고 있었습니다. 아마 세계 그 어느 곳보다 가장 먼저, 아주 여러 해 앞서 이 일을 해내고 있었습니다." 슐츠는 이야기했다.

당시 일부 외부인은 이 시스템을 시적으로 표현하기도 했다. 한 연구원은 1978년에 "최근에 나는 PROMIS의 모니터 앞에서 넋을 잃고 8시간을 보냈다. 스크린에는 정밀한 의학적 논리와 개인의 병력을 담은 내용이 녹색 빛으로 나타났다가는 사라졌다"라고 기록했다. "경외심을 불러일으킨다는 말 말고는 달리 뭐라 표현할 방법이 없다."*

마법과 같은 기술에도 불구하고, 위드의 개인적인 접근법은 구식이었다. 그는 하얀 가운 속에 셔츠와 넥타이, 갈색 바지 정장을 입고 병원 병동을 활발하게 돌아다니며 학생들을 점검했다. 그는 급한 걸음걸이로 앞장서서 걸었고, 다른 이들은 그를 따라잡기 위해 서둘러 걸어야 했다. 그는 때로는 학생들이 문제지향적 의무 기록을 얼마나 정확히 기록했는지 확인한다면서 환자 앞에서 그 기록을 크게 읽기도 했다. 그는 자신의 아이디어가 승리하리라는 엄청난 확신을 드러내 보였다. "그는 자신에 대해 아주 확신에 차 있었습니다. 그는 매우 강한 자아를 가지고 있었습

---

* Gordon Coolt, "A Medical Revolution That Could...: The Work of the PROMIS Laboratory and Lawrence L. Weed, M.D.", Center for Occupational and Professional Assessment, Educational Testing Service, Princeton, NJ, September 29, 1978.

니다. 그는 기본적으로 모든 것에 대한 답을 가지고 있었습니다." 슐츠가 말했다.

위드가 확신에 가득 차서 어떠한 의학이 필요한지 설교하는 태도는 그 병원의 많은 사람이 소외감을 느끼도록 만들었다. 그는 의료를 혼란에 빠뜨리고 있었는데, 그것은 바로 그가 의도한 것이기도 했다. 그곳의 다른 의사들은 자신이 작성한 의무 기록을 남들이 볼 수 있게 하는 데 반대했다. 위드는 의학에 대한 인류의 전체 지식 가운데 한 인간이 숙지할 수 있는 것은 극히 일부에 불과한데도, 그런 의사들이 오만하게 전지전능한 것처럼 행세한다고 생각했다. "만약 당신이 누군가에게 '의사신'이 사실 대중이 생각하는 그런 신성한 존재가 아니고, 그저 생활인으로 의사의 일을 할 뿐이라고 말한다면, 그들은 당신에게 키스할까요? 두 팔을 벌려 당신을 안아 줄까요? 이건 당연히 위협으로 느껴질 것입니다." 위드는 말했다.

병원의 경영진은 돈을 버는 작업인 진료비 청구가 우선이라고 생각했다. "문제가 아주 분명해졌습니다." 위드는 말했다. "병원 사업부서의 컴퓨터와 모든 것을 환자 중심으로 진행하기 원하는 나와 같은 연구자의 컴퓨터 사이에 아주 현실적인 갈등이 발생했습니다." PROMIS의 혁신가들과 전통주의자들 사이의 갈등은 매우 심각해서, 캔자스 대학교의 인류학자들이 1976년부터 1977년까지 그 역학관계를 관찰하고 그에 대한 책을 집필했을 정도였다.*

PROMIS에 대한 지원금이 점차 줄어들었고 위드는 대학을 그만두었다. 1982년에 그는 의사가 환자의 증상을 컴퓨터에 입력하면 예상되는 원인을 확인할 수 있는 '지식 결합 시스템knowledge coupling system'을 만들 목적으로 PKC 코퍼레이션을 설립했다. 그러나 그는 컴퓨터와 인터넷을 통해 큰 돈벌이를 할 수 있었는데도 이를 외면했고, 수익성을 강조하는 비즈니스 세계와 결별했다.

2005년, 아메리카온라인의 창업자 스티브 케이스Steve Case가 접촉해 오면서 과학과 상업 사이의 갈등이 전면화되었다. 케이스는 아메리카온라인이 이메일 분야에서 이룩한 것과 같은 혁신을 의학 분야에서 이끌어낼 목적으로 레볼루션 헬스Revolution Health를 설립했다. 케이스는 위드를 포함한 PKC의 관계자들을 만났는데, 위드는 이 자리에서 평소대로의 명석함과 집중력을 보여 주었다. 케이스는 PKC를 인수하는 데 4,000만 달러를 제안했고 거래는 성립되었다. 위드는 회사의 3분의 1을 소유하고 있었고 재정적으로도 잘 운영할 것 같았다. 하지만 모든 일이 마무리되기 이틀 전에 그는 갑자기 태도를 바꿔 자신의 우려를 표명한 이메일을 이사회에 보냈다. 레볼루션 헬스의 경영진은 위드가 결정을 보

---

* Lundsgaarde, Fischer, and Steele, *Human Problems in Computerized Medicine*, 18, 여기에는 다음과 같이 기록하고 있다. "1970년 초에 제한된 공간과 자원에 대한 경쟁으로 전문가들 사이에 시기심이 생겨났다. 또한, PROMIS 연구팀 직원들의 전도사와 같은 태도에 대한 개인적인 분노가 커졌다."

류했다는 소식을 듣고 그에게 연락했다. 위드는 기꺼이 그쪽 경영진에게도 이메일을 공유했다. "그는 모든 핵심 관계자에게 이메일을 보냈는데, 그 내용은 이 거래를 파탄시키기에 충분한 것이었습니다." PKC의 최고경영자인 하워드 피어스Howard Pierce는 말했다. "마치 회한에 가득 찬 창업자가 미친 것처럼 보였습니다." (위드는 "그 이메일은 아주 합리적인 글이었습니다"라고 맞받아쳤다.)

레볼루션 헬스와의 거래 가능성이 있었을 때 위드가 취한 행동은 PKC 팀을 당혹스럽게 했으며 위드는 곧 퇴직했다. 2012년, 웹엠디WebMD와 텔레비전 방송사 메흐메트 오즈Mehmet Oz의 창립자가 설립한 셰어케어Sharecare라는 회사가 PKC를 인수했다. 오늘날 PROMIS의 후손인 위드의 지식 결합 시스템은 애스크엠디AskMD 서비스의 웹사이트를 구동하는 엔진으로 쓰이고 있다. 이 웹사이트는 사용자가 회원 가입을 하고 회사의 데이터베이스에 들어가서 질문하고 답변을 확인할 수 있는 서비스다. 페이스북이나 구글과 마찬가지로 셰어케어는 개인 데이터를 판매하지 않지만, 자금 지원을 받은 콘텐츠를 만들거나 사용자의 정보를 활용한 광고를 통해 수익을 창출한다.

위드의 회상

내가 차에서 내려 로런스 위드의 집에 다가가자 그는 벌써 문

앞에 나와 있었다. 90대의 노인치고는 대단히 건강하고 활기찬 모습이었다. 그는 곧바로 식탁 위에 놓인 컴퓨터 앞에 나를 앉히고는 지식 결합 시스템을 빠른 속도로 설명하기 시작했다. 의례적인 인사치레를 할 시간도, 보스턴에서부터 차를 몰고 온 여정에 대한 질문도 없었다. 그는 설명할 것이 너무 많았다. 사실 그는 내가 그곳으로 오기 전에 자신이 2011년에 저술한 《의학의 부정Medicine in Denial》을 비롯한 몇 권의 책을 읽어 보라고 상당히 집요하게 권했다.*

지식 결합 시스템은 그의 회사 PKC의 핵심이었으며, 이것을 통해 그는 의학과 관련된 인간 지식의 정점을 창조하고자 했다. 나는 현재 웹 광고와 후원받은 콘텐츠에 의존하고 있는 회사의 운명을 그는 어떻게 생각하는지 물었다. 당연히 위드는 보건의료와 상업을 섞는 것을 불쾌하게 생각했다. "저는 비즈니스 세계가 정말 역겨웠습니다." 그는 말했다. "문제에 휘말리고 싶지 않기 때문에 굳이 부정적인 측면을 말하고 싶지는 않지만, 비즈니

---

* 위드가 제안한 독서 목록에는 자신의 저서 말고도 다음과 같은 것들이 포함되어 있었다. Francis Bacon, *Novum Organum* (1620); Giovanni Battista Morgagni, *De Sedibus et Causis Morborum per Anatomen Indagatis* (Patavii: Sumptibus Remondinianis, 1765); Abraham Flexner, *Medical Education in the United States and Canada: A Report to the Carnegie Foundation for the Advancement of Teaching* (New York City, 1910); Graedon and Graedon, *Top Screwups Doctors Make and How to Avoid Them*, and Laura Snyder, *The Philosophical Breakfast Club: Four Remarkable Friends Who Transformed Science and Changed the World* (New York: Broadway Books, 2011).

스의 세계란 전혀 다른 세계입니다. 비즈니스의 세계에서는, 당신이 하버드 비즈니스 스쿨Harvard Business School을 나와야 하고, 잠을 잘 때도 꿈속에서 달러 기호($)를 볼 정도가 되어야 합니다."

그는 거실을 비추던 늦가을 오후의 햇살이 희미해지기 시작할 때까지 3시간 넘게 쉬지 않고 여러 가지 이야기를 해 주었다. 내가 더 젊다는 것이 무색할 정도로 그는 지칠 줄 모르는 에너지를 유지했다. 나는 잠시 쉬어 가고 싶어서, 그에게 거실에 놓인 스타인웨이 그랜드 피아노를 아직도 연주하는지 물었다. 그는 곧바로 일어나 피아노 앞에 앉았다. 거실 창밖에는 들판과 숲이 펼쳐져 있었고 명상에 어울리는 곡에 딱 알맞은 분위기였다. 하지만 그는 시벨리우스, 바흐 등의 역동적인 곡들을 아주 빠른 템포로, 나이가 안 느껴질 정도의 상당히 훌륭한 솜씨로 연주했다.

떠나기 전에, 나는 과학적 측면이 아니라 그가 느끼는 감정에 대해 물었다. 그가 의학 분야에서 제안한 혁신적인 방안들을 사회가 아직 수용하지 않은 것을 어떻게 생각하는지 물었다. "우울했습니다. 그리고 두려운 일입니다." 그는 말했다. "의학 분야에서 벌어지고 있는 재앙은 대부분의 사람이 인지하고 있는 것 이상으로 큽니다."

"아무것도 바뀌지 않은 채로 오륙십 년이 지났다는 사실에 내가 좌절했을까요? 내가 만약 자살하기 쉬운 유형이었다면, 이미 오래전에 자살했을 겁니다. 내가 좌절했을까요? 예, 그렇기는 합니다. 어차피 나는 얼마 안 있어 죽게 될 겁니다."

벌링턴Burlington의 인근 마을을 떠나기 전에, 나는 그와 함께 일했던 프로그래머 얀 슐츠에게 작별 인사를 하러 갔다. "많은 사람들이 성공하지 못한 이유가 위드 때문이라고 하는데, 그것은 헛소리입니다." 슐츠는 말했다. "성공하지 못했던 이유는, 그것이 너무나도 일찍 시도되었고 또한 의사들에게 위협이 되었기 때문입니다. 만약 당신이 무슨 일이 있었는지 실제로 살펴본다면 그것은 고작해야 작은 (데이터) 저장고에 불과합니다. 애처로운 일입니다. 끔찍한 일입니다."

오늘날에도 여전히 해결되지 않은 전자 의무 기록의 단점을 가장 잘 드러내는 것은, 내가 이전에 클리블랜드 메트로폴리탄 종합병원 원장 데이비드 밀러David Miller를 찾아갔을 때 들었던 일화다. 그 병원은 위드가 1960년대 중반에 선구자적인 작업을 했던 곳이다. 밀러도 1969년에 버몬트 주로 이주했고 1970년대에는 위드와 다시 함께 일했다. 내가 그를 방문했을 때, 1930년생인 밀러는 장폐색 수술과 방광암 등 몇 가지 건강문제를 가지고 있었다. 그러나 그조차도 자신의 완벽한 의무 기록을 가지고 있지 않았다. 밀러는 "설사 로런스 위드라도 기록을 가지고 있지 않을 겁니다"라고 말했다.

위드 역시 자신의 기록을 가지고 있지 않았고, 다음과 같이 솔직하게 말했다. "내 나이가 이미 90대입니다. 나는 후손들에게 '나는 중환자실에서 깨어나길 원하지 않는다. 나를 살리려고 애쓰지 마라. 아무렇지 않다'라고 말할 위치에 있습니다."

반면, 밀러는 초보적인 해법을 찾았다. 그는 집 현관에 EMT(응급의료진)라는 글자가 쓰인 두 개의 문서를 보관하고 있다. 그와 그의 아내는 잠시 장을 보러 나가거나 휴일에 집을 비울 때면 늘 이 두 장의 종이를 지니고 다닌다. 무슨 일이 생기면 응급의료진이 그들 부부에 관한 중요한 정보를 신속하게 알아낼 수 있도록 하는 것이다. 정말 오래된 구닥다리 방식이다.

이와는 대조적으로, 최근 몇 년 사이에 상당한 기술적인 발전이 이루어지면서 데이터 채굴자들은 놀랄 정도로 광범위한 출처들로부터 익명화된 환자 정보를 수집할 수 있게 되었다.

12장

21세기의
진전

오늘날의 아이엠에스

2004년 아이엠에스 헬스의 창립 50주년을 맞아, 최고경영자는 아이엠에스의 성공을 루드비히 프롤리히와 아서 새클러가 비밀 협력관계 속에(최고경영자가 이런 관계를 언급하지는 않았다.) 아이엠에스를 설립했을 당시 업계를 지배했던 기업들과 비교했다. 데이비드 토머스David Thomas는 50년 전 《포춘 100》 기업 순위를 찾아보았는데, 이 순위는 아이엠에스가 공식 설립된 지 일 년 후인 1955년부터 발표되었다. 그래서 그는 그 순위를 가지고 아이엠에스의 현재와 비교했다.

그는 아이엠에스 투자자 연례 회의에서 "순위에 있던 기업들 가운데 오직 10%의 기업만이 현재까지 존재하고 있습니다. 50년 동안 살아남을 수 있는 회사와 브랜드에는 무언가 다른 것이 있습니다"라고 말했다.

"우리는 유행에 뒤떨어지지 않는 제품을 가지고 있습니다. 우리 제품은 시대에 따라 변화합니다. 다른 것으로 대체되지 않습니다. 다만 계속 발전합니다." 아이엠에스는 계속 사업을 확장해 왔는데, 가장 최근인 2016년 5월에는 퀸타일즈와 합병했다. 퀸타일즈는 의약품의 임상실험을 수행하고, 제약회사의 제품 출시를 지원하는 서비스 제공 회사다.* 2015년 10월, 퀸타일즈와 아이엠에스가 나중에 합병으로 이어진 전략적 제휴를 발표하면서 강조한 대로, 의료 데이터에 대한 접근성이 크게 향상되었다. "이런 협력은 전 세계 보건의료 데이터에 대한 접근성을 크게 향상시킵니다. 이를 통해 의사와 보험자, 환자에게 의약품의 가치를 입증하는 데 필요한 결정적인 정보와 관련 서비스를 고객에게 제공합니다." 퀸타일즈의 통합 보건의료 서비스 부문 대표 스콧 에반젤리스타Scott Evangelista가 성명을 통해 밝혔다.**

이번 합병은 아이엠에스가 자신의 사업을 확장하고 건강 데이터 분야를 지배하려 할 때면 경쟁사들을 힘으로 압도하거나 사들여 온 오랜 역사의 연장선상에서 벌어진 일이다. "아이엠스는 언제나 혁신자라기보다는 빠른 추격자이고 인수자였습니다." 경쟁사인 심포니 헬스의 전 최고경영자 그레그 엘리스Greg Ellis가 말했다. "혁신을 일으킨 기업이 두각을 나타내면 아이엠에스는 그

---

* IMS Health, "IMS Health and Quintiles to Merge; Quintiles IMS to Become Industry-Leading Information and Technology-Enabled Healthcare Service Provider", 보도자료, 2016년 5월 3일, 기록은 https://perma.cc/3D25-AG9S 참고.
** Quintiles and IMS Health, "Quintiles and IMS Health Announce Global Collaboration to Advance the Use of Next-Generation Real-World Evidence in Late-Stage Clinical Research", 공동 보도자료, 2015년 10월 22일, 기록은 https://perma.cc/746V-LRSR 참고.

기업들을 사들였을 뿐, 직접 커다란 혁신을 만들어 내지는 않았습니다."

프롤리히의 광고대행사는 오래전에 사라졌지만, 비주력 기업이었던 아이엠에스는 계속 의료 데이터 채굴 시장을 지배하고 기업 가치를 키워 왔다. 1988년에 던 앤드 브래드스트리트Dun & Bradstreet는 아이엠에스를 17억 달러에 약간 못 미치는 가격에 매입했다. 아이엠에스는 10년 후 다시 독립했는데, 2005년에는 네덜란드의 출판회사인 VNU가 아이엠에스를 68억 달러에 사겠다고 제안했다가 주주들이 그 가격이 비싸다고 불평하면서 거래가 불발되었다. 2010년에는 다수의 투자 펀드가 아이엠에스를 약 60억 달러에 구매했다. 아이엠에스가 2014년 주식 시장에 상장되면서 회사의 가치는 66억 달러가 되었고, 2015년 여름에는 주가 상승으로 가치가 100억 달러 이상으로 증가했다. 2016년 5월에 이루어진 퀸타일즈와의 합병 이후 회사의 가치는 176억 달러까지 치솟았다.* 최근 몇 년 동안 아이엠에스의 가치를 높인 다른 요인은 컨설팅 서비스의 성장이었다. 아이엠에스는 제약회사에게 신약을 가장 잘 안착시키는 방법 등 고객 맞춤 정보를 제공하는데, 이는 2000년대에 이르러 연간 5억 달러 규모의 사업이

---

* IMS Health, "IMS Health and Quintiles to Merge; Quintiles IMS to Become Industry-Leading Information and Technology-Enabled Healthcare Service Provider", 보도자료, 2016년 5월 3일, 기록은 https://perma.cc/3D25-AG9S 참고.

되었다.[*]

오티스Otis 엘리베이터 제조사 임원이었던 아이엠에스의 최고경영자 아리 부스빕은 보너스로 받은 주식을 포함한 보유 주식으로 2014년 주식 공개상장 당시 2,590만 달러를 벌었다. 나는 이 책을 집필하면서 지난 몇 년에 걸쳐 여러 차례 그의 사무실을 통해 연락을 취했지만 아무 응답도 받지 못했다. 결국 어느 일요일에 그의 집으로 전화를 걸어 그와 통화할 수 있었다. "정말 유감입니다. 시간이 적절하지 않네요." 그는 프랑스계 캐나다 억양의 영어로 답했다. 적절한 시간이라는 것은 이후에도 없었고, 다시는 그와 통화가 되지 않았다.

아이엠에스가 수집하는 데이터의 양은 극적으로 증가하고 있으며, 일련의 인수 및 합병뿐만 아니라 전산화 및 대용량 데이터 저장의 진보에 힘입어 크게 증가했다. 사업 초기와 마찬가지로 아이엠에스는 여전히 제약회사 및 도매업자로부터 청구서를 수집하고 있는데, 다만 현재는 50개 이상의 국가에서 이런 활동을 하고 있다. 40개국 이상에서 의사들이 자신의 진단과 치료 내역을 기록해서 제공한다. 또한, 10개국 이상에서 처방 정보를 입수하고 있으며, 이외에도 여러 국가에서 의료기관이 제출한 보험 청구서, 병원 퇴원 기록, 진단검사 결과 등을 수집하고 있는

---

[*] 이런 상황은 저자가 2015년 9월 10일 아이엠에스의 전직 최고경영자 데이비드 카를루치와의 면담을 통해 확인한 것이다.

데, 여기에는 미국의 전체 보험 청구 내역의 3분의 2도 포함되어 있다.* 아이엠에스는 중국, 러시아, 인도, 브라질 등 개발도상국에서 급속히 사업을 확장하고 있다. 2014년 연간보고서에 따르면, 이 회사는 연간 550억 건 이상의 의료비 지급 정보와 환자 5억 명 이상의 비실명화된 기록을 수집했다고 한다.** 아이엠에스는 가능한 경우 항상 현금 대신 아이엠에스 보고서와 분석결과를 제공하는 등, 데이터를 맞교환하는 거래방식을 취하고 있다. 아이엠에스의 기업 담당 부사장 더그 롱은 "우리는 수가 기반fee-based에서 서비스 기반service-based으로 이동하고 있습니다"라고 말했다. 그런 합의는 "상호 의존성"이 있기에 잘 유지된다.

데이터 채굴 업계의 경쟁자들

아이엠에스는 끊임없이 성장하는 환자 정보 시장에서 지속적으로 경쟁을 벌여 왔다. 그 오랜 경쟁 기업 가운데 하나가 소스

---

* 아이엠에스의 데이터 제공자에 대한 상세한 설명은 IMS Health, "A 360° View of the Healthcare Marketplace", *Information Sources* (IMS Health blog), 2015, 기록은 http://perma.cc/932A-CERU 참고. 또한 IMS Health, "Medical Claims", *Information Types*, IMS Health, 2016년 2월 3일 접속, https://www.IMShealth.com/en/about-us/core-strengths/information-types 참고.
** 2016년 중반까지 아이엠에스는 5억 3,000명 이상의 익명화된 환자 상세 정보를 수집해 왔다.

Source다. 이 회사는 2012년에 인도 출신의 실리콘밸리 억만장자 로메시 와드와니Romesh Wadhwani의 사모투자회사인 심포니 테크놀로지 그룹Symphony Technology Group에 인수되었다. 소스의 임원 중 상당수가 아이엠에스 출신이었는데도, 2013년에 심포니는 아이엠에스를 독과점 행위로 고소했다. 소장에 따르면, 아이엠에스는 전 세계 시장의 90%를 점유하고 있으며 5억 달러 규모인 미국의 관리 및 지불 데이터 시장의 86%를 점유하고 있다. 이는 제약회사들이 의사별로 수집된 상세 정보를 근거로 마케팅 대상이 될 의사들을 선정하고, 매출 증대 실적에 따라 제약회사 영업사원들에게 보수를 지급할 수 있게 하는 서비스다.

소장에는 "인수·합병을 통해 미국 내의 다른 모든 경쟁자를 집어 삼킨 뒤, 아이엠에스는 자신의 독점권을 강화하기 위해 유일하게 남은 경쟁 기업인 심포니를 시장에서 제거하려는 불법적인 계획을 공모했습니다. 심포니는 종종 아이엠에스보다 더 좋은 상품을 제공하는데, 아이엠에스에 비해 크기나 시장 지배력에서 밀리고 있습니다"라고 적혀 있었다.[*] 아이엠에스는 "경쟁이 치열한 이 시장에서 고객에게는 다양한 선택지가 있으므로 원고의 주장이 맞지 않다고 주장했다. 아이엠에스는 경시적 환자 기록을 익명화하는 기술에서 특허를 침해당했다고 주장하며 심포니

---

[*] Symphony Health Solutions Corporation et al. v. IMS Health Incorporated, Pennsylvania Eastern District Court, Case No. 2:13-cv-04290.

를 맞고소했다.* 두 소송 모두 2016년에 아이엠에스가 심포니 테크놀로지 그룹의 자회사를 인수하는 과정에서 거래의 일환으로 취하되었다.

몇 년 사이에 아크라이트나 다른 경쟁사들이 소멸된 것은, 의료 데이터 업계의 선두 회사에게 도전하는 것이 얼마나 어려운 일인지 잘 보여 준다. 아이엠에스가 던 앤드 브래드스트리트의 계열사였을 때 그 회사의 회장이었던 로버트 와이즈먼Robert Weissman은 강력한 경쟁력을 확보할 만큼의 충분한 데이터를 구매하는 데는 엄청난 비용이 든다고 지적했다. "아이엠에스와 다방면에 걸친 경쟁을 염두에 둔 사람이라면, 일반적으로 말해서, 아이엠에스가 보유한 데이터의 10%를 수집한다고 해서 10%의 시장 점유율을 확보하는 것이 아니라는 사실을 깨닫게 될 것입니다." 그는 말했다. "경쟁력을 갖추려면 일반적으로 아이엠에스의 데이터베이스를 그대로 복제한 정도의 데이터베이스를 구축해야 합니다. 그것은 엄청난 비용이 드는 일입니다."

심포니 헬스의 마케팅 및 제품 개발 담당 수석 부사장 돈 오터바인은 와이즈먼의 분석에 동의한다. "데이터를 확보하는 데는

---

* IMS, "Media Statement Regarding IMS Health's Response to Symphony Health Solutions Complaint", 보도자료, 2013년 7월 25일, 기록은 http://perma.cc/FL48-7E24 참고. 맞고소 건에 관해서는 IMS Health Incorporated v. Symphony Health Solutions Corporation, Source Healthcare Analytics, LLC, and ImpactRx, Inc., U.S. District Court for Delaware, 1:13-cv-02071-GMS 참고.

아주 많은 돈이 듭니다. 데이터 일부를 확보했다고 그것으로 아이엠에스와 충분히 경쟁할 만하다고 생각한다면 잘못된 판단입니다."

의료 부문의 다이렉트 마케팅

프롤리히와 새클러가 활동하던 시대에는, 제약회사들이 의사들만을 대상으로 광고했다. 1980년대 들어 미국 당국은 소비자를 대상으로 한 다이렉트 마케팅을 허용했고, 1998년이 되자 상원의원이자 공화당 대선후보였던 밥 돌Bob Dole이 텔레비전 광고에서 비아그라를 선전할 정도로 다이렉트 마케팅이 일반화되었다. 광고주는 자기 제품에 가장 관심을 가질 만한 고객에게 다가가기 원하기에, 의료 광고는 대상을 보다 정교하게 선정하는 방향으로 나아가고 있다.

아이엠에스 헬스나 심포니 헬스 같은 의료 **데이터 채굴기업**은 익명화된 환자 정보만을 다루지만, **데이터 중개업자**data brokers라고 불리는 관련 기업들은 수억 명의 소비자에 대한 실명 상태의 프로필을 판매한다. 그 프로필에는 이름과 주소, 전화번호, 이메일 주소 그리고 건강상태 등이 포함된다. 알츠하이머병, 심장질환, 비만, 요실금, 우울증, 과민성 대장증후군, 발기부전, 심지어 HIV감염까지, 어떤 상태에 관한 것이든 데이터 중개기업들은 해당 환자의 명단을 수집할 것이고, 그것을 소비자 마케팅에 사용할 기업에게 팔 것이다.*

　이런 환자의 실명 정보 거래가 가능한 이유는, HIPAA가 의사, 검사기관, 건강보험, 보험회사 및 정보중개기업 등 보건의료 서비스 제공자들에게만 적용되기 때문이다. 여기에 해당되지 않는 사람이라면 누구나 환자의 다양한 활동(온라인 구매, 설문조사, 복권, 쿠폰, 잡지 구독자 목록, 건강 관련 구매, 피트니스 앱, 건강 관련 웹사이트, 심지어 유전자 정보 등)을 추적하여 수집한 의료 데이터를 자유롭게 거래할 수 있다. "다른 모든 건강 데이터와 마찬가지로, HIPAA의 적용 대상이 아닌 자들이 거래하는 유전자 데이터는 보호되지 않습니다." 워싱턴 D.C.의 프라이버시 컨설턴트 밥 겔먼Bob Gellman은 말한다. "이것은 정보 보호의 커다란 구멍입니다. 유전자 데이터의 생산과 이용 범위가 넓어지면서, 유전자 데이터는 중개기업의 손으로, 프로필 안으로, 그리고 마케팅 자료 속으로 흘러 들어갑니다. 다른 건강 데이터와 마찬가지로 말이지요. 다른 건강 데이터와 다른 점은, 유전자 데이터는 당신의 자손과도 관련이 있다는 것입니다."

　최근 몇 년 동안 수백만 명의 사람이 미래의 건강, 수명, 친자

---

* 주요 데이터 중개업자들이 다루는 매우 포괄적인 목록을 확인하려면 Epsilon's "Health and Ailment Database" list 참고, 기록은 http://perma.cc/98W3-NX2G 참고.

관계, 조상 등에 대한 정보를 얻고자 유전자 검사를 받았다. 그러나 유전자 검사를 하는 일부 영리 기업이 그 데이터를 대부분 공유하고 있다는 것을 아는 사람은 거의 없다. 예를 들어, 퍼스널 게놈 프로젝트Personal Genome Project의 자회사 베리타스 제네틱스Veritas Genetics는 2016년에 유전자의 전체 염기서열 분석과 그 해석 결과를 999달러에 제공한다고 발표하여 언론의 머리기사를 장식했는데, 이 회사는 그 정보를 '비식별화'해서 과학 연구를 지원하는 공공 데이터베이스와 공유한다. 이런 공유 사실은 웹사이트에 게시된 8건의 개인 정보 보호 문서 가운데 하나인 '유전자 검사에 대한 정보에 입각한 동의' 문서의 19번 문항에만 설명되어 있다.[*]

일부 기업은 이와 달리 고객이 자신의 유전자 정보가 어떻게 취급될지 스스로 결정할 수 있어야 한다는 입장을 취한다. "개인이 자신의 데이터를 공유할 때는 누가 무슨 목적으로 그것을 가지게 될지 정확하게 알 수 있고, 자신의 데이터가 계약에 의해 보호되리라는 사실을 믿을 수 있도록, 표준을 정해야 할 윤리적인 책임이 우리 업계에 있습니다." 캘리포니아 주 칼즈배드Carlsbad에서 전체 유전자 염기서열을 분석하는 슈어 제노믹스Sure Genomics의 최고경영자 겸 창립자 워런 리틀Warren Little

---

[*] Veritas Genetics, "Terms of Use", Privacy and Legal section, effective date April 1, 2015, 기록은 https://perma.cc/4NDR-CXMK 참고.

은 말했다. "만약 개인의 프라이버시가 보호되지 않는다면, 당사자로부터 정보에 입각한 동의를 받지 않고도 데이터를 이용해서 이익을 창출하는 것이 현실적으로 가능하게 될 것입니다. 이것은 한번 미끄러지기 시작하면 멈출 수 없는 비탈길과 같습니다."

개인 정보 보호 정책이 적힌 문서의 작은 글씨를 주의 깊게 읽는 극소수의 사람들조차 환자 데이터가 실제로 어떻게 이용되는지 잘 알 수 없는 경우가 종종 있다. "서비스 조건과 개인 정보 보호 조건을 자세히 살펴보면, '공유할 수 있다'처럼 '~할 수 있다'(may 혹은 might)라는 단어가 자주 등장하는 것을 볼 수 있는데, 이는 자료 공유의 문을 열어 주는 표현입니다." 얀 샤르보노Jan Charbonneau는 말했다. 그는 호주 태즈메이니아 대학교 법학부의 법률 및 유전학 박사과정 졸업 예정자다.

데이터를 판매한다는 사실이 작은 글씨로 명시되어 있었지만, 정확히 무엇을 시장에 내다 파는 것인지를 드러내는 기업은 거의 없다. 예를 들어, 데이트 상대를 주선하는 웹사이트 엘리트메이트EliteMate는 "우리가 수집한 정보는 당신이 관심을 가질 만한 다양한 제품과 서비스에 관련된 판매, 마케팅, 광고, 출판 업계에 종사하는 개인 및 기업에게 재판매, 사용권 제공, 양도, 상표변경, 갱신, 첨부, 공유됩니다"라고 적고 있다. 상업적 거래가 가능한 데이터 중개업자들의 웹사이트를 조사한 결과에 따르면, 엘리트메이트가 판매하는 실명 메일링 리스트에는 에이즈 환자 리

스트도 있는 것으로 드러났다.[*]

"대부분의 사람은 자신이 하는 행위가 미래의 마케팅에 이용되리라고는 생각하지 않습니다." 데이터 중개기업 컴플리트 메디컬 리스트Complete Medical List의 최고 소유권자 팀 버넬Tim Burnell은 말했다. 그는 다이렉트 마케팅 분야에서 20년 이상 일해 왔는데도, 대부분의 사람이 그런 거래를 어떻게 생각하는지 정확하게 알고 있었다. "대부분의 사람은 싫어할 것입니다."

9,200만 명의 미국인에 대한 의료 정보와 우편주소를 판매하는 데이터마스터즈DataMasters라는 중개기업은 다음의 집단을 잠재적인 고객으로 본다.

- 신규 혹은 경쟁 의약품을 생산하는 제약회사
- 제약 마케팅 조직 또는 기타 의학 연구 관련 기관을 대상으로 하는 시장조사 기업
- 새로 개업하는 의사
- 특정 질환이나 환자 집단을 중심으로 진료하는 의사
- 특정 질환을 가진 집단에게 필요한 의료기기나 의료 서비스를 제공하는 기업
- 집단소송 사건에 참여할 가능성이 있는 예비고객들에게 연락할

---

[*] NextMark, Inc., "STD.DATERS.COM: AIDS/HIV Members Postal & E-mail Mailing List" 참고. 기록은 http://perma.cc/6LPR-V6FH 참고.

필요가 있는 변호사[*]

　무료 서비스를 제공하는 수많은 기업은 맞춤형 광고를 위해 개인 데이터를 닥치는 대로 모아들인다. 우리는 서비스를 제공받는 대신 우리 정보를 비용으로 지불하는 것이다. 신체 나이를 평가하는 리얼에이지RealAge는 이름과 이메일, 출생일, 성별을 묻는다.[**] 소비자 건강 웹사이트 웹엠디는 자사의 사이트에서 검색한 결과에 의거해 맞춤 광고를 제공한다(비록 에이즈와 같은 민감한 질병은 다루지 않지만). 그리고 설문을 통해 이용자의 개인 정보를 묻는다.[***] eMedicineHealth.com이라는 웹엠디 사이트는 다음과 같이 솔직하게 조언했다. "만약 웹엠디가 이 프라이버시 정책에 명시된 용도로 당신의 개인 정보를 사용하기를 원치 않으면, 회원 등록을 하지 말고 개인 정보를 수집하는 툴이나 어플리케이션도 이용하지 말아야 합니다."[****]

　익명으로 웹사이트를 방문하더라도, 회사가 당신이 누구인지 추측할 수 있을 만큼의 세부 정보를 제공할 수 있다. 제약회사

---

[*] DataMasters.org의 웹사이트 기록은 http://perma.cc/SAC3-4QBS 참고.
[**] 로런스 위드의 PKC Corporation을 인수했던 셰어케어가 리얼에이지를 소유하고 있다.
[***] WebMD, "WebMD Privacy Policy Summary", effective date March 20, 2015, 기록은 http://perma.cc/D858-HZG3 참고.
[****] eMedicineHealth, "eMedicineHealth Privacy Policy Summary", effective date March 20, 2015, 기록은 http://perma.cc/93CE-Y5JM 참고.

바이엘Bayer이 지원하는 가족계획 웹사이트 your-life.com은 이런 사실을 잘 보여 주었다. 이 사이트는 당신의 인터넷 통신사, 컴퓨터 IP 주소(컴퓨터에 할당된 고유한 코드), 이 사이트 접속 전에 당신이 들렀던 웹사이트와 접속 후 옮겨 간 웹사이트 정보를 수집한다. "이 데이터가 당신의 신원 확인에 쓰일 수도 있지만, 우리는 그렇게 하지 않습니다." 이 사이트의 개인 정보 보호 정책에서 밝히고 있다.*

다수의 업계 내부자는 지나친 경쟁 때문에 의료 광고 대상을 확대하고 업계 전체의 이미지를 실추시키는 기업이 생겨나지 않을까 우려한다. "기업들이 특정 질병을 앓는 환자의 신원을 알아내려고 할까요? 당연합니다. 그들이 벌을 받았을까요? 여러 차례요." 아이엠에스의 수석 부사장이었던 로저 코먼은 말했다. "환자의 신원을 파악하고 더 많은 제품을 팔려는 것은 기업의 본능입니다."**

제약회사 일라이 릴리의 개인 정보 최고 책임자로 일했던 변호사 스탠 크로슬리Stan Crosley는 경쟁에 대해 이야기하던 중 다음과 같이 덧붙였다. "사람들이 걱정하는 것은, 많은 돈을 벌 수

---

* Your-life.com, "Privacy Statement", 기록은 http://perma.cc/P5A8-AL7X 참고.
** 또한 코먼은 수많은 거대 제약회사가 근년에 마케팅 부정이나 허가 외 사용off-label 마케팅으로 인해 많게는 수백만 달러에 달하는 벌금을 냈다는 사실도 언급했다. 이런 회사들로는 화이자, 머크, 글락소스미스클라인, 사노피-아벤티스Sanofi-Aventis, 존슨 앤 존슨, 아스트라제네카AstraZeneca, 애벗Abbott, 암젠Amgen, 엔도Endo 등이 있다.

있다고 생각하면서 일회성으로 경쟁에 뛰어드는 무책임한 인간들입니다. 그런 일이 생기면 정말로 심각한 문제가 벌어질 것입니다."

제약회사의 입장에서 보면 자신이 생산한 의약품을 필요로 할 환자들을 찾는 것은 경영 측면에서 합리적인 일이다. 예를 들어, 렉시콘 제약Lexicon Pharmaceuticals은 심각한 설사 증상을 일으키는 카르시노이드증후군 환자 가운데 증상이 제대로 조절되지 않는 환자의 수를 계산하기 위해 아이엠에스 컨설팅에 자문을 구했다. 또한, 아이엠에스의 데이터는 이들 환자를 치료하는 의사들을 찾아내 자사의 치료제를 처방하도록 하는 데 도움이 될 수 있다고 렉시콘의 마케팅, 영업 전략 및 운영 부문 부사장 존 노스코트John Northcott는 말했다.[*]

소셜 미디어 노출

트위터, 페이스북, 블로그, 환자 그룹 및 기타 인터넷 사이트에 게시된 자료도 외부인에게는 새로운 의학적 통찰을 얻을 원천이 된다. 최근에는 기업들과 학술적 연구자들도 점점 더 많은 관심

---

[*] Lexicon Pharmaceuticals Q3 2014 earnings call, November 4, 2014.

을 보이고 있다. 예를 들어, 한 연구는 전문약인 각성제 애더럴Adderall을 언급하는 20만 개 이상의 트위터 메시지를 추적하여 이런 언급이 대학 시험 기간 중 최고조에 달했다는 사실을 발견했다.[*]

존스 홉킨스 대학교의 컴퓨터 과학자 마크 드레지Mark Dredze는 우울증, 자살, 조현병, 외상후스트레스장애, 섭식장애 등 건강과 관련된 통찰을 얻으려고 소셜 미디어를 파헤치는 많은 연구자 중 한 사람이다. 그는 처음에는 환자들이 본인의 이런 문제들을 인터넷에 드러낼 것이라고 믿기 어려웠다.[**] "예를 들어 정신건강의 경우, 사람들이 그런 내밀한 문제를 결코 인터넷에 게시하지 않으리라 생각했기 때문에, 무언가 해 볼 만큼 충분한 데이터를 찾을 수 있으리라 생각하지 않았습니다." 그는 말했다. "제가 완전히 틀렸던 거죠. 온라인의 공개된 토론방에서 자신이 무엇을 하고 있는지 상세하게 공개하는 사람들이 많이 있습니다. 그 가운데 일부는 익명으로 대화를 나눕니다. 하지만 많은 사람들은 그들이 누구인지 어렵지 않게 파악할 수 있는 계정을 사용하고 있습니다."

그는 연구를 위해 트위터에서 "진단을 받았다diagnosed with" 같은 키워드를 검색해서 "나는 오늘 치료를 시작했다. 그 여의

---

[*] Hanson et al., "Tweaking and Tweeting", e62.
[**] 드레지의 작업 사례를 보려면 Dredze et al., "HealthTweets.org" 참고.

사는 나를 거식증, 우울증, 불안장애, 외상후스트레스장애로 진단했다" 같은 게시물을 찾는다. 이런 방식으로 연구하는 어떤 전문가는 공중보건학적 문제의 전반적인 경향을 알아내기도 하고, 또 다른 전문가는 예를 들어 자살의 위험성이 높은 사람을 사전에 파악해 너무 늦기 전에 도움을 제공할 수 있기를 바란다.

디지털화된 의료 데이터와 마찬가지로, 외부인이 개인의 건강 상태를 상세히 파악할 수 있다는 것은 공중보건학적 측면에서 상당한 통찰을 얻는 경우도 많은 반면, 단점도 있다. "당신이 사악한 사람이라면 이것을 나쁜 일에 사용할 수도 있습니다. 그것이 바로 우리가 살고 있는 데이터 세계의 현실입니다." 드레지는 말했다. "하지만 압도적인 다수는 정보를 좋은 일을 하는 데 사용한다고 생각합니다."

프라이버시 전문가들은 소셜 미디어에 글을 올린 사람들이 미처 예상하지 못했던 방식으로 외부인이 정보를 악용할 것을 우려한다. 당사자들이 알아채지 못하는 사이에 데이터 중개기업이 환자 단체와 병원 사이트에서 이름을 수집해 특정 질병과 관련된 사람들의 목록을 만들어 낼 수도 있다. 대형 데이터 중개기업들은 재산, 부동산, 고용, 종교, 인종적 배경, 성적 지향, 취미, 기타 여러 항목(건강까지 포함)이 담긴 정교한 프로필을 만들어 낸다. 질병별로 실명이 포함된 목록을 만드는 데 초점을 맞추는 일부 틈새 중개기업은 소셜 미디어의 정보를 이용해 더 구체적인 내용을 확보할 수 있다.* "만약 당신이 HIPAA의 보호 범위를 벗어나는 다른 곳에 당신의 건강 상태 관련 게시물을 올린다면, 그것은 좋은 목표물이 됩니다." 세계 프라이버시 포럼의 창립자이자 프라이버시에 관한 몇 권의 책을 쓴 팸 딕슨Pam Dixon은 말한다.

딕슨은 특정 질병의 구체적인 내용에 관한 이야기를 나누는 온라인 게시판이나, 치료를 받은 환자들에게 자신을 치료해 준 의사에 대한 칭찬 같은 의견을 남기도록 유도하는 병원 사이트를 주의하라고 권고했다. "사람들은 좋은 치료 결과를 얻고서 기쁘고 즐거운 기분으로 게시물을 남길 것입니다. 이런 게시물이 공개되어 있고, 이를 통해 자신의 이름이 수집된다는 사실을 전혀 모르고 있습니다." 그녀가 말했다.

의료 데이터 채굴기업도 소셜 미디어에 보다 많은 관심을 기울이고 있다. 아이엠에스 헬스는 2013년에 이 분야를 전문으로 하는 분석 회사를 인수했다. 아이엠에스의 의료 정보 연구소Institute for Healthcare Informatics 책임자 머리 에이킨Murray Aitken은 보도자료를 통해 이런 새로운 경향에 대해 이야기했다. "점점 더 많은 환자가 소셜 미디어를 통해 자신의 건강 관련 정보를 획득하고 서로 공유하고 있습니다. 이런 추세는 환자들이 치료 과정에서 참

---

* 주요 데이터 중개기업 가운데 액시엄Acxiom과 익스피리언, 엡실론Epsilon은 모두 소셜 미디어에서 정보를 채굴하여 개인 의료 정보 파일에 취합하지 않는다고 말한다.

고할, 정확하고 본인에게 적용 가능한 콘텐츠에 대한 수요를 더욱 촉발합니다."*

트리토Treato 같은 신생기업들은 "수백만의 환자가 무슨 말을 하고 있는지 확인해 보십시오"라며 소비자를 끌어들여서, 환자들이 의약품과 치료에 관해 하는 이야기를 모니터한다. 미국과 이스라엘에 사무실을 두고 있는 트리토는 새로운 경향과 정보를 파악하려고 컴퓨터를 사용해 인터넷 구석구석을 탐색하고 있다. 최고경영자 기디언 맨틀Gideon Mantel은 "우리는 사람들이 질문조차 떠올리지 못했던 사실들에 관해 새로운 발견을 하게 됩니다. 저는 이것이 궁극적인 집단지성이라고 생각합니다. … 만약 (어떤 의약품이나 치료가) 많이 언급되고 있다면, 그것과 관련된 무언가가 있는 것입니다."

기침감기약 로비투신Robitussin이 여성의 임신을 도울 수 있다고 하는 수백 건의 게시물처럼, 때로는 의외의 게시물들이 올라온다고 맨틀은 이야기했다.** 전반적으로 트리토는 군중의 지혜(또는, 때로는 터무니없는 생각)에 초점을 맞추지만, 개별 환자의 정

---

* IMS Institute for Healthcare Informatics, "IMS Institute Report Finds Nearly Half of Top 50 Manufacturers Have Active Social Media Engagement—Industry Standouts are Leading the Way", 보도자료, 2014년 1월 21일, 기록은 perma.cc/EEJ2-HCJZ 참고.
** 로비투신 기침 시럽을 생산하는 화이자의 대변인 샐리 비티Sally Beatty는 "그 시럽을 복용하면 임신을 원하는 여성들이 도움을 받을 수 있다는 소문에는 아무런 근거나 적응증이 없습니다"라고 응답했다.

보를 수집하지는 않는다. "우리는 의약품 회사에게 '애덤이라는 환자가 A 약품에서 B 약품으로 약을 바꾸었습니다. 여기에 있는 정보를 통해 그 환자에게 접근해 보세요'라고 하고서, 환자에게는 '이봐요 애덤, 여기 약을 살 수 있는 쿠폰이 있는데 써 볼래요?'라고 하는 방식으로 개인별로 접근하지는 않습니다." 맨틀이 말했다.

데이터를 무선으로 전송하는 신체 이식 의료기기 및 바이오센서는 말할 것도 없고, 피트니스 및 모바일 건강 앱과 장치도 HIPAA의 규제를 받지 않는 방대한 양의 데이터를 생성한다. 이 자료를 통해 외부인은 우울증, 알코올 중독, 외상후스트레스장애 또는 암과 같은 건강 상태를 탐지할 수 있다. 앞으로 수년 내에 자동차 및 가정에서 센서는 극적으로 증가할 것이고, 그중 많은 수가 건강 관련 정보를 수집할 것이다. 이는 구글, 애플, 심지어 삼성 같은 회사들을 주요한 건강 데이터 수집가의 위치로 올려놓을 수도 있으며, 거기서 얻는 통찰은 현재 유통되는 정보와는 비교할 수 없을 정도일 것이다. "자동차와 가정에서 수집되는 건강 데이터의 양이 극적으로 증가할 것이고, 제 생각에는 사람들을 깜짝 놀라게 할 정도로 엄청난 양이 될 것입니다." 딕슨은 말했다.

그런 건강 데이터의 사용은 수많은 윤리적 문제를 불러일으킨다. "이론적으로는, 건강보험 회사가 공개되어 있는 당신의 트위터 계정을 통해 당신의 온라인상의 행위를 관찰하는 것이 가능합니다." 드레지는 말했다. "그런데 그들이 그 정보를 이용해 보험의 내용을 바꾸거나 보험료를 바꾸어도 좋을까요? 그것이 과연 공정한 일일까요?"

익명화된 환자 정보를 이용한 맞춤형 광고

데이터 분석이 점차 정교해지면서, 기업들은 실명의 개인을 대상으로 삼지 않아도 개인과 관련된 서로 다른 데이터 세트들을 결합하여 의료 광고에 도움이 되는 사실을 보다 더 많이 파악할 수 있게 되었다. 최근 성장세를 보이고 있는 한 분야에서, 의료 데이터 채굴기업들은 익명화된 환자 상세 정보를 액시엄, 익스피리언, 엡실론 등 미국의 선도적인 데이터 중개기업들로부터 구한 실명 소비자 프로필과 상호 참조한다. 그렇게 해서 나온 결과물은 제약회사들에게 자사 제품을 살 가능성이 가장 큰 소비자를 파악하는 데 전례가 없을 정도의 능력을 제공한다.

성향 모델링propensity modeling이라고 하는 이 기술은, 심지어 익명화된 경우일지라도 내밀한 정보를 파악할 수 있는 빅데이터의 힘을 보여 준다. 앞에서 설명했듯이 약국 등에서 나온 데이터 원본에서 환자의 이름과 주소 등의 직접 식별자들은 'x5f7jj46sh8' 같은 고유한 환자 코드로 대체된다. 성향 모델링은 동일한 기술을 이용해 익명의 의료 정보를 한 개인의 소비자 프로필에 포함된 수백 또는 수천 가지 정보와 연계시킨다.

데이터 과학자들은 특정 질병을 가졌을 확률이 가장 높은 사람을 골라내려고 수백만 건의 서로 연계된 의료 프로필과 소비자 프로필을 한꺼번에 처리한다. 이것은 당신이 온라인 설문조사에 답하거나, 경품 행사에 참가하거나, 관련 제품을 주문하거나, 페이스북에 게시물을 올린 적이 한 번도 없더라도, 기업들은 당신이 어떤 고충을 겪고 있으리라고 추론하여 당신을 특정 광고의 대상으로 지목할 수 있다는 뜻이다.

예를 들어, 데이터가 피부암 치료 광고의 대상으로 특정 국가의 특정 지역에 사는 55세부터 65세 사이의 일정한 경제적 특성을 갖춘, 골프를 즐기는 사람들을 제시할 수도 있다. "우리는 익명 상태의 의료 기록을 가지고 있습니다. 그리고 우리는 이 의료 정보를 인구학적인 생활양식이나 개인의 관심사 등 관련 정보와 연결합니다." 액시엄의 개인 정보 보호 책임자 제니퍼 배럿 글래스고Jennifer Barrett Glasgow는 말했다. "하고자 한다면, 당신은 훨씬 큰 규모의 집단을 대상으로 확보할 수 있을 것입니다. 광고의 대상 가운데 많은 이들은 광고하는 제품을 필요로 하지 않습니다. 그러나 일반 인구 집단에 비해서는 많은 이들이 제품을 필요로 하며, 이 집단은 일반 인구 집단에 비해 잠재 소비자의 밀도가 훨씬 높다는 사실을 이해해야 합니다. 이렇게 하면 아주아주 구체석으로 늘어가지 않고서도 마케팅 결과를 향상시킬 수 있습니다."

일반적으로 의료 성향 모델링 분야의 핵심 기업들은 공개적으로 많은 말을 하는 것을 꺼린다. 소비자 프로필과 처방 및 의료 데이터를 연계하는 뉴욕의 분석 기업인 크로식스Crossix는 잠재적 광고 고객을 대상으로 한 웹페이지에 자신들의 일을 다음과 같이 설명한다. "우리의 데이터 네트워크에는 전국적 표본으로 지정된 소매 약국과 전문 약국, 보험약제 관리기업, 중개기업이 참여하고 있습니다. 우리는 액시엄과 협력하여 소비자 프로필을 대조함으로써 최적화된 맞춤 광고를 위한 정보를 생산합니다."*

어떤 인터넷 사이트에 들어갔을 때, 당신이 가진 조건에 합당하다고 제시되는 광고가 실제로는 당신에게 껄끄러울 수도 있다. "현재 그 회사들이 검색에서 수행하고 있는 복잡한 프로파일링은 그들이 당신에 대해 얼마나 제대로 알고 있느냐는 측면에서 보면 무서울 정도입니다." 아이엠에스의 전직 이사 밥 메롤드는 말했다. "아이엠에스 같은 회사는 '여기에 발기부전을 가진 400만 명의 환자들과 그들의 프로필이 있습니다'라는 식으로 데이터를 판매합니다. 그러면 구글은 그것을 자신들의 알고리즘에 집어넣어 당신이 '낚시' 또는 제공된 데이터에 있는 관련 검색어를 검색할 때 비아그라 광고가 뜨도록 만듭니다."

* 크로식스의 웹페이지 기록은 http://perma.cc/B74Z-N2G9 참고.

의료 부문의 광고주를 붙잡기 위한 구글의 활동을 총괄하는 라이언 올로한Ryan Olohan은, 하루에 40억~50억 건의 검색이 구글에서 이루어지며, 검색자 가운데 상당수는 유튜브 동영상 시청 이력 등 다른 활동과도 연계된 구글 계정을 이용해 접속한다고 내게 말했다. 그는 "우리는 엄청난 데이터 위에 앉아 있는 겁니다"라고 말했다. 이런 정보는 질병의 전파나 의학적 관심사를 추적하는 데 사용될 수 있으며, 연구자들이 건강 관련 양상의 변화를 파악할 수 있게 한다. 또한, 어떤 주제의 동영상이든 관련성이 높은 광고를 맞추어 주는 데 도움을 줄 수 있다. "아이엠에스와 웹엠디, 구글 사이에 100만 건"의 데이터 지표가 존재한다고 올로한은 말했다.

쿠키와 같은 인터넷 추적 도구를 통해 기업들은 추가 정보를 얻고 있으며, 데이터 채굴기업들과 제약업체들이 쿠키를 공유함으로써 소비자를 보다 구체적으로 파악할 수 있다고 배럿 글래스고는 말했다. 당신이 이름을 밝히지 않고 Viagra.com이나 일라이 릴리의 Cialis.com 같은 사이트를 방문해도 딩신 컴퓨터의 IP 주소가 파악되기에, 제약업체들은 이것을 활용해서 장래의 광고 대상을 설정할 수 있다는 뜻이다. 그리고 그들이 액시엄과 데이터를 교환하면 더 많은 것도 알아낼 수 있다.

똑똑한 것인가, 아니면 무서운 것인가?

성향 모델링은 정교한 데이터 처리가 필요하지만, 인터넷 광고는 대체로 훨씬 간단한 기술을 사용한다. 당신이 플로리다에서의 휴가를 검색한 지 며칠이 지난 뒤에 다른 웹페이지에서 관련된 팝업창이 뜨는 것을 경험해 봤을 것이다. 의료 용어를 검색하거나 건강 관련 웹사이트를 방문할 때도 마찬가지다. 가족계획을 검색하고 나면, 나중에 다른 웹사이트에서 판매자가 당신을 추적해 춤추는 콘돔이나 눈길을 사로잡는 사진이 실린 광고를 띄울 수도 있다. 당신이 직장에서 컴퓨터로 프레젠테이션할 때도 이런 일이 벌어질 수 있다. 몇 년 전 하버드에서 열린 어떤 강연에 참가했을 때 강연자가 유튜브 동영상을 보여 주었는데, 동영상이 재생되는 동안 화면 한쪽에 우울증 치료제 광고가 깜박거렸다. 최근에 그 강연자를 다시 만났는데, 그 장면이 생각나는 것을 어쩔 수가 없었다. 공개 프레젠테이션 중 인터넷으로 동영상을 보여 주는 일이 점차 보편화되고 있는데, 온라인에서 의료 문제를 검색한 적이 있다면, 그 강연자는 상상도 하지 못했겠지만 자신의 취약점을 공개하는 결과가 생길 수 있는 것이다.

아무리 익명화된 방식으로 맞춤 광고의 대상이 설정된다 해도, 그리고 다른 사람들이 그것을 보는 말든, 그런 방식으로 광고 대상이 된다는 것 자체가 어떤 사람에게는 무서운 일로 받아들여질 수 있다. "저는 개인적으로 다양한 상황에서 취득한 나의 데이터, 또는 더 보편적인 데이터를 사적인 이익을 노리는 자들이 사악한 목적으로 사용할까 걱정이 큽니다." 의료비용 연구소 Health Care Cost Institute의 전무이사 데이비드 뉴먼David Newman은 말했다. 이 비영리 기관은 주요 보험사로부터 보험 청구 자료를 수집해서 대학교 이메일 주소를 가진 연구자들에게만 정보를 제공하고 있다.

그는 남부 플로리다에 사는 그의 어머니의 사례를 이야기했다. "당신이 우리 데이터 세트에 접속해 남부 플로리다의 브로워드 카운티Broward County와 데이드 카운티Dade County 사이에 인구학적으로 큰 차이가 없음을 확인했다고 가정해 봅시다. 그런데 브로워드 카운티에서는 특정 제약사에 유리한 의약품 처방 양상이 나타나는 반면, 데이트 카운티에서는 어떤 이유에서인지 의사들이 발기부전 치료제 시알리스Cialis나 고지혈증 치료제 리피토Lipitor나 다른 특정 약을 사용하지 않는다고 해 봅시다. 저는 설사 개인별로 집적된 데이터를 사용하지 않는 간접적인 방식일지라도 제 어머니가 마케팅의 대상이 되기를 원하지 않습니다."

《애드버타이징 에이지Advertising Age》는 〈정교한 건강 데이터 기업들은 자기반성을 해야 한다〉라는 기사에서 이 문제를 지적했다[역주: 《애드버타이징 에이지》는 1930년에 창간된 미국 최초의 광고업계 잡지다]. "제약회사의 맞춤형 광고는 소비자에게는 폭력처럼 느껴진다"라는 부제를 단 이 글은, 그 잡지의 편집인이 가족 중 누군가가 어떤 특별한 질병을 앓고 있는지 묻는 자동녹음 전화를 받은 뒤 느꼈던 불쾌한 감정을 그대로 보여 줬다.*

분명, 맞춤형 의료 광고는 민감한 문제를 일으킬 수 있는데, 사람들은 광고주가 자신의 상태를 실제로 알고 있는 건 아닌지 의심할 수 있다. 만약 판매자가 당신에게 700달러짜리 마놀로 블라닉Manolo Blahnik 하이힐 광고를 보여 주었는데 당신은 납작한 샌들밖에 구매할 수 없는 상태라고 해도, 그 광고가 당신에게 해를 끼친 것은 아니다. 하지만 의료 광고는 다르다. 광고자가 어떤 사람이 에이즈 환자라고 생각해서 그 사람에게 직접적으로 광고한다면, 이것은 심각한 공격이고, 굴욕감을 안기는 결과를 초래할 수 있다. "이런 식의 의사소통은 바로 심각한 양상으로 바뀔 수 있습니다." 배럿 글래스고는 인정했다.

기업들은 종종 잘못된 방식으로 일을 벌여 불쾌감을 유발한다. 로빈 게가우프브룩스Robin Gegauff-Brooks는 이것이 어떤 감정을 일으키는지 알고 있다. 그녀의 남편 앞으로 아이다호 주의 세인트 알폰서스 의료원과 다른 의료기관들로부터 광고물이 배달되기 시작했다. 그러나 그녀의 남편은 의료 서비스를 받을 수 없다. 남편은 몇 년 전에 사망했기 때문이다. 그녀는 새출발을 하고 싶어서 캘리포니아 주에서 아이다호 주로 이사했는데, 광고물

---

* Kaye, "Sophisticated Health Data Industry Needs Self-Reflection."

이 배달될 때마다 상실감을 되새기는 것이 싫었다. "그들은 도를 넘었습니다"라고 그녀는 화가 나서 말했다.*

액시엄의 배럿 글래스고는 자신도 공감한다고 말했다. "제 남편은 1999년에 세상을 떠났습니다. 아직도 가끔 남편에게 배달되는 우편물을 받습니다." 그녀는 말했다. 그러면서 데이터 중개업자들이 반영할 수 있는 사망자 목록이 없다는 사실을 덧붙였다.

맞춤형 광고의 또 다른 위험으로는 정보 제공 차별redlining[역주: 소수 민족이나 저소득층 등 일부 집단에게 정보 제공을 하지 않아 불이익을 주는 차별을 가리킨다], 즉 어떤 사람들에게는 특정 제안을 하고 다른 사람들에게는 그런 제안을 하지 않는 관행이 있다. 변호사이자 전직 일라이 릴리의 최고 개인 정보 보호 책임자였던 스탠 크로슬리는 다음과 같이 우려를 표했다. "전체 집단 가운데 특정 치료를 지속적으로 받을 수 있을 것으로 기대되는 소집단만을 대상으로 홍보하고, 그렇지 못한 사람들에게는 홍보하지 않는 것을 적절하다고 할 수 있을까요?"

소비자와 소셜 미디어의 세계에서, 정보 공유를 우려하는 사람들은 자신의 정보 중 무엇을 세상에 드러낼지 스스로 통제하려 할 수 있다. 불행히도, 의료 부문에서는 당신의 데이터를 어

---

* 익스피리언과 포브스를 포함한 몇몇 회사는 이런 광고에 사용되는 우편주소 목록을 판매했다는 사실을 내게 확인해 주었다.

떻게 공유할지에 관한 선택권이 당신에게 거의 없다. 그리고 요즘에는 당신이 의사의 진료실에 들어서는 순간부터 이런 공유가 시작되는 경우가 많다.

13장

익명화, 상품화되는
내밀한 정보

당신과 주치의 사이에 끼어들기

최근에 의료보험사를 바꾼 후, 새 주치의는 나를 이클리니컬워크스eClinicalWorks(eCW)라는 기업이 운영하는 온라인 의무 기록 포털에 가입시켰는데, 그 기업은 클라우드를 기반으로 한 미국 최대의 의무 기록 프로그램이라고 선전한다. 나는 그 회사의 개인 정보 정책을 살펴보던 중 다음 문장을 발견했다. "eCW는 당신의 개인 정보를 모은 집적된 정보를 일부 사업 파트너들에게 제공할 수 있습니다."* 이 문장에는 "(제공)할 수 있다may"라는 표현이 사용되었는데, 그 구체적인 내용은 명시하지 않았다.

나는 자세한 내용을 알아보려고 주치의 병원의 행정 책임자에게 전화를 걸었다. 그녀는 그런 정보를 팔 수 있다는 사실조차 알지 못하고 있었고, 원장 역시 그랬다. 환자가 데이터 공유에 동의하지 않을 수 있는지 문의하자, 행정 책임자는 여기저기 알아

---

* eClinicalWorks, "Privacy Policy", 기록은 http://perma.cc/3FU8-SK27 참고.

보더니 결국 안 된다고 했다. "전자 의무 기록과 보험회사, 그리고 의료기관이 데이터를 공유하는 것은 널리 행해지는 관행입니다." 전화와 웹사이트를 통해 eCW에 접촉해서 이 회사가 나의 데이터로 정확하게 무엇을 하는지 알아보려 했는데, 명확한 답변을 얻기까지 오래 기다려야만 했다.

병의원들이 전자 의무 기록을 도입하면서, 그 프로그램을 제공하는 기업들은 더욱 큰 규모로 익명화된 환자 정보를 데이터 채굴기업들에게 팔게 되었다. 예를 들어, 아이엠에스 헬스는 데이터 수집 범위를 다음과 같이 광고한다. "저희는 환자 3,300만 명의 고유한 익명 정보를 보유하고 있습니다."* 진료실에서 상담한 내밀한 내용을 상품화하는 문제는 공적인 논의를 거치지 않고 진행되었으며, 의사들조차 자신의 기록이 상품으로 팔린다는 사실을 알지 못했다. 이 관행은 고대로부터 내려오는 히포크라테스 선서의 의미를 다시 시험대에 올려놓았으며, 이런 일이 일어나고 있다는 사실이 대중적으로 알려진다면 의료에 대한 환자의 신뢰를 무너뜨릴 수도 있다.

대부분의 기업은 환자의 의무 기록 시스템을 통해 얻은 데이터를 어떻게 이용하는지 알아내기 어렵거나 또는 거의 불가능하

---

* 이 통계의 출처는 IMS, "A Critical Connector in the Treatment Continuum", *Electronic Health Records*, 2015이다. 기록은 http://perma.cc/7W5X-EGLG 참고. 7장에서 언급했듯이, 중개기업 올스크립스는 전자 의무 기록 프로그램도 운영하고 있으며, 아이엠에스와 데이터 거래를 하는 여러 기업 중 하나다.

게 해 놓았다. 다만 일부 기업은 이를 공개하는데, 이는 바람직한 일이다. 이 부문에서 특히 인상적인 신생 기업은 바로 프랙티스 퓨전Practice Fusion이다. 이 기업은 이 책 앞부분에 나온 두 선구자 로런스 위드와 루드비히 프롤리히가 추구했던 목표를 하나로 결합했다. 즉, 전자 의무 기록을 만들어 내고 그것을 통해 광고도 하고 제약회사에 데이터를 팔기까지 한다.

무료라는 유혹

라이언 하워드Ryan Howard가 소규모 의료기관에서 운영할 수 있는 클라우드 기반의 전자 기록 시스템을 2005년에 개발해 냈을 때, 그는 이 시스템의 사용료로 월 300달러를 받을 수 있으리라 생각했다. 어찌되었든 프랙티스 퓨전의 프로그램은 환자 데이터를 전자 기록물로 보관할 뿐 아니라, 의사와 환자, 보험회사 사이를 연결하는 기능을 제공하기 때문이다. 그러나 그 가격에 계약한 의료기관은 단 한 곳뿐이었다. 의사들은 약의 시제품을 비롯해 여러 가지를 무료로 받는 데 익숙해서, 그런 비용을 지불해야 할 필요성을 느끼지 못했다. 하워드가 월 50달러로 가격을 파격적으로 낮췄는데도 의사들은 선뜻 반응을 보이지 않았다. 이느 날, 어떤 의사가 전화해서 가격을 더 깎으려 했다.

"월 25달러 내겠습니다." 그 의사는 말했다.

"지금 저를 엿 먹이자는 겁니까?"

"라이언 씨, 굳이 이 프로그램이 아니어도 됩니다. 이 제품이 좋기는 해도, 저의 생각을 말하자면, 이것과 연결된 가치사슬value chain에 있는 모두가 나보다 더 이익을 보는데, 제가 왜 돈을 내야 하느냐는 것입니다."

뉴햄프셔 주 출신인 하워드는 유통망 관리 부문에서 경력을 쌓았고, 월마트 같은 대형 유통업체가 상품을 효율적으로 조달할 수 있도록 하는 일을 했다. 그는 샌프란시스코 지역의 의사 네트워크를 위해서도 일했고, 그 후에는 통신회사에서 근무했는데 그 회사의 설립자는 클라우드 컴퓨팅의 이점을 널리 알린 인물이었다. 이런 경력은 의무 기록 신생 기업을 설립하는 데 커다란 밑거름이 되었다. 그런데 프랙티스 퓨전이 돌파구를 찾은 것은, 이 회사가 무료의 힘을 믿어 보기로 하고, 의사들로부터 비용을 전혀 받지 않기로 하고 나서부터였다. 대신, 의사, 약국, 검사기관, 그리고 그 밖의 기관 사이를 중개하는 기업들로부터 요금을 받고, 프로그램을 이용하는 의사들을 대상으로 하는 광고를 싣고, 전자 의무 기록을 통해 얻은 환자 데이터를 익명화해 팔아 수익을 올리기로 했다.

무료로 서비스를 제공하는데도, 이 회사는 초기에 어려움을 겪었다. 하워드는 뉴햄프셔 주에 주택을 소유하고 있었는데, 여기에서 나오는 2,500달러의 월세를 프랙티스 퓨전의 운영비로 썼고, 세금을 4년이나 연체해 결국 그 부동산은 빚을 갚는 데 사용되지 못하고 압류되어 버렸다. 또한, 신경 치료를 해야 할 이가 두 개 있었는데도 치과 치료를 미뤄야 했다. 한 소프트웨어 개발 자가 회사의 암호 코드를 볼모 삼아 미지급된 개발비를 요구하 자, 하워드는 자신의 차인 1998년식 BMW M3를 팔아 받은 수 표를 그대로 개발자에게 건네주었다. 그는 애지중지하던 2001년 식 두카티 996s 트로이 베일리스 에디션Ducati 996s Troy Bayliss edition 오토바이만큼은 팔지 않았는데, 어느 날 그것을 타고 헬스장에 서 돌아오는 길에 그만 차에 치이고 말았다. 보험사로부터 받은 1만 3,000달러의 합의금은 다친 어깨의 수술비가 아닌 직원들 의 임금으로 사용되었다. 그때 타고 있던 오토바이는 현재 프랙 티스 퓨전 본사의 입구에 전시되어 회사 설립 초기에 겪은 어려 움을 상기시키고 있다.

이 회사는 언론 보도를 이용한 홍보에 적극적으로 나섰다. "저 에게는 언론 보도를 이끌어 낼 홍보 기술이 있었습니다." 하워드 는 내게 말했다. "그렇게 해서 기사가 나면, 저는 그 기사를 가능 한 모든 잠재적 광고주에게 보냈습니다, 매달 말입니다. 그러다 가 광고주를 만나면, 그들은 '이런, 당신 소식을 계속 듣고 있었 습니다!'라는 반응을 보였습니다. 그들이 저에 대해 계속 듣고 있었던 이유는, 제가 그 1년 전부터 이메일을 통해 끊임없이 홍 보했기 때문입니다. 그렇게 해서 사업이 탄력을 받을 수 있었습 니다."

광고주들이 기꺼이 돈을 내고 광고를 실을 정도로 많은 수의 의사들이 이 의무 기록 시스템을 사용하도록 만드는 데까지는 여러 해가 걸렸다. 첫 고객으로 월마트 약국이 2009~2010년도 광고를 발주했고, 이때부터 광고 부문 사업이 궤도에 올랐다.

현재는 초기의 불안정한 재정 상태를 벗어난 지 오래다. 소프트웨어 제작사 어도비의 길 건너편에 자리 잡은 이 회사는 샌프란시스코의 벤처 문화를 보여 주는 온갖 장식품으로 가득하다. 건물에 들어서면 빌딩 로비에 컴퓨터 게임기가 있고, 사무실까지 가는 곳곳의 열린 공간에는 프로그래머, 영업사원, 고위 간부까지 구분 없이 앉아 있다. 직원들은 언제나 맛있는 음식을 먹을 수 있고, 어떤 사람은 애완견을 데리고 출근한다.

2015년이 되자 프랙티스 퓨전은 미국 전체 의사의 6%와 계약을 맺었다. 7만 곳의 약국과 450여 곳의 검사기관과 연결되어 있는, 3만 곳의 의료기관에 소속된 총 11만 2,000명의 활동 회원들이 여기에 가입했다. "많은 수의 의사를 한 자리에 모아 놓고 홍보를 한다는 것은 정말 정말 정말 어려운 일입니다"라고 하워드는 홍보에 관해 말했다. "전체 시장의 6%에 불과하지만, 하나의 플랫폼에 모은 의사 집단의 규모 면에서는 시장의 6%는 다른 어떤 곳보다 큰 규모입니다."

2014년, 이 회사는 익명화된 환자 프로필의 마케팅을 시작했는데, 그 가격은 경시적 자료를 기준으로 그 크기나 희귀성에 따라 5만~200만 달러 선이었다고 하워드는 말했다. 그러나 데이터를 파는 데는 어려움이 있다고 그는 말했다. "아이엠에스와 경쟁해야 합니다. 경쟁해야 할 대기업이 많습니다. 이것은 복잡하고도 어려운 사업입니다. 현재는 광고 부문이 더 큰 비중을 차지하고 데이터는 소규모입니다. 그런데 데이터는 잠재력이, 훨씬 더 큰 잠재적인 가치가 있습니다."

나는 샌프란시스코로 출장을 계획해 프랙티스 퓨전의 사무실에서 하워드를 만나기로 약속을 잡았다. 그런데 약속 시간 직전에 그는 나를 사무실 대신 자신의 집으로 초대했다. 그의 집에서는 야구 경기장 부근의 아름다운 타원형 공원이 내려다보였다. 우리가 만났을 때, 그는 약속 장소를 바꾼 이유를 설명해 주었다. 내가 그 도시에 도착하기 직전, 회사의 이사회가 그에 대한 신뢰를 거두고 갑자기 그를 해고했던 것이다. 이것은 실리콘밸리에서는 흔한 일이다. 자신만만하고 비전에 찬 창업자가, 더욱 커 가는 기업의 운영에 필요한 유연성과 식견을 갖추지 못한 경우가 있는 것이다. 주식의 신규 상장을 통해 높은 수익을 올릴 수 있으리라는 전망도 그 결정에 영향을 끼쳤을 가능성이 있다.

회사가 계속 성장한다면, 투자자들은 프랙티스 퓨전을 따뜻하게 맞이해 줄 것이다. 그러나 이 회사는, 환자를 치료 중인 의사들을 대상으로 한 광고나 비실명화한 데이터의 판매에 반대하는 사람들로부터 비난을 받고 있다. "도대체 어떻게 당신들이 우리의 진료 기록을 가지고 있는 겁니까?" 2015년 《월 스트리트 저널》에 실린 프랙티스 퓨전에 관한 기사를 읽은 한 독자가 댓글을 달았다. "저는 당신들이 저의 그 어떤 정보에 접근하는 것도 동의한 적이 없습니다. 누가 그것을 승인했습니까? 당신 회사는 어떻게 1억 건의 건강 기록을 보유하고 그것을 당신들 맘대로 가공하고 팔고 판촉하는 거지요?" 다른 독자는 다음과 같이 적었다. "누군가가 나도 모르게 나의 개인 정보로 돈을 버는 것은 정말 멋진 일이군."*

개인 정보 보호 활동가인 데보라 필 역시 프랙티스 퓨전에 대해 알게 되자마자 우려를 표했다. "의사는 프로그램을 무료로 이용하지만, 대신 환자가 값비싼 비용을 치루고 있습니다." 그녀가 2011년에 말했다. "아무리 좋게 보아도, 이것은 무모한 사업 모델입니다. 미국인은 건강 관련 개인 정보를 매우 중시하기 때문입니다. … 프랙티스 퓨전만의 일이 아닙니다. 널리 행해지지만 아직 주목받고 있지 않은 이 관행이 대중에게 알려지면, 의사와 의료 제도에 대한 신뢰가 깨질 것입니다."**

기업의 공동 설립자이자 부회장 매슈 더글러스Matthew Douglass에게 필에 관해 물어보자, 그의 어조가 강해졌다. "그녀는 믿을 수 없을 정도로 허황된 말을 하고 있습니다." 그는 말했다. "저는 의료 정보의 이용을 매우 엄격하게 제한해야 한다는 그녀의 생각이 매우 위험하다고 봅니다."

---

* Dwoskin, "The Next Marketing Frontier,"《월 스트리트 저널》의 구독자들이 이견 게시판은 http://perma.cc/2CZG-UBU6 에서 볼 수 있다.
** 데보라 필이 2011년 7월에《포브스》에 보낸 이메일로, 2015년 9월 15일에 내용을 저자에게 공유해 주었다.

30대 중반인 더글러스에게 이 문제는 개인적인 경험과 깊이 관련되어 있다. 그는 최근 골격계 염증성 질환을 앓았는데, 그 질환은 매우 드문 것이어서 그를 진료했던 의사들은 그 양상을 기록해서 그의 사례를 임상 증례로 보고했다.[*] 그는 3개월 동안 침상에 있어야 했고, 내가 방문했을 당시에도 지팡이를 짚고 걸어야 했다. 그는 의료 혜택을 받는 사람이면 누구나 자신의 데이터를 다른 환자들을 돕기 위해 공유해야 한다고 믿고 있다. "누군가가 자신의 의료 정보를 공유하지 않겠다고 선택한다면, 그것은 제 건강을 저해하는 일이 됩니다"라고 그는 말했다. "더 중요한 문제는 이것입니다. 당신은 생명을 선택할 것인가, 아니면 자신과 관련된 모든 사소한 것을 보호하는 데 온통 신경을 집중할 것이냐입니다."

그의 말은 일본에서 의학 정보 보호의 최고 전문가인 도쿄대학교 법학과 교수 히구치 노리오Higuchi, Norio를 떠올리게 했다. 그는 급성신부전으로 혈액 투석을 받은 적이 있었다. "제가 받은 치료는 과거 수많은 환자의 정보에 바탕을 두고 있습니다." 그는 말했다. "저는 제가 받은 혜택을 사회에 돌려주고 싶습니다. 저는 기본적으로 건강 정보는 개인의 정보가 아니라 공공의 정보라고 생각합니다. … 그것은 좋은 목적에 사용되어야 합니다."

[*] Hong et al., "Chronic Recurrent Multifocal Osteomyelitis."

때로는 진실을 파악하기 어렵다

하워드는 자신과 자신의 사업에 관해 솔직하게 이야기했지만, 다수의 의료 관련 기업은 데이터 판매의 여부를 어떻게 공개해야 할지 고심한다. 예를 들어, 2015년 5억 3,900만 달러를 벌어들인 주요 전자 기록 프로그램 회사 서너는 자신들이 보유한 거대한 환자 데이터베이스 접근 권한을 판매했다고 선임 부사장 데이비드 맥컬리 주니어는 말했다. "그들은 데이터를 조심스럽게 공유합니다. '데이터 인클레이브data enclaves'라는 방식을 쓰는데, 데이터를 실제로 손에 넣는 것은 아니지만 분석할 수는 있습니다." 그는 덧붙였다. "그 방법을 이용하면 데이터를 외부의 다른 데이터와 통합해 분석하지 못하도록 할 수 있습니다."

서너의 다른 사람들은 맥컬리만큼 솔직하지 않았다. 그 회사의 온라인 고객 센터와 대변인 모두 회사가 익명화된 정보를 판매하는지의 여부를 묻는 나의 질문에 답을 하지 않았다. "사람들은 이 문제에 대해 말하기를 매우 꺼립니다." 맥컬리는 말했다.

맥컬리는 익명화된 데이터를 공유하는 것이 사람들을 불편하게 할 수 있다는 사실을 알고 있었다. 그럼에도 그는 대부분의 문제에서 투명성을 유지하는 것이 좋다고 했다. 그런데 의료 데이터를 어떻게 이용하는지 설명할 때 그 방법에 따라 대중의 반응이 달라질 것이다. "만약 '당신의 민감한 개인 건강 정보가 가장 높은 가격을 제시한 사람에게 팔리고 있다는 사실을 아십니까? 그렇게 해도 좋다고 생각하십니까?'라고 질문한다면 사람들은 '세상에, 안 됩니다'라고 답할 것입니다." 그는 말했다. "만약 그들에게 '슈퍼마켓에서 제공하는 모든 할인 혜택이 그 가게가 당신의 데이터를 이용하는 대가였다는 사실을 알고 있었습니까? 할인 혜택을 철회해도 좋을까요?'라고 묻는다면 사람들은 '아니요. 철회하지 마세요. 제 데이터를 그냥 쓰세요'라고 할 겁니다."

마침내 서너의 공동 설립자이자 최고경영자 닐 패터슨으로부터 사려 깊은 이메일을 받았다. "연구는 의학 발전의 기반입니다. 그리고 의료 기록의 전산화는 지식의 확대 및 발견을 위한 커다란 동력이 될 것입니다." 그는 말했다. "우리는 제약 및 바이오공학 회사들의 연구를 포함해, HIPAA에 부합하는 익명화된 데이터를 연구 목적으로 이용하는 것을 지지합니다."

이와는 대조적으로 데이터를 공유하지 않는 기업인 에픽의 설립자 주디 포크너는 자신의 익명화된 정보의 상업적인 이용에 불편함을 느꼈다. "저는 그런 사실이 상당히 불편합니다." 포크너는 과학자들은 환자의 동의 없이도 익명화된 데이터에 접근할 수 있어야 한다고 믿는다. 그러나 데이터를 판매와 홍보에 사용하려면 반드시 환자의 허락을 받아야 한다는 것이 그녀의 생각이다. "개인적인 입장에서는, 정당한 연구를 위해서라면 접근 가능한 전체 데이터를 다 보고 싶습니다." 그녀는 말했다. "그런 경우가 아니라면 환자의 결정에 따르는 것이 좋다고 생각합니다."

서너의 최고경영자는 자신의 회사가 환자의 뜻을 더 많이 반영하는 방향으로 가고 있다고 했다. "저는 기본적으로 건강 데이터는 각 개인의 소유라고 믿습니다. 그리고 의료 제공자도 그 데이터에 대해 일정 부분 권리를 가진다고 생각합니다"라고 패터슨은 말했다. "저희 회사는 익명화되지 않은 데이터를 직접적인 치료 이외의 목적으로 사용하는 경우에는 본인의 동의를 받아야 한다고 믿고, 동의에 기반한 자료 공유가 커먼웰CommonWell 플랫폼 전체에서 이루어질 수 있도록 적극적으로 노력하고 있습니다." 그는 또한 만약 어떤 환자가 누군가가 자신의 정보에 접근하려 한다고 생각하는 경우, 그 사람의 데이터가 외부에 공유되지 않도록 조치를 취할 수 있다고도 했다.

이상하게도, 환자 데이터를 판매하지 않는 기업들조차 명확한 답을 하지 않을 때가 종종 있다. 에트나에도 다른 여러 보험사처럼 보험 청구 데이터를 이용해 돈을 벌었는지 문의했는데, 그 답을 받기까지 2주가 걸렸다. "에트나는 오래전부터 데이터를 팔거나 데이터를 이용해 돈을 벌지 않는 것을 정책으로 삼아 왔습니다"라는 공식 답변을 마침내 보내왔다. "저희 회사의 데이터는 저희 고객의 건강 증진에만 이용되어야 한다는 강한 믿음으로 이 정책을 지켜 왔습니다."

정보 비공개 정책이 그 회사의 경쟁력에 보탬이 되는데도 왜 그렇게 답을 듣기 어려웠는지 묻자, 이름을 밝히기 거부한 에트나의 한 관계자가 답했다. "이 주제가 그만큼 민감한 문제입니다."*

나의 새 주치의가 사용하는 전자 의무 기록 회사인 이클리니컬워크스 역시 조심스러운 태도를 보였다. 고객서비스센터에 메일도 보내고 전화도 해서 문의했는데도, 익명화된 환자 데이터를 파는지 여부에 대해 답을 들을 수 없었다. 그래서 어느 토요일 아침, 나는 이 문제를 해결하려고 그 회사의 공동 설립자이자 최고경영자인 기리쉬 나바니Girish Navani의 개인 휴대폰으로 전화를 걸었다. 그는 단호한 어조로 자신의 회사는 익명화된 환자 데이터를 팔거나 공유한 적이 전혀 없다고 했다. "사람들에게 그런 사실을 알리지 않고 그렇게 하는 것은 나쁜 관행입니다. 환자들 모르게 하는 것은 그들의 프라이버시를 침해하는 것이라고 생각합니다."

나바니가 덧붙였다. "저는 환자와 의사가 동의하지 않는 한, 서너나 프랙티스 퓨전의 모델은 좋지 않다고 생각합니다. 환자들도 알아야 합니다." 약 30분에 걸친 통화의 막바지에 그가 나에게 물었다. 어떻게 자신의 개인 휴대폰 번호를 알아내 주말에 전

---

* 큰 수익을 올릴 수도 있을 익명화된 환자 데이터를 판매하지 않는 회사들은 이 밖에도 더 있다. Salesforce.com은 그 회사의 Health Cloud를 2015년 말에 공개하면서 의료기관들에게 "완벽한 환자 데이터 조망(권)"을 제공하겠다고 약속했다. 그러나 서버에 저장된 데이터를 회사 측에서는 열람할 수도, 그 데이터를 익명화해서 팔 수도 없다고 하며, 의원과 약국과 보험사 사이에서 처방 정보를 관리하는 프로그램인 Surescrips도 그렇다고 했다.

화할 수 있었는지. 내가 답했다. 우리가 지금까지 이야기했던 의료 데이터 채굴과 같은 정보의 집적 덕분에 상업적인 데이터 거래 기업을 통해 번호를 찾을 수 있었다고.

혈액 검사 결과의 판매

병의원과 마찬가지로 진단 검사기관에서도 환자 데이터 채굴이 이루어진다. 간호사가 당신의 팔에 바늘을 찔러 피를 뽑거나, 당신 손에 작은 플라스틱 컵을 들려주고 화장실에 다녀오라고 하고 나서 얼마 지나지 않아, 그 검사 결과는 상품으로 거래된다. 이런 내밀한 검사 결과를 익명화한 데이터가 상품이 된다는 것을 아는 환자는 거의 없다. 그리고 그 검사기관의 간부나 간호사들조차 그 사실을 모르는 경우가 많다. 내가 진단 검사기관의 장막 뒤에서 무슨 일이 일어나고 있는지 알아내기까지는 상당한 시간이 걸렸다.

2014년 5월, 나는 미국의 대표적인 진단 검사기관인 퀘스트 다이어그나스틱스Quest Diagnostics에 이메일을 보내, 익명화한 검사 결과를 데이터 채굴기업에 판매하는지 문의했다. "퀘스트는 환자들의 건강 데이터를 보호하는 데 전념하며, 현행법과 규정에 따라 데이터를 관리합니다." 고객서비스팀 담당자 마리아 럼릴Maria Rumrill이 답했다. "본 기관은 현재 아이엠에스 헬스와 같은 상업적인 데이터 채굴기업에게 데이터를 제공하지 않습니다."

나는 훗날에 가정의학과 전문의 출신인 제이슨 반Jason Bhan이 공동으로 설립한 뉴욕의 벤처기업 메디보Medivo를 조사하게 되었을 때 이 미심쩍은 답변을 다시 떠올렸다. 반은 뛰어난 컴퓨터 기술을 가졌고, 그런 그에게 병의원에 전자 의무 기록 프로그램을 도입하려는 여러 동료 의사들이 도움을 청하곤 했다. 그런 요청을 너무나 많이 받은 나머지, 사업가 기질이 있었던 그는 진료를 그만두고 그 일을 본업으로 삼았다. 얼마 지나자, 그는 의무 기록을 전산화한 의사들이 전산 시스템이 환자 치료에 어떤 도움을 주는지 궁금해한다는 사실을 알게 되었다. 반은 전산화된 데이터, 특히 병리검사 결과를 통해 어떤 사실을 새로 발견할 것인지 흥미를 가지게 되었다.

그는 미국의 검사기관들로부터 익명화한 결과를 사거나 교환해 제약회사 등에 판매할 목적으로, 2010년 두 명의 동업자와 함께 메디보를 설립했다. 아이엠에스 같은 데이터 채굴기업들 역시 오래전부터 검사 결과를 환자 상세 정보에 추가하고 싶어 했지만, 검사기관들을 설득하지 못하고 있었다. 어떻게 보면, 메디보가 아주 적절한 순간에 설립되었던 것일 수도 있다. 그때가 퀘스트 진단 검사를 비롯한 주요 검사기관이 비실명화된 환자 정보를 팔기 주저하던 입장을 재검토하기 시작하던 시점이었기 때문이다.

2012년에 퀘스트의 최고경영자가 된 스티브 루스코우스키Steve Rusckowski는 이 회사가 검사를 수행하는 것 외에 무언가 다른 것도 해야 한다고 생각했다. 이전에 필립스 헬스케어Philips Healthcare의 최고경영자를 지냈던 루스코우스키는 장기적으로 보았을 때 의료 발전에 기여하리라는 점을 내세워, 의료 데이터 시장 부문에 적극적으로 뛰어들기로 했다. 2014년 봄, 퀘스트는 아이엠에스가 아닌 메디보와 계약을 맺기로 했는데, 퀘스트의 전략 및 벤처 부문 부사장 더멋 쇼튼Dermot Shorten에 따르면 그 이유는, 아이엠에스가 몇 퍼센트에 불과한 비용을 지불하겠다고 제안한 것과는 대조적으로, 이 신생 기업은 해당 정보로 벌어들이는 수익의 약 20%를 퀘스트에 지불하겠다고 했기 때문이다. 이 거래를 통해 퀘스트는 연간 몇 백만 달러의 수익을 더 올렸고, 향후에는 그 수치가 더 증가할 것으로 예상된다.

익명화된 데이터의 판매가 HIPAA에 위반되지 않는다는 사실이 일단 확인되자, 다른 검사기관들도 메디보와 거래하고 싶다는 신호를 보내왔는데, 그중 상당수는 비현실적으로 높은 가격을 요구했다고 반이 전했다.* 결국 검사기관들은 좀 더 낮은 가격 혹은 데이터 정리나 분석 결과의 제공과 같은 서비스를 제공

---

* LabCorp 역시 메디보와 데이터를 공유하는데, 그 내용에 대해 답하기를 거절했다. 2014년 4월 7일에 확인된 LabCorp의 'Notice of Privacy Practices'에는 이에 관한 실마리가 될 만한 내용이 있다. 기록은 http://perma.cc/C7DTJ7FX 참고. "LabCorp는 특정한 식별자를 삭제해 '비실명화'하여, 당신을 식별할 개연성을 낮춘 건강 정보를 이용하고 공개할 수 있다." 여기에서 누군가의 정보가 실명화될 가능성을 "개연성이 낮춘unlikely"이라는 애매모호한 말로 표현한 것은, 내가 보아 온 익명 보장 내용 중 믿음이 가지 않는 표현이었다.

받기로 하고 계약을 맺었다. 2015년 중반까지 메디보는 미국 환자 1억 5,000만 명으로부터 나온 100억 건 이상의 검사 결과를 입수하게 되었다. 아이엠에스 역시 상당한 양의 검사 데이터를 사들였고, 2015년 말에는 미국에서 시행되는 검사의 거의 절반에 해당하는 데이터를 모았다고 한다.*

검사 데이터는 제약회사 영업사원들에게도 새로운 기회를 가져다준다. 어떤 특정한 질병에 양성 반응을 보인 환자가 어느 병의원 의사의 진료를 받는지 파악할 수 있게 되었기 때문이다. 심지어 의사가 환자를 다시 만나기도 전에 말이다. 결과를 사전에 입수하는 경우, 의사가 환자를 만나 질병 소식을 전해 주기 전에 영업사원이 찾아가서 자사의 최신 제품을 홍보할 기회를 얻는다. 어떤 일이 일어날 수 있는지 구체적으로 살펴보자. 어떤 검사기관이 당신의 검사를 시행해서 그 결과를 의사와 외부의 민간 데이터 채굴기업에게 보낸다. 메디보로부터 데이터를 구입하는 어느 제약회사는 휴스턴에 있는 닥터 제퍼슨Dr. Jefferson의 환

* IMS Health, "Diagnostic Reports from the Industry's Largest Anonymized Patient Set", IMS Diagnostics webpage, 2015 참고, 기록은 http://perma.cc/B52U-STJU 참고. 또한 제약사들은 보다 깊은 이해를 위해 메디보와 아이엠에스의 종단 검사 데이터와 처방 데이터를 병합해서 연구하기도 했다. Abbvie가 수행한 연구의 사례로 Medivo, "Accelerating New Product Adoption Using Lab Results Linked to Treatment Dispensed: HCV, a Case Study", poster, Pharmaceutical Management Science Association Annual Conference, Arlington, VA, April 19-22, 2015 참고, 기록은 http://perma.cc/3YAS-2ZKS 참고.

자 중 한 명이 특정 질환에 양성 반응을 보였다는 사실을 알게 된다(환자의 이름은 비식별화되어 있지만 의사의 정보는 실명이다). 제퍼슨 원장의 직원은 환자에게 전화해 다음 주 화요일에 검사 결과에 대해 상담하자고 예약을 잡는다. 제약회사 영업사원은 그 환자의 예약 날 이전인 월요일에 서둘러 의사를 방문한다. 아마도 그 영업사원은 그 질병에 가장 좋은 신약을 추천할 것이다. 아니면, 제네릭 약도 같은 효능이 있지만 영업사원이 훌륭한 수완을 발휘해 더 새롭고 더 비싼 복합제제를 처방하도록 의사를 설득할 수도 있다.

메디보는 의사의 정보를 포함한 검사 데이터를 파는 것은 과학적으로 중요한 정보를 모으는 데 기여하기에 정당하다고 주장한다. "의료의 발전을 위해서는"이라며 반은 말했다. "데이터를 보고, 분석하고, 그로부터 중요한 발견을 이끌어 내야 합니다. 우리는 데이터를 조사하고 분석해서 앞으로 5년 내에 지난 50년 동안 의학이 이룬 발전보다 더 큰 진전을 이룰 것입니다. 현행 법규가 사람들의 신원과 프라이버시를 보호하고 있습니다. 이런 연구를 하는 데 개인의 동의를 구해야 한다면 연구가 몇 년씩 지연될 것입니다."

"의학의 사업적인 측면과 환자 치료의 측면은 매우 밀접하게 관련되어 있고, 그런 관계를 지속하려면 수익을 올릴 수 있어야 합니다. 만약 제약회사에서 돈을 댈 부분이 있고, 그것이 연구에 도움이 된다면 저는 만족합니다."

퀘스트의 루스코우스키는 대담한 비전을 제시했는데, 그것은 향후 3년 동안 전체 미국인의 절반에 대한 검사 결과를 수집하는 것이었다. 그러나 우리가 대화를 시작하고 그 회사가 비실명화한 정보의 공유에 대해 환자들에게 동의를 구했는지 묻자, 그는 답을 얼버무렸다. "네, 우리는 환자와 공유합니다. 말하자면, 그들의 동의를 구합니다. 만약 데이터를 사용한다면, 사용할 것 같으면 말이죠. 그리고 데이터를 사용할 때는 비실명화를 합니다"라고 그는 말했다.

내가 실제로는 환자들이 선택할 여지가 없었을 것이라고 생각한다고 반문하자, 어색한 침묵이 흘렀다. 이후에 그 최고경영자는 자신의 말이 정확하지 않다고 인정했지만, 학술 연구를 돕지 않으려는 사람은 거의 없을 것이기에 옵트아웃이 가장 좋은 방법이라고 생각한다고 덧붙였다. 그는 보다 자세한 내용을 알아보겠다고 약속했고, 그날 늦게 이메일로 답을 보냈다. "저희 회사는 HIPAA의 요건을 모두 준수하며, 그에 따르면 비실명화한 환자 데이터를 이용하는 데는 환자의 동의가 필요하지 않습니다."

실명 데이터의 거래가 허용된다면

데이터 채굴자들은 익명화된 정보를 거래한다. 그런데 어떤 경우에는 약국 체인과 보험약제 관리기업들이 당신의 실명 데이터를 파는 것이 허용된다. 특히 보험회사들에게 말이다. "보험업자인 당신이 보험 가입 예정자의 과거 처방 내역을 보다 자세하게 파악할 수 있다면 아주 좋지 않을까요?" 퀘스트 다이어그나스틱스의 자회사 이그잼원ExamOne의 웹사이트에 있는 문장이다.[*] 그 질문은 자연스럽게 그 회사의 스크립트체크ScriptCheck 서비스 소개로 이어지는데, 이것은 각 개인의 과거 7년간의 처방 내역을 모아 생명보험 및 건강보험 회사에 제공하는 것이다.

이그잼원은 자신들이 미국에 있는 보험약제 관리기업의 85%로부터 정보를 제공받는다고 한다. "개인의 처방력을 바탕으로 질병의 가능성을 알아내십시오"라고 웹사이트에서 약속하고 있다. "보험 가입 예정자가 어떤 진료과의 의사로부터 약을 처방받는지 파악하십시오."[**]

이 모든 정보는 보험사들이 가입자들과 계약할 때 **빠른** 결정을 내릴 수 있게 돕는데, 이그잼원의 경쟁사인 밀리맨Milliman은 다음과 같이 설명한다. "밀리맨의 인텔리스크립트IntelliScript는 최신의 처방 내역을 완벽하게 제공해서 보험자들로 하여금 자신감

---

[*] ExamOne, "Prescription History Profiling Tool", *Our Solutions, ScriptCheck*, ExamOne website promotion, 기록은 perma.cc/XS3D-LLYD 참고.
[**] Ibid.

을 가지고 계약을 체결할 수 있도록 합니다."*

HIPAA에 따르면 이렇게 하려면 이그잼원과 밀리맨이 보험 가입자의 동의를 받아야 하는데, 가입자가 자신이 동의한다는 사실을 사전에 알리면 작은 글씨의 약관을 꼼꼼하게 읽어야만 한다. 동의를 받은 보험회사는 데이터 제공자들로부터 환자 정보를 모으는 이그잼원이나 밀리맨의 네트워크에 접속한다. 단 몇 초면 보험사는 약 이름, 용량, 조제일, 진단명, 처방 의사명 등의 내역을 파악할 수 있으며, 때로는 그것을 바탕으로 보험사가 정한 기준에 따른 점수를 산출할 수도 있다. 이 부문 초기에 있었던 회사인 인텔아르엑스IntelRx(2005년에 밀리맨에 인수되었다.)는 이 처방 내역을 바탕으로 보험사들이 전체 계약의 10~30%에 대한 계약 내용을 수정했다고 광고하곤 했는데, 이는 계약 거절을 의미하는 것으로 추정된다.**

밀리맨과 인제닉스Ingenix(1997년에 설립된 회사로, 이그잼원의 스크립트체크의 전신이다.)는 2007~2008년에 연방거래위원회Federal Trade Commission의 지침을 어겨 언론의 주목을 받았다. 연방거래위원회는 이 두 기업이 자신들의 정보 수집 행위를 계약자들에게 제대로 고지하지 않음으로써 공정신용보고법Fair Credit Reporting

---

* Milliman, "IntelliScript", 웹페이지, 기록은 perma.cc/LLA8.238P 참고. 밀리맨은 데이터를 어떻게 획득하는지 기록하고 있다, "IntelliScript: FAQ", 기록은 perma.cc/B8VF-KW2B 참고.
** IntelRx, "Underwriting Studies", 2004, 기록은 perma.cc/5GFW-KVDY 참고.

Act을 위반했다는 혐의로 고발했다. 이 두 기업은 앞으로 이 법을 준수하겠다고 약속했으며, 벌금 선고가 유예되었다.[*]

보험 가입자의 정보를 공유하고 있는 또 다른 회사로는 엠아비MIB라고 불리는 의료 정보국Medical Information Bureau이 있다. 1902년에 보험회사들이 공동으로 설립한 이 회사는 보험사들이 의료보험이나 생명보험 계약을 할 때 회원사가 다른 회원사들이 보유한 계약자의 정보를 열람할 수 있도록 함으로써 위험률을 줄이는 역할을 한다. "의료 기록, 위험도가 높은 취미, 운전 법규 위반 기록 등 보험 계약 여부에 영향을 끼칠 수 있는 가입 신청자의 상세한 정보"가 비밀 코드 형태로 기록되어 있으며, 회원사는 보험 가입신청자의 허락이 있을 경우에만 이를 열람할 수 있다.[**] 협회는 430개 회원사 이외에는 정보를 공유하지 않는다.

약국들도 폐업을 하거나 사업을 접을 때 경쟁사에 실명 상태의 환자 정보를 판다. 그런 경우, 정보 매수자는 약국을 이용하던 환자들의 승계를 기대하면서 1년분 처방 건수에 대해 건당

---

[*] Federal Trade Commission, "Providers of Consumers Medical Profiles Agree to Comply with Fair Credit Reporting Act", 보도자료, 2007년 9월 17일 기록을 perma.cc/2BV4-DFC5 참고.
[**] Medical Information Bureau, "MIB's Secure & Confidential Codes", MIB 웹사이트, 기록은 perma.cc/3EQG-XTAG 참고.

15~20달러를 지불한다.* 이에 대해 고객이 이의를 제기하는 경우는 드물다. "씨브이에스가 내 가족의 의학 정보를 나의 동의 없이 다른 회사에 넘길 권리가 어디에서 나왔는가?" 찰스 되블러Charles Doebler는 씨브이에스가 한 지점을 폐쇄하면서 그의 파일을 경쟁사에 넘기자《피츠버그 포스트 가제트》에 이렇게 투고했다.**

1999년에는 한 뉴욕 시민이 여기에서 한 걸음 나아가 집단소송을 제기했다. 1986년에 HIV 진단을 받은 이 남성은 맨해튼의 웨스트 57번가에 있는 트리오 드럭스Trio Drugs라는 약국에서 약을 조제해 왔다. 그는 씨브이에스가 자신의 처방 기록을 '독립 파일 구매 프로그램independent file buy program'을 통해 구입했다는 사실을 알고는 충격 받았다. 그는 씨브이에스의 수만 명이나 되는 직원이 자신의 상태를 상세히 드러내는 자료에 접근할 것이 걱정되었다. 그는 변호사 사무소를 통해 자신과 같은 경험을 한 환자들을 찾는 다음과 같은 광고를 냈다. "당신이 HIV/AIDS이고, 만약 당신이 이용한 약국이 당신에게 알리거나 동의를 구하지 않

---

* 이 가격은 머서 대학교Mercer University의 제약 행정학Pharmacy Administration 교수 리처드 잭슨Richard Jackson이 저자에게 2015년 3월 10일에 보낸 이메일에 근거한 것이다. 그는 다음과 같이 추가했다. "그 처방 내역은 1회만 조제가 인정되는 처방의 수, 보험자 정보, 약 구매자 본인이 보험 계약자인지 여부, 처방된 약 중 제네릭 약이 차지하는 비율 등 중요한 정보를 제공합니다."
** Walsh, "Pharmacies Can Sell, Transfer Prescription Files."

고 당신의 처방전이나 의학 정보를 제삼자에게 팔거나 공개했다면 당신의 프라이버시권이 침해되었을 수 있습니다."*

이 사건은 언론의 주목을 받았다. "그때 9/11 사태가 터져 개인의 프라이버시에 대한 관심이 줄었습니다. 사람들은 개인의 안전을 더 걱정했습니다"라고 HIV 환자를 대표하는 리처드 루바스키Richard Lubarsky가 말했다. 이 사건은 여러 해에 거친 법적 공방 끝에 2004년에 최종 판결이 났는데, 트리오 드럭스 고객만을 대상으로 크지 않은 금액을 배상하라는 선고가 내려졌다. 약국이 폐업할 때 환자의 정보를 파는 관행은 오늘날까지도 남아 있다.

지금까지 살펴보았듯이, 전자 의무 기록, 처방전, 검사, 그리고 그 밖의 여러 정보원으로부터 전례가 없을 정도의 큰 규모로 개인 정보가 흘러나오고 있다. "우리는 나이아가라 폭포 아래에 있고, 그 물줄기를 멈출 수는 없습니다"라고 홍보회사의 전직 임원이자, 의약 분야의 홍보 전문가 빌 카스타뇰리Bill Castagnoli는 말했다.

* Richard Lubarsky, "Privacy of Pharmacy Prescription Files", post in *The Body: The Complete HIV/AIDS Resource*, April 6, 2000, 기록은 http://perma.cc/ESB5-RPDE 참고. 사건 제목은 Anonymous v. CVS Corp., 188 Misc.2d 616 (2001)이다.

14장

나이아가라 폭포
아래에 서서

의료 데이터의 역설

아이엠에스의 설립자 루드비히 프롤리히는 자신이 창조해 내는 데 일조한 의료 데이터 채굴 업계가 어떤 모습으로 변모할지 전혀 상상하지 못했다. 마찬가지로, 전자 의무 기록의 선구자들도 환자를 위해 쉽게 접근할 수 있는 평생 정보를 만들고자 한 일이 이렇게 이루기 어려우리라고는 예상하지 못했다. 오늘날의 의료 정보 부문에는 매우 역설적인 상황이 벌어지고 있다. 정보 채굴기업들이 면밀하게 수집한 우리의 익명화된 상세 정보는 의약품 마케팅에는 널리 이용되고 있지만, 최선의 치료를 위해 자신의 의료 정보 전체를 필요로 하는 환자들 가운데 이를 입수할 수 있는 이들은 극소수에 불과하다.

아이엠에스는 전후 시대에 혁신적인 신약들이 개발되면서, 제약회사들이 매출을 증가하기 위해 약품 시장의 정보를 더 많이 필요로 한 상황에서 성장했다. 프롤리히와 그의 숨겨진 파트너였던 아서 새클러는 비범한 재능으로 이 수요를 미리 간파하고 서비스를 만들어 제공했는데, 이것이 제약회사들에게 절대적으로 필요한 서비스가 되었다. 아이엠에스의 초기에는 약국이나 보험사로부터 처방 내역과 보험 청구 자료를 사들이는 것은 전혀 고려되지 않았다. 당시에는 그렇게 하는 것이 상궤를 벗어난 일로 여겨졌다. "그때는 그런 일이 허용되지 않았습니다." 아이엠에스의 최고경영자를 지냈고, 프롤리히와 데이비드 두보와 긴밀하게 협력해 일했던 라르스 에릭슨은 말했다. "그런 일은 사람들의 프라이버시를 침해하는 행위였고, 우리는 그것을 고려조차 하지 않았습니다."

의무 기록이 전산화되면서부터 그런 제약이 사라졌고, 의사별 파일을 작성하고 나아가 수억 명 환자들의 익명화된 상세 정보를 파악하는 길이 열렸다. "한 세대 전만 해도 극단적이라고 생각되었던 일이 이제는 널리 행해지고 있습니다." 아이엠에스에서 의사별 데이터베이스를 구축하는 것을 도왔던 밥 메롤드는 말했다. "사람들이 어떤 현상에 익숙해지면 생각이 점차 바뀝니다. 처음에 문제가 되었던 의사별 데이터도 이제는 놀라울 것 없는 현실이 되었고, 처음의 우려와는 달리 그것 때문에 세상이 무너지지도 않았으니까요. 이제는 임상 데이터를 수집하려 하는데, 이렇게 우리는 진창으로 한 발자국 더 들어가고 있습니다."

세계 일각에서는, 에릭슨이 의료 정보를 사들이는 것을 고려하지 않았듯이, 환자의 데이터는 익명화되었더라도 수집해서는 안 된다는 것이 여전히 규범으로 여겨진다. "익명이든 아니든, 데이터 주인의 동의가 가장 중요합니다." 홍콩 제약 산업 협회Association of the Pharmaceutical Industry의 전무이사 사브리나 챈Sabrina Chan은 내게 말했다. "환자의 동의 없이 그들의 데이터를 다른 누구에게 공개하는 것은 비윤리적인 행위라는 것이 저의 확실한 입장입니다." 유럽에서는 건강 정보 등의 개인 데이터를 미국보다 훨씬 더 강하게 보호하며, 데이터 채굴기업이 제공하는 의사별 데이터 등의 정보를 이용하기를 꺼린다.

사실을 은폐하다

세상을 구하는 데 도움을 준다면서 환자 데이터 거래를 통해 이윤을 올리는 기업들은 그 전체 과정이 어떻게 작동하는지 말하기를 극히 꺼린다. 기업들이 환자의 정보로 무엇을 하는지 알아내기가 얼마나 어려운지 알아보려고, 나는 인터넷에서 "우리는 당신의 익명화된 의료 데이터를 판매합니다. 그 이유는 다음과 같습니다We sell your anonymized medical data. Here's why."라는 문장을 검색해 보았다. 많은 보건 관계자는 빅데이터가 과학 분야에 큰 도움이 된다고 열정적으로 말해 왔기에, 나는 누군가는 그 거래에 관해 설명했으리라고 생각했다. 검색 결과 나타난 첫 10개 항목은 신문기사와 블로그의 글이었다. 두 번째 화면에는 환자들이 의료 데이터를 무료로 저장할 수 있는 베터패스Betterpath라는 사이트가 있었다. 서비스를 설명하는 웹페이지의 내용은 놀랄 만큼 단순명료했다. "베터패스는 무료입니다. 우리는 건강 정보를 요약한 데이터를 익명화해서, 즉 개인을 식별할 수 있게 하는 모든 정보를 삭제해서, 다른 의료 관련 기업에 제공해 사이트 이용료를 줄이고 의료도 발전시킵니다." 그런데 명확하고 솔직한 것이 반드시 성공으로 이어지지는 않는 듯하다. 2016년 중반에 베터패스의 웹사이트를 마지막으로 확인했을 때, 사이트가 계속 운영되고 있다는 회사 설립자의 말과는 달리 그 사이트는 운영되지 않고 있었다.

인터넷 검색 결과를 더 검토하던 중, 만성질환을 앓고 있는 사람들이 모인 캐리니티Carenity라는 소셜 네트워크를 찾았다. 그 사이트에는 "우리는 조사 결과를 의약품을 개발, 유통하는 기업에게 판매합니다"라고 게시되어 있었다. "우리는 투명성이 중요하다고 생각하기에, 우리가 회원들의 데이터를 가지고 무엇을 하고, 무엇을 하지 않는지 당사자들에게 알리고 있습니다."*

이 같은 개방성을 보이는 곳은 드물다. 앞에서 서술했듯이, 대부분의 약국은 익명화한 처방 기록을 파는지 여부를 밝히기를 거부하며, 잘못된 답 혹은 모순된 답을 주거나, 자신의 정당성을 일방적으로 주장하곤 했다. 미국의 현행법이 익명화된 정보를

---

* Carenity, "Our Commitments", 웹페이지, 기록은 http://perma.cc/5LP8.4CG5 참고.

거래하는 데 환자의 동의를 요구하고 있지 않기에, 기업들로서는 군이 환자에게 선택권을 주어 업무를 더 복잡하게 할 이유가 없는 것이다. "비식별화된 정보를 합법적으로 사용하고 발표하는 데 환자들에게 '옵트아웃' 여부를 선택하도록 할 필요가 없습니다." 대형 잡화점 알버트슨Albertsons의 개인 정보 및 약국 협력부 책임자 리넷 베르그렌Lynette Berggren은 말했다. 알버트슨은 오스코 파머시스Osco Pharmacies라는 약국 체인도 운영한다. 아이엠에스도 웹사이트에서 이와 비슷한 입장을 밝히고 있다. "우리는 우리의 서비스와 제품에 대해 열린 태도를 견지할 것이며, 필요한 경우, 정보의 수집과 사용에서 적절한 선택권을 의료계의 당사자에게 제공할 것입니다."* 여기서 나는 "필요한 경우"라는 표현을 강조했는데, 현행법상 "필요한 경우"에는 환자가 의견을 개진할 여지가 전혀 없기 때문이다.

빅 헬스 데이터Big Health Data를 설립한 조엘 칼리히Joel Kallich는 암젠Amgen에서 일했으며, 아이엠에스에 컨설팅도 했다. 그는 의료 산업 부문에 대해 다음과 같이 부정적으로 이야기했다. "미국의 의료제도 전반은 정치제도 전반과 마찬가지로, 아무도 진실을 말하지 않는 침묵의 게임에 빠져 있습니다. 이들은 거짓말을 하고, 음모를 꾸미고, 조작하고, 데이터의 주인인 국민으로부

---

* IMS Health, "Privacy Commitment", 기록은 https://perma.cc/B3JL-HPNJ 참고.

터 데이터를 훔치는데, 이런 이들이 미국의 의료제도를 떠받치고 있습니다." 그는 투명성이 결여된 아이엠에스에 불만이 컸던 나머지, 앞으로는 아이엠에스의 일을 하지 않기로 했다고 밝혔다.

역설적이게도, 건강 관련 기업들이 의료 정보를 가지고 무엇을 하는지 숨기는 이유 가운데 하나는, 그들이 환자를 고객으로 여기지 않는 것이다. 데이터 채굴기업들은 자사 상품의 구매자인 제약회사, 정부기관, 헤지펀드 매니저들을 위해 서비스를 제공한다. 웹엠디나 데이터볼트Data Vaults 같은 웹사이트들은 광고를 통해 대부분의 이익을 올리는데, 주로 제약회사의 상품과 서비스에 관한 광고다. 환자들에게 상품과 서비스를 제공하는 것은 의사와 약사지만, 그 비용을 지급하는 것은 대부분 보험회사와 정부다.

데이터 거래자들이 침묵하는 이유

의료 데이터 관계자들은 자신이 침묵을 지키는 이유 몇 가지를 털어놓는다. 많은 이들은 이 복잡한 주제가 일반 대중을 놀라게 할 것을 우려한다. 그들은 거래를 위축시킬 만한 정부의 감시를 피하고 싶어 하며, 공개적으로 말했다가 법적 소송에 휘말릴 것을 두려워한다. "제가 보기에는 실상을 공개했다가 수세적인 입장에 놓이는 것을 피하려는 마음과, 새로운 규제가 생겨 일이 복잡해지는 것을 피하고 싶은 욕망이 주된 이유라고 생각합니다." 서너의 맥컬리는 말했다.

어느 날, 나는 데이터 중개기업이나 제약회사에 익명화된 환자정보를 제공하는 주요 중개회사의 간부를 만났다. 지적이고 붙임성 있는 그는 나의 모든 질문에 바로바로 명확하게 답해 주었고, 데이터 공유의 장점을 충분히 설명해 주었다. 훗날 그는 이 책이 출간되고 나면 자신이 어떻게 될지 걱정된다고 말했다. "솔직히 말해, 직장을 잃고 싶지 않습니다." 그가 말했다.

북미 지역 아이엠에스의 최고경영자를 지낸 로버트 후퍼Robert Hooper는 유감스럽게도 그런 정서가 팽배해 있다고 했다. "그것은 잘못된 것입니다. 그런 생각을 해 왔다면, 그들은 이 사업의 장점을 사람들에게 더 많이 알렸어야 합니다." 그는 말했다. "저는 이곳에서 호스피스 자원봉사를 하고 있습니다. 그런데 제가 돌보는 암환자들은 하나같이 데이터베이스에 들어가려고 안간힘을 쓰고 있습니다. '뭐든지 가져가세요, 필요한 것은 다 가져가세요, 나를 어떻게 완치시켜 줄 것인지만 알려주세요'라면서요."

심포니 헬스의 고위 임원을 지낸 그레그 엘리스Greg Ellis는 다음과 같이 덧붙였다. "우리는 환자들의 보험 청구 데이터를 다른 데이터들과 연결해 그 데이터 세트를 익명화하는데, 이것은 환자의 건강 상태를 이해하는 데 큰 도움이 됩니다. 개인의 건강 데이터가 재식별화되어 드러나지 않도록 건강 정보 업계가 얼마나 주의를 기울이는지와는 무관하게, 결과적으로 얻어지는 데이터는 사람들을 겁먹게 할 여지가 있습니다."

환자 데이터를 사고파는 기업에서 일하는 사람은 대부분 자신이 사회에 기여하고 있다고 믿는다. "아이엠에스에 근무하는 사람은 모두 이 회사가 궁극적으로 가치 있는 무엇인가를 생산해 내고 있다고 믿습니다." 마케팅 부문 최고 책임자와 전략기획 부사장을 역임한 뒤 2011년에 퇴사한 아나마리아 조그는 말했다. "우리는 그런 사람들을 고용합니다. 그들이 이 회사에 지원하는 이유는 데이터를 다루고 싶어서가 아니라, 건강 데이터, 특히 익명화된 환자 단위의 데이터가 건강을 증진한다고 믿기 때문입니다. 기업의 마케팅 연구 분야나 결과 예측 분야에서 일하는 사람 아무에게나 물어보십시오. 우리의 데이터를 통해 유익한 결과물이 나온다는 절대적 확신을 가지기까지 오래 걸리지 않을 것입니다."

2010년에 외부 투자자들이 아이엠에스를 개인 기업으로 전환하면서 최고경영자 자리를 내놓은 데이비드 카를루치는 여전히 익명화한 경시적 데이터의 가치를 굳게 믿는다. "그 틀에 더 많은 정보를 넣을수록 사업적인 측면만이 아니라 정부나 다른 이들을 위해서도 더 많은 일을 할 수 있습니다. 약물의 오남용이나 불법적인 이용 사례를 추적할 수 있고, 보건경제학이나 성과 연구 부문에서 더 깊은 통찰을 얻을 수 있는데, 그것은 거대한 수의 표본을 가진 익명 데이터로부터 나옵니다."

그는 익명화된 데이터가 환자의 경과를 어떻게 도울 수 있는지

·에 관한 긍정적인 메시지를 외부에 전달하는 일을 아이엠에스가 제대로 하지 못했다고 했다. "저는 이 데이터와 기술로 어떤 가치 있는 일을 할 수 있는지에 관해 아이엠에스가 (정부를 포함한) 보건 관계자들과 더 많이, 더 잘 소통해야 한다고 생각합니다." 그렇지만 그녀는 그런 소통을 환자들과 직접 하는 것은 적절하지 않다고 생각했다. "소비자에게 직접 접근하다가는 일을 그르치게 될 가능성이 크다고 생각합니다."

카를루치는 이에 더해 구글, 페이스북, 애플 같은 회사들이 건강 관련 기기로부터 실시간으로 전송받는 데이터를 포함해 훨씬 더 개인적인 데이터를 실시간으로 수집하는 것에 비하면, 개인 정보의 문제에서 아이엠에스의 비중은 상대적으로 크지 않다고 지적했다. "프라이버시와 데이터의 보호와 관련된 우려는 확실히 향후 몇 년 사이에 폭발적으로 증가할 것입니다. 그런데 저는 그 전체를 놓고 봤을 때 아이엠에스는 상대적으로 작은 문제에 불과하다고 생각합니다"라고 카를루치는 말했다.

분명 의료기기와 사물 인터넷이 향후 몇 년간 극적으로 발전할 것이기에, 구글이나 애플 같은 기술 중심의 거대기업이 우리의 데이터로 무엇을 할지 면밀히 감시해야 할 것이다. 새로 진입한 기업 가운데 일부는 벌써 건강 정보 보호를 내세우는 지혜를 발휘하고 있다. 의료기기와 운동기구를 애플사의 건강 관련 앱과 연결해 주는 애플의 헬스키트HealthKit는 외부의 개발자들이 "건강 데이터를 광고나 데이터 채굴의 목적으로 제삼자에게 공

개하는 것"을 금지하고 있다.* 또한, 이 회사는 "응용 프로그램은
당신의 건강을 향상하거나 건강 관련 연구를 목적으로 데이터
를 공유할 수 있으나, 이는 어디까지나 당신이 동의하는 경우에
만 가능합니다"라고 명시했는데, 이는 기존의 건강 데이터 채굴
자들보다 사용자들에게 더 많은 권한을 부여한 것이다.

환자들의 발언권을 인정하는 일

"당신이 동의하는 경우에만"이라는 말은 의료 데이터 부문에
서는 여전히 듣기 어려운 표현이다. 의료 데이터를 사고파는 사
람들이 미국이든, 다른 국가에서든 데이터 거래에 관해 논의하
기 주저하는 태도는, 이 주제가 적어도 공개적으로 논의되는 것
에 대한 불안감이 팽배해 있음을 반영하며, 그 결과 우리의 가
장 내밀한 비밀은 0과 1로 디지털화되어 회색 영역에 남겨져
있다.

현재의 상황에서 어떤 개인이 자신의 의료 데이터를 공개하지
않고 보호하려면 상당한 어려움이 따른다. 나의 새 담당 의사가
이용하는 전자 의무 기록 시스템의 개인 정보 정책이 내 정보를

---

* 애플 헬스키트의 정책은 Apple, "HealthKit", *Our Privacy Policy*, 2016, Apple
webpage, 기록은 perma.cc/CT9R-2SK3 참고.

익명화해 팔 가능성을 열어 두었다는 사실을 안 뒤, 나는 이 문제를 직접 시험해 보기로 했다. 나는 환자 정보를 팔지 않는 진료 프로그램을 사용하는 의사에게 진찰 받는 것이 보다 마음 편하리라 생각했다. 환자 데이터를 팔지 않는 진료 프로그램을 사용하는 의사를 찾기까지 대여섯 곳의 의원에 전화해야 했다. 그리고 나서는 이전 의사의 진료를 받은 지 불과 몇 주 지나지 않았는데도 종합건강진단을 다시 받아야 했다. 자신의 의료 데이터가 이용되는 것을 일부라도 통제해 보려고 시도하는 데 많은 노력이 필요했다.

상당히 놀랍게도, 아이엠에스의 전직 임원 중 상당수가 환자의 영향력 강화를 선호한다. 아이엠에스 캐나다와 아이엠에스 라틴아메리카의 사장을 지냈던 로저 코먼은 그 첫걸음으로 고객의 의료 데이터를 파는지 여부를 각 회사가 공개해야 한다고 했다. "아마 거래를 하는 사람은⋯ 아, '거래traffic'라는 용어요? 네. 약 거래자, 마약 거래자, 정보 거래자의 그 거래입니다. 정보를 상업적인 용도로 파는 사람은 누가 되었든 사실을 공개해야 할 것입니다." 그는 말했다. "병원들, 보험회사들, 보험 청구대행사들 말입니다."

아이엠에스 아메리카의 사장이었던 토미 보만은 의료 데이터 채굴기업이 환자로부터 동의를 받아야 하지 않느냐는 나의 질문에, 처음에는 동의하기를 주저했다. 그러나 장차 재식별화가 가능해질 것에 대해 이야기를 나누고 나서 그는 생각을 바꾸었다.

"이런, 대체로 동의할 수밖에 없겠군요." 그는 말했다. "데이터를 다룰 줄 아는 사람이 '오, 저 사람은 아담이로군'이라고 알아볼 수도 있겠습니다." 아이엠에스의 최고경영자였던 에릭슨 역시 환자들이 익명화된 데이터 수집을 거부할 권리를 가져야 한다는 데 동의했다.

나는 이 주제로 로버트 와이즈먼과 특히 흥미로운 대화를 나누었다. 그는 던 앤드 브래드스트리트의 최고경영자로 1988년에 아이엠에스를 인수했으며, 아이엠에스가 1996년에 독립된 회사로 전환된 후에는 회장을 지냈다. 그는 말했다. "오늘날 우리는 한 사람 한 사람에 관한 데이터가 매달 수천 건 이상 수집되어 수많은 용도로 사용되는 세상에 살고 있습니다. 그리고 그 데이터는 우리를 특정 짓는 후광을 형성합니다. 우리의 습관, 우리의 활동, 우리의 관심사, 그리고 많은 경우 우리의 약점이지요. 그 후광은 앞으로 10년 동안 갈수록 빠른 속도로 커지고 강해질 것입니다. 넓은 의미에서 이것은 무척 무서운 일입니다."

와이즈먼은 아이엠에스의 과거 행위를 후회하지 않는다. 그러나 익명화된 데이터가 많이 수집되면서, 앞으로 어떤 일이 벌어질지에 대해서는 그도 역시 우려하고 있다. "그것이 다루기 어려운 진짜 문제입니다. 당신은 '우리가 지금 하는 일이 우리의 고객과 사회에 도움이 되는 일입니까?' 하고 묻습니다. 제가 아는 한에서는, 아이엠에스가 오늘날 하고 있는 일은 인류에게 매우 긍정적인 영향을 주고 있다고 생각한다는 것이 저의 대답입니다. 스스럼

없이 답할 수 있습니다, 오늘은요." 그는 말했다. "이 경향이 20년 후, 30년 후까지 지속될 경우, 그 과정에서 초래되는 우리 사회의 변화에 대해 우리는 후회할까요? 그럴 수도 있습니다."

"질문은 오늘의 세계에 던져져 있습니다. 그리고 그 방법은 데이터 공유에 동의하느냐, 반대하느냐라는 간단한 물음에 달렸습니다." 그는 말했다. 그의 말은 사용자로 하여금 자신의 데이터 공유를 사전에 승인하거나(옵트인), 아니면 이에 반대해(옵트아웃) 정보의 공유를 금지하도록 선택하게 하는 정책을 가리키는 것이었다. "저는 제가 비교적 물정에 밝은 소비자라고 생각합니다. 만약 누군가가 제게 '찬성입니까? 반대입니까?' 하고 묻는다면, 저는 기본적으로 반대하겠습니다. 저는 동의 없이 제 정보가 수집되는 것을 원하지 않습니다."

어떤 이들은 자신의 데이터를 어떻게 할지 환자 자신이 결정할 수 있어야 할 뿐 아니라, 데이터를 공유하는 데 동의하면 금전적인 보상도 받아야 한다고 주장한다. "저는 이 원칙이 매우 중요하다고 생각합니다." 아이엠에스가 경쟁 데이터 채굴기업인 에스디아이SDI(Surveillance Data Inc.)를 인수할 때 아이엠에스에 합류해 2013년까지 근무한 마이클 피어스Michael Pierce는 말했다. "이를테면, 여기는 미국이란 말입니다. 설사 사람들이 너무 멍청해서 제대로 된 선택을 하지 못하더라도 선택권을 주어야 합니다."

1960년대에 '환자의 권한patient power'을 처음 주창한 워너 슬랙은 특히 환자의 정보를 사용하는 경우에 더 그래야 한다고 동의했다. "환자의 프라이버시가 보호되어야 한다는 것이 저의 확고한 생각입니다"라고 그는 말했다. "그리고 환자들이 보상도 받아야 한다고 생각합니다. 저는 임상 정보가 해당 기관 외부로 나가서는 안 된다고 생각하는데, 이런 저의 생각이 급진적이라고들 합니다. 보험사들과 연방정부는 환자의 동의 없이는 구체적인 환자 정보를 알 필요가 없습니다."

진단검사 정보를 사고파는 데이터 채굴기업 메디보의 공동 설립자인 제이슨 반은 그 논리에 (적어도 장기적으로 보았을 때는) 일리가 있다고 생각한다. "이상적인 조건에서는, 환자들이 자신의 데이터가 이용되는 것에 대한 보상을 받아야 할 겁니다. 궁극적으로는요." 그는 말했다. 한 사람의 데이터가 가지는 가치는 소액일 테니, 지급되는 금액을 환자가 지정한 기관에 후원금으로 보내는 방법도 있을 것이다. 데이비드 킴David Kim이라는 텍사스 메디컬 센터Texas Medical Center의 연구원은 만약 민간 기업이 환자들에게 익명화한 의무 기록을 팔 권리를 인정한다면, 환자 개인당 최소 1달러에서 최대 15달러, 보통은 3~5달러를 지급할 것이라고 추정했다.

대부분 미국의 대기업과 중견기업으로부터 모은 2억 1,500만 명의 경시적 정보 파일을 보유한 트루벤 헬스 애널리틱스의 선임 부사상 빌 마르더Bill Marder는 식별 가능한 데이터의 공유에 동의하는 환자들에게 대가를 지불할 용의가 있다고 했다. 그의 생각 (회사의 입장은 아니다.)에 따르면, 데이터 채굴기업들은 보험 청구 정보를 통해 환자들의 의견을 그대로 수집할 수 있을 것이라고 했다. "사람들이 어떻게 느끼는지에 관한 정보를 얻을 수 있으면 참 좋을 것 같습니다." 보건 경제학자인 그는 말했다. "이런 일들이 다 이루어지고 나면, 사람들이 이전보다 좋아졌다고 느낄 수 있을까요?"

최근 일부에서는 환자의 선택권을 허용하면서도 익명화된 환자 데이터를 이용한 학술연구를 가능하게 하는 방법을 모색하고 있는데, 이 방법이 보다 널리 사용될 수도 있을 것이다. 예를 들어, 2014년 로드아일랜드 주는 주민에게 자신의 익명화된 보험 청구 정보의 공유에 대해 반대할 권리를 부여한 첫 번째 주가 되었다. 로드아일랜드 주 보험감독관사무소 정보 처리 담당자 제임스 루흐트James Lucht가 2015년 중반에 확인해 준 자료에 따르면, 주민 100만 명 가운데 1.5%인 1만 5,000명이 정보 공유에 반대했다고 한다. "로드아일랜드 주의 보건의료 개혁 노력에 동참해 주시기 바랍니다." 로드아일랜드 주 보건부는 보험사들로 하여금 보험 계약자들에게 이 옵션을 설명하도록 하고 있다. "그러나 당신에게는 개인 정보를, 익명의 정보라도 데이터베이스에 포함시키지 않을 권리가 있습니다."*

---

* Rhode Island Department of Health, "All Payer Claims Database Operations Guidance Memorandum", February 1, 2014, 기록은 http://perma.cc/7C3J-XZRQ 참고.

선구적인 경시적 연구인 프레이밍햄 연구는 2001년부터 피실험자들에게 획기적인 자율권을 부여했다. 이 연구를 주도하는 사람들은 과학을 발전시킨다는 정신에 입각해 오래전부터 환자의 데이터를 연구자들에게 공개해 왔고, 수십 년 전부터는 연구를 통해 알게 된 사실을 제약회사나 그 밖의 민간 기업과도 공유했다. 프레이밍햄 연구자들은 이제는 자신의 데이터를 민간 기업에 제공할 것인지의 여부를 피험자들이 선택할 수 있게 하고 있다. 프레이밍햄 연구의 참가자 가운데 5% 미만이 데이터의 상업적인 이용에 반대했다고 운영 책임자 그레타 리 스플랜스키 Greta Lee Splansky는 밝혔다.*

환자의 익명화된 데이터를 거래하는 주체가 워낙 많은 상황에서, 개인의 의사를 밝히기 위한 가장 쉬운 방법으로 8장에서 소개한 전화거부등록소를 통해 텔레마케터들이 홍보 전화를 받기로 동의한 소비자에게만 전화하게 한 것처럼, 전국적 규모로 동의 여부를 파악해서 데이터 채굴기업과 데이터 공급자가 이를 준수하도록 하는 것을 고려해 볼 수 있을 것이다. 이렇게 하면 사람들은 본인의 의사를 한 번만 밝히고 나면, 의료 서비스를 이용할 때 매번 의사를 밝힐 필요가 없어질 것이다.

---

* 옵트아웃의 사례는 Framingham Heart Study, "Research Consent Form, Cohort Exam 29" 참고. 기록은 http://perma.cc/F6FK-VQBK 참고. 2세대 참가자들이 가장 높은 비율인 8.5%가 옵트아웃을 선택했고, 3세대는 그 비율이 상대적으로 낮았다고 프레이밍햄의 스플랜스키는 말했다.

데이터를 가장 잘 관리할 기관은?

빅 헬스 데이터를 설립한 조엘 칼리히는 수백만에 이르는 환자의 디지털화된 정보가 학문적인 가치가 매우 크다는 사실이 장차 증명되리라고 믿는다. 그러나 그는 기업들이 의학을 발전시키기보다는 수익을 올리기 위해 지나치게 높은 값을 부르는 것을 반대하는 입장이다. "이 부분 때문에 이 문제 전체가 괴롭게 느껴집니다." 그는 말했다. "이것은 자본주의가 데이터를 어떻게 오염시켰는지 보여 주는 사례입니다. 사람들은 환자 데이터를 팔아 최대한의 돈을 벌려고 하고, 그것에 배타적인 독점권을 주장하는데, 저는 그들에게 독점을 주장할 권리가 있다고 생각하지 않습니다."

많은 국가에서는 정부가 환자 데이터를 수집해 그것을 자격이 있는 연구자들에게 거의 무료로 제공한다. 영국의 NHS는 오래전부터 그렇게 해 왔고, 그 정보를 제공할 때 영국의 연구자들에게는 행정 수수료만을 받고, 해외의 연구자들에게는 연구자 할인 금액을 받는다.* 최근의 한 연구는 국가에 따라 익명화된 환

---

* 아이엠에스는 2014년도 기업 공개 사업소개서에서 영국의 NHS 데이터를 위협적인 경쟁자가 될 수 있다고 했다. IMS Health IPO Prospectus, March 24, 2014, 25-26. 출처는 https://is.gd/7GOwKH. 영국의 의료 데이터의 중앙집중화를 둘러싼 논란의 일부를 다룬 논문 Presser et al., "Care.Data and Access to UK Health Records" 참고.

자 데이터를 다루는 방법의 차이를 보여 주었다. 연구자들은 영국, 캐나다, 미국의 기록을 이용해, 고용량의 스타틴 제제를 사용하는 사람들에게서 당뇨병의 발병이 증가한다는 사실을 알아냈다. 저자들은 영국과 캐나다의 자료는 해당 국가의 지방정부가 수집한 것을 이용했지만, 미국의 자료는 트루벤이라는 민간 기업을 통해 입수했다.*

북유럽 국가들 역시 오래전부터 건강 데이터를 정당한 연구자들에게는 명목상의 비용만을 받고 제공해 왔다. 연구자들은 암에서부터 HIV에 이르기까지 모든 부문의 기록을 연구해 2005년부터 2010년 사이에 500편 이상의 논문을 발표했다.** 이 기록은 데이터 채굴기업을 통해 제공받는 것보다 몇 개월만 더 기다리면 구할 수 있다. 예테보리 대학교University of Gothenburg의 통계학 교수이자 스웨덴 국립데이터서비스연구소의 책임자 막스 펫쏠드는 이 자료에는 환자들의 신원이 덜 철저하게 숨겨져 있어서, 연구자들의 양심에 더 많이 의존할 수밖에 없다고 했다. "이것이 무료 데이터가 가지는 단점입니다. 시장에 내놓을 자료였다면 누군가가 매우 빠른 속도로 데이터를 정리했을 겁니다." 그는 말했다. "익명화된 공공 데이터를 가지고 개인을 식별해 낼 수 있는 경우가 종종 있지만, 그렇게 하는 것은 불법입니다."

* Dormuth et al., "Higher Potency Statins and the Risk of New Diabetes."
** B. Wettermark et al., "The Nordic Prescription Databases."

미국에서는 씨엠에스cMS(Centers for Medicare and Medicaid Services) 등의 연방 및 주정부 기관이 익명화한 의료 데이터를 공개한다. 씨엠에스는 가난한 계층과 노인을 대상으로 하는 이 사업의 수급자 가운데 5%에 해당하는 표본을 연구자들이 연구할 수 있도록 제공한다. 씨엠에스는 2015년부터 의사별 처방 정보를 공개하기 시작했는데, 최초로 엑셀 파일에 수백만 건의 기록을 담아서 인터넷에서 무료로 다운로드할 수 있게 했다.* 10여 개 이상의 주가 소위 '전체 진료비 청구 데이터베이스'라는 자료를 공개했고, 다른 많은 주도 연구를 목적으로 집약된 데이터를 수집하고 있거나, 수집할 것을 고려하고 있다고 한다.**

일부 전문가는 미국이 병원, 의사, 처방, 환자 기록, 그리고 그 밖의 부문에서 익명화된 데이터를 수집하는 국가 차원의 저장

---

* Centers for Medicare and Medicaid Services, "Medicare Provider Utilization and Payment Data: Part D Prescriber", last modified November 4, 2015. 기록은 http://perma.cc/W695-D28A 참고. 연구자들에게 제공하는 5%의 표본에 관한 보다 자세한 내용은 Centers for Medicare and Medicaid Services, "Standard Analytical Files", last modified December 5, 2013 참고. 기록은 http://perma.cc/GC2F-ASU3 참고.
** 메인 주는 2003년에 환자의 건강보험 및 의약품 보험 청구 정보를 처음으로 연구자들에게 제공했다. All-Payers Claims Database Council, "Interactive State Report Map", APCD Council, University of New Hampshire 에서는 미국의 각 주가 그런 데이터베이스를 어떻게 다루고 있는지를 나타낸 지도를 볼 수 있다. 기록은 http://perma.cc/V3BF-EKEF 참고. 2013년도의 한 조사는 33개 주에서 어떤 형태로든 병원 퇴원 데이터를 공개하고 있다는 사실을 알아냈다. Hooley and Sweeney, "Survey of Publicly Available State Health Databases."

소를 운영함으로써 학문의 발전을 지원하고, 공공의 감시가 거의 없는 현재의 상황에 대한 감독을 강화해야 한다고 말한다.[*] 민관 협력으로 운영되는 기관 형태의 정보 저장소가 과학 발전에 가장 크게 기여할 것이라고 질병관리본부Centers for Disease Control and Prevention 공중보건과학국 책임자 체슬리 리처즈Chesley Richards는 말했다.

이런 방향으로 시도되는 사례로는, 헬스 케어 코스트 연구소Health Care Cost Institute가 있다. 이 기관은 에트나, 휴매나, 유나이티드헬스 그룹으로부터 데이터를 받아 일정한 자격을 갖춘 학술 연구자들에게만 그 자료를 제공한다.[**] 미국에서 고려해 볼 수 있는 다른 저장소로는 미국 보건사회복지부 산하의 기관들, 즉 스스로를 '국책의학연구기관'으로 칭하는 국립보건원National Institutes of Health(NIH)이나, 국립보건통계센터National Center for Health Statistics를 산하에 둔 질병관리본부가 있다. 어느 기관이 연구를 위한 저장소가 되든지 간에 데이터 수집에서 환자의 동의 과정이 포함

---

[*] 예를 들어 Rodwin, "The Case for Public Ownership of Patient Data" 참고.
[**] 제약회사들은 아직도 5,100만 환자에 관한 정보를 얻으려고 정기적으로 헬스 케어 코스트 연구소를 접촉하고 있으며, 정보 이용의 허가 여부는 대표 책임자인 데이비드 뉴먼의 손에 달렸다. "저는 기업들로부터 800여 건의 전화를 받았고, 우리는 기업에게 정보를 제공하지 않는데고, 학습 연구를 하는 자들에게만 자료를 제공한다고 설명합니다"라고 그는 말했다. "그러면 그들은 '아, 회사를 대리할 연구자가 필요한가요?'라고 묻습니다." 그렇게 해서 미국의 각 주로부터 환자 데이터를 사들이는 최고의 구매자 가운데 데이터 채굴기업들이 있다.

될 수 있을 것이고, 그 기관은 영리기관은 이용할 수 없고 연구
자들만 데이터 세트에 접근할 수 있도록 규칙을 정할 수 있을 것
이다.

결론

변화를 위해 필요한 것

미국 정부 정책의 예상치 못한 결점으로 인해, 오늘날과 같은 의료 데이터의 역설이라는 골치 아픈 문제가 생겨났다. HIPAA가 익명화된 데이터의 무절제한 상업적 거래를 묵인함으로써 내밀한 정보를 거래하는 광대한 시장이 형성되었는데, 이것으로 인해 의료 체계에 대한 환자의 신뢰가 떨어지고, 프라이버시가 침해될 위험이 커졌다. 그리고 미국 납세자들의 세금 수십 억 달러를 들여 건강 데이터 기록을 전산화하고도 환자들이 이 데이터에 쉽게 접근하게 하는 데는 실패했기에, 우리는 아직도 가장 필요한 순간에조차 자신의 전체 의료 기록을 손에 넣을 수 없다.

큰 그림에서 보면, 건강 빅데이터 시장에서 우리에게 필요한 것은 그리 복잡한 것이 아니다. 더 높은 투명성과 더 많은 동의 절차, 그리고 더 많은 통제다. 당신이 진료실이라는 닫힌 공간에서 의사에게 말하는 내용과 당신의 혈액 검사 결과에는 민감한 정보가 담겨 있다. 당신은 이것이 어떻게 관리되는지 통제할 수 있어야만 한다. 이것은 미국의 경우, HIPAA의 적용 범위가 오늘날의 "개인 식별이 가능한 건강 정보individually identifiable health information"라는 범주에 머물 것이 아니라, 개인의 건강 정보 individual's health information로 확대되어야만 한다는 뜻이다.

익명화된 환자 데이터를 보호해야 하는 데는 두 가지 이유가 있다. 가장 중요한 것은, 환자가 자신의 건강 상태가 외부에 알려질 수도 있다는 두려움 없이 의료인을 믿고 모든 것을 털어놓을 수 있어야 한다. 이런 신뢰는 성공적인 의료 시스템의 초석이다. 두 번째 이유는, 익명화된 데이터가 재식별에 점점 더 취약해질 것이라는 점이다. 미국질병관리본부의 체슬리 리처즈는 "익명화된 데이터로부터 개인을 식별해 내는 것이 갈수록 쉬워지고 있어서, 건강 데이터를 어떻게 사용하고 누가 그것을 보관할지 더 많은 논의가 필요하다고 생각한다"고 말했다.

정부의 보호 조치가 건강 정보를 수집하는 모든 주체에게 보다 광범위하게 적용되어야만 한다. 현재 HIPAA는 의사, 건강 보험자, 중개기업 등 '법에 명시된 주체'에게만 적용된다. 그러나 의료기기 제조업체, 운동 측정기, 스마트폰 앱, 유전자를 이용한 조상 찾기 웹사이트처럼 HIPAA가 적용되지 않는 영역에서 우리의 의료 데이터가 점차 더 많이 생성, 수집되고 있다. 전체적으로 보았을 때, 외부의 의학 연구자들에게 자신의 정보를 공유할지의 여부와 그 방법은 환자 자신이 결정해야 하며, 환자가 선택할 수 있는 조건을 설명한 내용은 법률이나 의학에 대한 전문 지식이 없더라도 이해할 수 있을 정도로 명확한 언어로 표현되어야만 한다.*

이와 같은 통제가 학문을 위축시키지는 않을 것이다. 왜냐하면 많은 환자는 시알리스가 점유하고 있는 시장을 빼앗아 오려는 비아그라의 영업 활동을 돕는 것과는 달리, 과학의 발전을 위해서는 기꺼이 정보를 공유할 것이기 때문이다. 오바마 대통령은 2016년에 100만 명의 자원자들로부터 유전자 표본을 수집하여 진행하는 의학 연구 계획을 논의하는 한 회의에서 이 문제를 간략하게 설명했다. "만약 나의 데이터를 이 커다란 데이터 풀에 기증했을 때, 그 데이터가 잘못된 용도로 이용되지 않고 내가 모르게 상업적으로 이용되지 않으리라고 확신할 수 있게 하는 방법을 생각해 내야 합니다." 그는 말했다. "만약 내가 과학 발전을 위해 기여하더라도, 내게 생길지도 모르는 특정 질병에 관한 광고가 쏟아져 들어오는 일이 없으리라고 확신할 수 있도록 틀을 마련해야 합니다."**

비정부기관으로는 대학 등의 주체가 인간의 건강과 관련된 통찰을 얻기 위해 유전자 표본을 수집하고 있다. 그런 연구 가운데

---

* HIPAA의 적용을 받는 기업들의 프라이버시 정책을 조사한 한 연구에 따르면, 그 정책들이 마치 전문적인 의학 문헌이나 계약서처럼 이해하기 어렵거나 매우 이해하기 어려운 문장들로 이루어져 있는 것으로 밝혀졌다. Breese, "Readability of Notice of Privacy Forms Used by Major Health Care Institutions" 참고.
** Office of the Press Secretary, the White House, "Remarks by the President in Precision Medicine Panel Discussion", transcript, February 25, 2016, 기록은 https://perma.cc/N4DH-KC4U 참고.

하나로, 뉴욕 시의 시나이산에 있는 아이칸 의과대학 맞춤의학 연구소의 바이오엠 바이오뱅크 프로그램BioM Biobank Program이 있는데, 여기에서는 연구를 목적으로 유전자 염기서열이 포함된 의료 기록을 비식별화된 상태로 공유하는 것에 대해 참여자들로부터 동의를 받는다. 이렇게 모은 1만 1,000명 이상의 환자 데이터를 이용한 최근의 한 연구는 2형 당뇨병의 세 가지 아형을 규명했는데, 이런 발견은 앞으로 환자 치료를 개선하는 데 도움이 될 것이다.*

그러나 이것을 위해 유전자 표본을 기부하는 사람들은 특히 유전자에 관한 한, 익명화란 지킬 수 없는 약속임을 알아야 한다. "유전자는 사람마다 고유한 것이고 수많은 데이터가 공개되어 있어서, 이것을 완전히 익명화하기는 극히 어려운 일이며, 데이터가 익명화되었다고 보장하기는 더더욱 어렵습니다." 국가 인간 게놈 연구소National Human Genome Research Institute의 정책, 소통 및 교육 담당자 로라 라이먼 로드리게스Laura Lyman Rodriguez는 말했다.

유명한 유전자 검사 사이트 23andMe의 공동창립자 린다 에이비Linda Avey도 "유전자 데이터가 완전히 익명화될 수 있다고 생각한다면 그것은 착각입니다"라며 이에 동의했다.

* Li et al., "Identification of Type 2 Diabetes Subgroups."

그럼에도 아직까지 23andMe를 포함한 여러 유전자 검사기관은 연구와 영리 모두를 위해 게놈 데이터 공유를 기본 조건으로 설정해 놓거나 소비자들이 공유에 동의하도록 독려하고 있다.* 2014년에 최초로 1,000달러의 가격에 전체 유전자 염기서열을 분석해 주는 상품을 출시해서 파장을 일으켰던 일루미나Illumina 의 최고경영자 제이 플래틀리Jay Flatley는 "우리는 본인의 동의를 받고 익명화된 데이터를 공유하는 것을 권장합니다. 이것은 인간 유전체학의 발전을 촉진하기 위한 유일한 방법입니다"라고 말했다.

의학 연구의 표준

빅데이터 시대인데도, 가장 효과적인 의학 연구는 제한된 수의 환자에게 의약품의 효과를 검증하는 '무작위 이중맹검 환자

---

* 23andMe의 작은 글씨의 약관에는, 서비스의 개선을 목적으로 유전자 정보를 제삼의 기업과 공유하는 것을 기본으로 설정한다고 명시되어 있다. 또한, 80% 이상의 고객이 화이자나 제넨테크Genentech 같은 제약회사나 비영리기관에 데이터를 판매 또는 공유하도록 하는, 보다 폭넓은 공유 조건에 동의하고 있다고 23andMe의 프라이버시 담당자 케이트 블랙Kate Black은 말했다. "우리는 사람들이 이 문제를 우려하고 있고, 그런 위험성이 존재한다는 것을 잘 알고 있습니다. 그래서 우리는 그런 위험성을 제한하고자 법적, 계약적, 행정적 측면에서 취할 수 있는 모든 주의를 기울이고 있습니다." 그녀는 강조했다. "우리는 모든 연구 협력자, 서비스 제공자와의 계약에서 정보를 재식별화해서는 안 된다고 분명하게 명시하고 있습니다."

결론

대조군 임상 실험'을 통해 이루어진다. 여기에서 '무작위'는 연구에 참여하는 환자를 치료군에 무작위로 배정한다는 뜻이고, '이중맹검'은 연구에 참여하는 환자나 연구자 모두 환자가 어떤 집단에 배정되었는지 모르는 상태에서 연구를 진행한다는 뜻이다. '대조군 실험'은, 치료의 효과가 실제 치료를 함으로써 나타난 효과인지 확인하려고 참여 환자들 가운데 일부를 치료하지 않거나 가짜 약을 복용하도록 하고 그 결과를 비교하는 실험 방법을 가리킨다. '임상 실험'은 비용이 많이 들고 그 시행 과정이 복잡하기에, 이미 수집되어 있는 환자 데이터를 활용해 새로운 의학적 통찰을 얻자고 하는 호소가 설득력을 얻고 있다.

그러나 경시적 환자 데이터에 대한 영리 목적의 거래가 계속 증가하는데도 데이터 채굴자들이 약속했던 혁신적인 의학적 발전은 나타나지 않았으며, 또한 프라이버시 옹호자들이 두려워하는 최악의 환자 정보 공개 시나리오 역시 드러나지 않았다. 양측 모두 자신들의 주장을 부각시킬 만한 극적인 사례를 찾아내려 애쓰고 있다. 스스로를 "현재 업계에서 가장 크고 포괄적인 데이터베이스"를 보유하고 있다고 홍보하는 블루 헬스 인텔리전스Blue Health Intelligence의 경우를 보자. 이 회사는 2012년부터 블루 크로스 블루 실드 보험사로부터 1억 2,500만 명에 달하는 보험 청구 자료를 아이엠에스 헬스와 공유하고 있다. 나는 최고경영자 스와티 애벗Swati Abbott에게 지금까지 데이터로부터 도출된 가장 큰 발견이 무엇이었는지 물어보았다. "아주 많습니다." 그녀는 답했다.

내가 계속 묻자, 그녀는 "구체적인 사례를 지금 바로 말하기는 어렵습니다"라고 답하고는, 당뇨병 환자들의 입원을 보다 정확하게 예측할 수 있게 되었다고 했다. 이 업계의 다른 임원들에게 건강 빅데이터 시장이 가져온 커다란 혜택이 무엇인지 물어보면, 그들은 행위별 수가fees for services보다 가치 기반 의료value-based health care 성과에 따라 의사에게 비용을 지불하는 것을 더 선호하는 최근의 추세에 걸맞게 "환자를 보다 포괄적으로 파악하는 것"과 "비용 효율성"을 들었다.* 이 지불 제도에 따르면, 환자가 건강할수록 의사는 더 많은 수익을 얻는다. 이 주제는 몇 년 전부터 많은 주목을 받고 있고, 연구도 활발히 이루어지고 있다.**

일부 비평가는, 공공기관이나 비영리기관을 통해 연구를 위한 데이터를 공유하는 것과 비교해서, 상업적으로 판매하는 익명화된 환자의 상세 정보를 이용하는 것이 과연 의학 연구의 발

---

* 아이엠에스는 자사의 데이터를 사용한 연구논문 목록을 다음에 게재했다. IMS Institute for Healthcare Informatics, "Advancing Academic Research: Bibliography of Published Papers and Presentations Using IMS Health Information", IMS Institute for Healthcare Informatics, Parsippany, NJ, June 2015, 기록은 perma. cc/3GPJ-W56E 참고.

** 가치 기반 의료의 배경에 대해서는 Michael Porter and Thomas Lee, "The Strategy That Will Fix Health Care", *Harvard Business Review*, October, 2013와 Optum, "Can Value-Based Reimbursement Models Transform Health Care?" White Paper, August 2013 참고. 기록은 https://perma.cc/4FGF-QW4N 참고. 이 밖에도 여러 연구자가 이 주제에 대해 논문을 썼다.

전이나 의료의 효율성을 높이는 최선의 방법인지 의문을 제기한다. 일부 연구자는 아이엠에스로부터 연구를 위한 정보를 구하기가 어렵다거나, 비용이 지나치게 많이 든다고 불만을 제기한다. "아이엠에스의 데이터를 학술 연구에 어느 정도 활용할수는 있지만, 기업은 그 자체의 사업을 중심으로 구축된, '제약회사에 데이터를 판매하는' 조직입니다." 보스턴 컨설팅 그룹의 의료 지불자 및 공급자 부문 대표인 스테판 라르손Stefan Larsson은 말했다.

스웨덴 출신인 라르손은, '스웨덴에서 조제된 처방약의 전체 목록'처럼 정부에서 보유한 데이터베이스가 연구자의 입장에서는 더 유용하다고 말했다. 미국도 같은 양상이다. 앞서 언급했던 것처럼, 주정부가 제공한 2002년에서 2004년까지의 메디케어 및 메디케이드 정보를 연구한 학자들은 진통제 바이옥스Vioxx를 복용하는 환자들이 다른 환자들에 비해 심각하고 때로는 치명적인 심장 질환을 경험할 가능성이 높다는 사실을 관찰했다. 2015년의 다른 연구에서는, 메이오 클리닉을 비롯한 4개 의료기관에서 치료를 받은 여성 1,425명의 비상업적 병원 데이터를 분석한 결과, 심혈관계 약인 베타차단제beta-blocker가 난소암 여성 환자들의 생존 기간을 늘려 준다는 사실을 발견했다. 바이옥스의 경우, 이미 그 이전에 시행했던 임상실험에서 위험한 부작용이 관찰된 바 있으며, 난소암 환자에서 관찰된 현상에 대해서는 연구자들이 추가적인 임상실험을 계획하

고 있다.[*]

간단히 말해, 무작위 임상실험은 여전히 의학 연구의 표준이며, 단순히 의료 빅데이터를 분석하는 것보다 우수한 결과를 도출한다. 아이엠에스 헬스는 이런 연구의 중요성을 인식해서 2016년에 퀸타일즈와 합병했다. 퀸타일즈는 임상실험을 수행하는 기업이며, 2013년도 세계 매출 상위 100대 의약품 모두의 개발과 출시 과정에 기여한 회사였다.[**] "수많은 질문에 답하려면 대규모 무작위 실험의 증거가 필요합니다. 그런데 데이터베이스 분석이 그렇게 할 수 있다는 주장은 정당한 근거가 없어 보입니다." 30년 이상을 암의 원인과 흡연의 영향을 연구해 온 옥스퍼드 대학교의 의학 통계 및 역학 교수로 존경받는 리처드 페토 경Sir Richard Peto은 말했다. "많고 많은 의무 기록을 분석해 봤자 아무것도 나오지 않을 것이라고 이야기하려는 것이 아닙니다.

[*] 바이옥스의 안전성 문제는 이전에 시행했던 임상 실험에서도 관찰된 바 있다. 식품의약품안전처의 허가를 얻은 머크는 1999년에 바이옥스를 출시했는데, 이 약은 머크의 역사상 가장 성공적인 상품이 되었다. 그런 성공에 힘입어 머크는 1999년에 더 큰 규모의 2차 임상실험을 의뢰했다. 8,000명의 환자를 대상으로 한 이 후속 연구는 심장질환 발생이 증가함을 시사했다. 나중에 재판 과정에서 공개된 문서에 따르면, 이 후속 연구뿐만 아니라 1996~1997년에 시행했던 1차 연구에서도 부정적인 결과가 도출되었는데, 머크는 이를 무시한 것으로 드러났다. 바이옥스의 사례에 관한 보다 자세한 내용은 Harlan Krumholz, Harold Hines, Joseph Ross, Amos H. Presler, and 데이비드 S. Egilman, "What Have We Learnt from Vioxx?" *British Medical Journal* 334 (January 20, 2007): 120-123. doi: 10.1136/bmj.39024.487720.68 참고.
[**] 퀸타일즈 웹사이트의 '우리의 주관심사Our Focus' 참고. 기록은 https://perma.cc/YTK2-RXE5 참고.

내 생각에 그쪽 주장은 어떤 치료가 효과가 있고 효과가 없는지에 관해 수많은 결론을 내릴 수 있다는 것인데, 저는 그 주장이 옳다고 생각하지 않습니다. 저는 의료 기록과 누가 어떤 치료를 받았는지 분석하는 것을 통해서는 그 문제에 신뢰할 만한 답을 찾아낼 수 없다고 생각합니다."*

스펙트럼의 다른 쪽에 있는 프라이버시 옹호자들은, 익명화된 의료 데이터가 공유되어서 생명에 위협이 된 사례를 지목하는 데 어려움을 겪고 있다. 그렇다고 위험하다는 주장이 아주 비현실적이라는 뜻은 전혀 아니다. 전문가들은 오래전에도 해킹과 신용카드 사기의 위험성을 경고했는데, 상당한 시간이 지나고 나서야 그런 사건이 광범위하게 발생하기 시작했다. 인터넷 시대 최악의 사이버 테러와 그 밖의 범죄 사건들이 벌어지는 것은 아직 미래의 일일 수 있다. 전반적으로 볼 때, 우리는 빅데이터 연구를

---

* 미국 보건복지부 산하 보건의료 정보통신 표준국Office of the National Coordinator for Health IT의 전직 부국장 제이컵 라이더Jacob Reider는 데이터 조작은 의학적 결과도 왜곡할 수 있으며 쓸데없는 비용 지출을 유발할 수 있다고 지적했다. "같은 데이터를 두고도 환자와 의료 공급자가 다른 의사결정을 내리게 만들 수 있습니다." 그는 말했다. "또한, 의사가 특정 진단을 내릴 가능성을 높여 주는 요인들도 있습니다. 쉬운 예를 하나 들어 보죠. 테스토스테론 저하증low testosterone은 완전히 인위적으로 만들어진 진단명입니다. 이 진단명이 인위적으로 만들어진 것이라는 사실은 잘 알려져 있습니다. 누가 그것을 만들었을까요? 그 진단에 대한 치료제를 생산하는 회사입니다. 의사들을 대상으로 피로감과 낮은 성적충동을 호소하는 50세 이상의 남성에게 테스토스테론 검사를 처방하라고 권장할 수 있습니다. 결과적으로 해당 문제를 치료하는 회사는 수익을 올리지만, 환자에게는 실제로 거의 도움이 되지 않습니다."

통한 건강의 증진과 프라이버시 침해로 인한 실질적인 피해가 모두 현실화될 것으로 예상할 수 있다. 그러니 좋은 결과를 창출하기 위한 조건을 만들어 내고, 나쁜 결과가 나타나지 않도록 할 강력한 보호 조치를 마련해야만 한다.

훌륭한 의도

내가 만난 전·현직 데이터 채굴 업계의 관계자 중 상당수는 존경할 만하고 지성적이다. 이 가운데 많은 사람은 진정으로 환자의 건강을 개선하고 동시에 돈도 벌고 싶어 한다. 그들은 해를 끼칠 목적으로 정보를 판매하는 것이 아니다. 건강 데이터 회사 엠데온의 수석 부사장 크리스 조쉬는 "저는 이 모든 것에 악한 등장인물이 있다고 생각하지 않습니다"라고 말했다. "아이엠에스도 악이 아니고, 제약회사도 악이 아니고, 환자들은 절대로 악이 아니며, 보험회사들도 악이 아닙니다."

전직 아이엠에스 직원이었던 밥 메럴드는 경시적 의료 데이터를 사용하는 데 있어 적절한 균형을 유지하기가 어렵고, 따라서 주의를 기울여야 할 필요가 있다는 사실을 다음과 같이 요약했다. "그 속에는 수많은 장점이 있습니다. 동시에 엄청난 잠재적 해악이 존재합니다."

결국 문제는, 어떻게 해야 의학 부문에서 빅데이터의 이용을 극대화하는 동시에 개인의 이익도 보호할 수 있을 것인가로 집약된다. 환자 데이터를 거래하는 기업들은 자신들이 과학 발전에 기여한다고 한다. 하지만 그들의 방법이 사회 전체를 위한 최선의 접근방법이 아닐 수 있다. 그 분야의 주역들이 아무리 훌륭한 의도를 가졌더라도 건강 빅데이터 시장은 환자들을 위험에 빠뜨릴 수 있는 방향으로 발전해 왔다. 모든 산업 분야에서 기업은 경쟁력을 확보하려고 점점 더 많은 정보를 손에 넣으려 하기에, 모든 개인 데이터에 대해 이런 우려가 존재한다. 하지만 건강 문제는 대부분 개인의 가장 내밀한 비밀에 속하며, 그 정보가 본인에게 불리하게 작용할 가능성이 훨씬 크다.

미네소타 대학교의 의약품 및 의료시스템학과 학과장 스티븐 숀델마이어Stephen Schondelmeyer 교수는 "어떻게 사용하느냐에 따라 다릅니다"라고 말했다. "아시겠지만, 인간이 고안해 낸 다른 모든 것과 마찬가지입니다. 마치 원자폭탄이 장단점을 함께 가지고 있듯이, 빅데이터도 마찬가지입니다. 만약 빅데이터가 내부자의 이익을 위해, '어떻게 의료 시장에서 돈을 뽑아낼 수 있을까'를 목표로 사용된다면, 그것은 좋은 일이라고 확신할 수 없습니다. 하지만 만약 빅데이터가 개인과 의료 시스템의 건강 문제를 파악하고, 그것을 다루고 해결할 방법을 찾는 데 사용된다면, 그리고 그 과정에서 자원을 보다 효율적으로 활용하게 되면, 매우 큰 가치가 있을 것입니다."

보험 청구 데이터 연구의 선구자인 폴 거트먼은 데이터 채굴자들이 위험을 과소평가하는 것에 대해 비판적인 의견을 피력했다. "한번 정보가 유출되고, 사람들이 그것을 여기저기 배포할 권리를 가지면, 어떤 의도를 가지고 접근하거나 나쁜 목적으로 사용하는 것을 막을 수 없게 되리라고 생각합니다. 그것을 통제할 방법이 없기 때문입니다." 그리고 비록 최근까지 대체로 빅데이터가 잘못 사용된 적이 없다고 해서 (그는 더 많은 오남용 사례들이 드러나고 있다고 했다.) 오남용의 가능성이 존재하지 않는다는 의미는 아니라고 거트먼은 덧붙였다.

데이터 채굴자들은, 돈을 벌려는 동기가 존재하지 않는다면 데이터를 집약하는 작업이 이루어지지 않을 테고, 따라서 상거래가 과학 발전의 비용을 분담한다고 주장한다. "이 건에 대해서는 제가 자본주의자라고 기꺼이 말할 수 있습니다." 지금은 아이비엠 왓슨의 일부가 된 트루벤의 빌 마더가 말했다. "이것을 이용해 돈을 버는 것은 좋은 일입니다. (의학 연구의) 비용을 지불하는데 도움이 됩니다."

이것이 까다로운 부분이다. 제약회사가 제품을 판매하고 마케팅하는 데 도움이 되는 바로 그 정보가 연구자가 새로운 통찰을 얻도록 만들어 주는 정보도 되는 것이다. "우리는 이 약이 어떤 부류의 환자들에게 실제로 도움이 되는지 파악해야 합니다. 그리고 그것은 모두 사노피와 암젠의 사람들이 시장이 어디에 있고 누구를 겨냥할 것인지 파악하는 것과 동일한 경시적 데이터로부터 나옵니다." 메롤드는 말했다. "상업적으로 필요한 정보가 점점 학문적으로 얻고자 하는 통찰과 가까워지고 있습니다. 갈수록 이 두 부문의 공통분모가 커지고 있습니다. 사업 모델이 이제는 과거처럼 '약을 무작정 들이밀고 어떻게든 돈을 받아오라'는 식이 아니기 때문입니다."

권리의 회복

의학은 특유의 방식과 특수성을 지닌 산업 분야지만, 다른 경제 분야에 비하면 진짜 고객(환자)을 만족시키는 정도가 훨씬 부족하다. 판매자들이 의약품을 보다 효과적으로 판매할 방법을 개발하면서, 판매자들의 사고 과정에 개별 환자의 필요가 항상 우선순위에 놓이지는 않았다. 이 부문의 사업이 성장하는 과정에서 보험자와 제약회사, 의사들은 의료 데이터를 그들의 환자들과 공유할 동기를 전혀 가지지 못했다. 오히려 그 반대가 진실이었다. 의사, 보험자, 제약사의 제휴는 어찌되었든 위험한 것이었다. 데이터가 전산화되면서 이런 경향은 더 강화되었다. 왜냐하면 그 과정에서 의사와 보험자들은 환자의 개인 정보 보호 수준을 낮추는 데 성공했고, 그 과정에서 환자들에게 자신의 데이터를 통제할 권한을 주지 않았기 때문이다. 그 결과 정작 당신은 자신의 전체 의료 기록에 접근할 수 없는데, 그 데이터는 익명화된 형식으로 돈을 내는 사람들에게 널리 유포된다.

이것이 오늘날 우리가 처한 상황이다. 도덕적 측면이나 정보의 측면에서 볼 때 우리는 마치 절벽 위에 서 있는 것과 같다. 우리가 의료 데이터의 당사자고, 그 데이터가 말 그대로 삶과 죽음을 가르는 중요한 역할을 할 수도 있을 개인들을 위해, 의료 데이터를 안전하게 관리하는 세상을 만들 수 있다. 아니면 시장에 모든 것을 맡겨 버릴 수도 있다.

그 선택의 결과는 무엇일까? 만약 시장이 주도권을 쥔다면(지금 당장은 거대 제약회사가 상당한 정치적-재정적 영향력을 행사하고 있기 때문에 그 결과가 확연하게 드러나지 않고 있다.) 기업들이 우리에 대해 갈수록 더 많은 것을 파악할 테고, 그 정보를 이용해 우리의 미래를 빚어내려 할 것이다. 12장에 소개한 바와 같이, 성향 모델링이라는 기법을 사용하는 판매자들은 익명화된 의료 정보를 이용해 알아낸 정보를 토대로 특정 질환과 관련이 있는 집단을 목표로 삼아 인터넷 광고를 전달한다. 만약 나쁜 방향으로 데이터가 이용된다면 건강 빅데이터 시장은 차별, 직업 및 서비스로부터의 배제, 그리고 인격모독을 초래할 수 있다.

보다 온건한 대안을 선택한다면, 환자들은 의료와 관련된 결정에서 훨씬 큰 발언권을 확보할 것이다. 병원과 제약회사들은 (우리는 의료 서비스와 의약품을 여전히 필요로 할 것이기에) 그럼에도 잘 운영될 테지만, 그래도 그들은 통제권의 일부를 환자에게 양보해야 할 것이다. 개인들은 자신의 질환과 그 밖의 여러 문제에 대해 더 많은 정보를 접할 수 있을 테고, 자신의 기록에 대한 통제권을 가질 것이며, 미래의 의학 발전을 위해 자신의 내밀한 데이터를 사용할지 여부를 결정할 것이다. 아이엠에스 같은 데이터 채굴기업들은 가치 있는 분석과 컨설팅 서비스를 제공하면서 여전히 번영을 누릴 수 있을 것이다.

나는 빅데이터가 의학의 발전과 삶의 개선에 기여하고 동시에 환자의 권리와 이익을 지킨다는 두 가지 기대 사이에서, 우리가 어떻게 최선의 균형을 유지할 수 있는지에 대한 논쟁이 활성화되기를 바라면서 이 책을 썼다. 현재까지 환자 정보를 사고파는 기업들은 자신들이 해 온 일을 그 데이터의 원천인 대중으로부터 숨기려고 그들이 할 수 있는 모든 일을 해 왔다. 때로는 우리의 데이터로 무엇을 할 수 있는지, 우리보다 자신들이 더 잘 알고 있다고 생색내기도 했다. 그렇지만 아이엠에스와 그 회사에 데이터를 제공하는 많은 기업이 정보를 더 개방하기 전까지는 시민들은 사실에 입각한 토론을 벌이기 어려울 것이다.

그런 폐쇄적인 접근법은 잘못되었을 뿐만 아니라 장기적으로는 기업에도 도움이 되지 않을 것이다. 자신의 정보가 어떻게 이용되는지 안다면, 그리고 협조할 만한 이유가 있다고 생각한다면, 많은 사람이 기꺼이 자신의 건강 정보를 공유할 것이다. 반대로, 현재 공개되지 않은, 건강 빅데이터의 새로운 시장에서 벌어지고 있는 일들을 대중이 알게 되면, 데이터 채굴기업들의 투명성이 결여된 활동을 제한할 규제를 도입하라는 여론이 비등할 것이다.

미국의 의료 시스템은 환자들이 자신의 의무 기록에 대한 통제권을 행사할 수 있도록 바뀌어야만 한다. 우리의 데이터를 (설사 그것이 익명화되었더라도) 공공연하게 거래하기 이전에, 판매자들은 환자들이 사실관계를 고지받은 상태에서 명확하게 동의 의사를 표했는지 여부를 확인해야만 한다. 이것은 오늘날까지 제약회사와 약국, 데이터 채굴자들이 세상에 알려지는 것을 막아왔던 이야기이다. 하지만 이것은 우리 환자들이 당연히 알아야만 하는 사실이다. 무엇보다, 이것은 우리의 데이터다.

| 단행본 |

Altaras, Thea. *Stätten Der Juden in Giessen: Von Den Anfängen Bis Heute,* Die Blauen Bücher. Königstein im Taunus: K.R. Langewiesche, 1998.

Altenstetter, Christa. *Medical Technology Regulation in Japan: The Politics of Regulation.* New Brunswick, NJ: Transaction Publishers, 2015.

American Council on Education, Committee on the Pharmaceutical Survey. *Findings and Recommendations of the Pharmaceutical Survey, 1948.* Washington, DC: American Council on Education, 1948.

American Council on Education, Committee on the Pharmaceutical Survey, and Edward C. Elliott. *The General Report of the Pharmaceutical Survey, 1946–49.* Washington, DC: American Council on Education, 1950.

Angell, Marcia. *The Truth About the Drug Companies: How They Deceive Us and What to Do About It.* Rev. and updateded. New York: Random House, 2005.

Avorn, Jerry. *Powerful Medicines: The Benefits, Risks, and Costs of Prescription Drugs.* Rev. and updated, 1st Vintage Books ed. New York: Vintage Books, 2005.

Brody, Howard. *Hooked: Ethics, the Medical Profession, and the Pharmaceutical Industry.* Explorations in Bioethics and the Medical Humanities. Lanham, MD: Rowman & Littlefield, 2007.

Burleson, Wayne, and Sandro Carrara. *Security and Privacy for Implantable Medical Devices.* New York: Springer, 2014.

Camp, L. Jean, and M. Eric Johnson. *The Economics of Financial and Medical Identity Theft.* New York: Springer, 2012.

Campbell, John Creighton, and Naoki Ikegami. *The Art of Balance in Health Policy: Maintaining Japan's Low-Cost, Egalitarian System.* Cambridge, UK: Cambridge University Press, 1998.

Carr, Nicholas G. *The Glass Cage: Automation and Us.* New York: W. W. Norton & Company, 2014.

Castagnoli, William G., and Medical Advertising Hall of Fame. *Medicine Ave.: The Story of Medical Advertising in America.* Huntington, NY: Medical Advertising Hall of Fame, 1999.

Christensen, Clayton M., Jerome H. Grossman, and Jason Hwang. *The Innovator's Prescription: A Disruptive Solution for Health Care.* New York: McGraw-Hill, 2009.

Dick, Richard S., Elaine B. Steen, and Don E. Detmer. *The Computer-Based Patient Record: An Essential Technology for Health Care.* Rev. ed. Washington, DC: National Academy Press, 1997.

Dilcher, Heinrich. *Buchenwald: 1937–1945: Ein SS-Konzentrationslager in Deutschland.* Hannover, Germany: Bund d. Antifaschisten Niedersachsen e.v. u. Heinrich Dilcher, 1981.

Ding, Min. *Innovation and Marketing in the Pharmaceutical Industry: Emerging Practices, Research, and Policies.* New York: Springer, 2013.

El Emam, Khaled, and Luk Arbuckle. *Anonymizing Health Data: Case Studies and Methods to Get You Started.* Beijing: O'Reilly, 2014.

El Emam, Khaled, editor. *Risky Business: Sharing Health Data While Protecting Privacy.* Bloomington, IN: Trafford, 2013.

Elliott, Carl. *White Coat, Black Hat: Adventures on the Dark Side of Medicine.* Boston: Beacon Press, 2010.

Ellsberg, Daniel. *Secrets: A Memoir of Vietnam and the Pentagon Papers.* New York: Viking, 2002.

Elston, Mary Ann, editor. *The Sociology of Medical Science and Technology.* Sociology of Health and Illness Monograph Series. Oxford, UK: Blackwell, 1997.

Farren, Julian. *The Train from Pittsburgh.* New York: A. A. Knopf, 1948.

Ferber, Robert, and Hugh C. Wales. *The Effectiveness of Pharmaceutical Promotion.* Illinois University Bureau of Economic and Business Research Bulletin Series. Urbana: University of Illinois, 1958.

Fishbein, Morris. *Tonics and Sedatives.* Philadelphia: J. B. Lippincott Co., 1949.

Fontenay, Charles L. *Estes Kefauver: A Biography.* Knoxville: University of Tennessee Press, 1980.

Gates, John J., and Bernard S. Arons. *Privacy and Confidentiality in Mental Health Care.* Baltimore: Paul H. Brookes Publishing, 2000.

Goetz, Thomas. *The Decision Tree: Taking Control of Your Health in the New Era of Personalized Medicine.* New York: Rodale, 2010.

Goldberg, Adele, and Association for Computing Machinery. *A History of Personal Workstations.* Reading, MA: Addison-Wesley, 1988.

Gorman, Joseph Bruce. *Kefauver: A Political Biography.* New York: Oxford University Press, 1971.

Gosselin, Chris, and Ray Gosselin. "Gosselins in the Twentieth Century." Unpublished manuscript, January 1999.

Gosselin, Ray. "History of the Determination of Market Share for Diethylstilbestrol in an Era Prior to the Development of Relative Denominator Values." PharmD thesis, University of South Carolina, 1995.

——————. "Massachusetts Pharmacy Survey 1947." Master's thesis, Massachusetts College of Pharmacy, 1948.

——————. "The Statistical Analysis of the Distributions and Trends of Prescriptions Dispensed in Massachusetts in 1950." MBA thesis, Boston University, 1951.

Graedon, Joe, and Teresa Graedon. *Top Screwups Doctors Make and How to Avoid Them.* New York: Crown Archetype, 2011.

Greene, Jeremy A., and Elizabeth Siegel Watkins. *Prescribed: Writing, Filling, Using, and Abusing the Prescription in Modern America.* Baltimore: Johns Hopkins University Press, 2012.

Greider, Katharine. *The Big Fix: How the Pharmaceutical Industry Rips Off American Consumers.* New York: Public Affairs, 2003.

Gross, Ken. *Ross Perot: The Man Behind the Myth.* New York: Random

House, 1992.

Gunzert, Rudolf. *Konzentration, Markt Und Marktbeherrschung.* Frankfurt am Main: F. Knapp, 1961.

Haimowitz, Ira J. *Healthcare Relationship Marketing: Strategy, Design and Measurement.* Burlington, VT: Ashgate, 2010.

Hansert, Andreas. *Georg Hartmann (1870–1954): Biographie Eines Frankfurter Schriftgiessers, Bibliophilen Und Kunstmä zens.* Wien: Böhlau, 2009.

Harris, Richard. *The Real Voice.* New York: Macmillan, 1964.

Helmchen, H., and N. Sartorius. *Ethics in Psychiatry: European Contributions.* International Library of Ethics, Law and the New Medicine. Dordrecht: Springer, 2010.

Hu, Jun. *Privacy-Preserving Data Integration in Public Health Surveillance.* Ottawa: University of Ottawa, 2011.

Institute for Motivational Research. *A Research Study on Pharmaceutical Advertising.* Croton-on-Hudson, NY: Pharmaceutical Advertising Club, 1955

Jacquez, John A., and University of Michigan. *Computer Diagnosis and Diagnostic Methods: The Proceedings.* Springfield, IL: Thomas, 1972.

Johnson, Steven. *The Ghost Map: The Story of London's Most Terrifying Epidemic—and How It Changed Science, Cities, and the Modern World.* New York: Riverhead Books, 2006.

Kefauver, Estes, Irene Till, and Herbert Block. *In a Few Hands: Monopoly Power in America.* New York: Pantheon Books, 1965.

King, Patricia A., Judith C. Areen, and Lawrence O. Gostin. *Law, Medicine and Ethics.* New York: Foundation Press, 2006.

Klosek, Jacqueline. *Protecting Your Health Privacy: A Citizen's Guide to Safeguarding the Security of Your Medical Information.* Santa Barbara, CA: Praeger, 2011.

Knauss, Erwin. *Die Jü dische Bevö lkerung Giessens, 1933–1945: E. Dokumentation.* Veröffentlichungen i.e. Schriften Der Kommission Für Die Geschichte Der Juden In Hessen. Wiesbaden: Kommission für die Geschichte der Juden in Hessen, 1974.

Kolassa, Eugene Mick, James Perkins, and Bruce Siecker. *Pharmaceutical*

Marketing: Principles, Environment, and Practice. New York: Pharmaceutical Products Press, 2002.

Kremers, Edward, and Glenn Sonnedecker. *Kremers and Urdang's History of Pharmacy.* Philadelphia: American Institute of the History of Pharmacy, 1986.

Krieger, Fritz. "The Role of Pharmaceutical Marketing Research." Unpublished book manuscript, undated.

LaWall, Charles H. *Four Thousand Years of Pharmacy.* Philadelphia; London: J. B. Lippincott, 1927.

Lehmann, Harold P. *Aspects of Electronic Health Record Systems.* 2nd ed. Health Informatics Series. New York: Springer, 2006.

Lewis, Deborah. *Consumer Health Informatics: Informing Consumers and Improving Health Care.* Health Informatics. New York: Springer, 2005.

Lundsgaarde, Henry Peder, Pamela J. Fischer, and David J. Steele. *Human Problems in Computerized Medicine.* Publications in Anthropology. Lawrence: University of Kansas, 1981.

Maeder, Thomas. *Adverse Reactions.* New York: Morrow, 1994.

Mandel, William M. *Saying No to Power: Autobiography of a 20th Century Activist and Thinker.* Berkeley, CA: Creative Arts Book Co., 1999.

Maurer, P. Reed. *It's Worth Doing: Perspectives on the Japan Pharmaceutical Industry.* Bloomington, IN: Trafford, 2011.

McQuillan, Rufus L. *Is the Doctor In? The Story of a Drug Detail Man's Fifty Years of Public Relations with Doctors and Druggists.* New York: Exposition Press, 1963.

Meier, Barry. *Pain Killer: A "Wonder" Drug's Trail of Addiction and Death.* Emmaus, PA: Rodale, 2003.

Miller, Dinah, Annette Hanson, and Steven Roy Daviss. *Shrink Rap: Three Psychiatrists Explain Their Work.* Baltimore: Johns Hopkins University Press, 2011.

Mueller, Hanno. *Juden in Giessen 1788–1942.* Magistrat der Universitätsstadt Giessen, Stadtarchiv, 2012.

Neurath, Paul Martin, Christian Fleck, and Nico Stehr. *The Society of Terror: Inside the Dachau and Buchenwald Concentration Camps.* Boulder, CO: Paradigm Publishers, 2005.

Nielsen Company, A. C., John Karolefski, and Al Heller. *Consumer-Centric Category Management: How to Increase Profi ts by Managing Categories Based on Consumer Needs.* Hoboken, NJ: John Wiley & Sons, 2006.

Pathak, Dev S., Alan Escovitz, and Suzan Kucukarslan. *Promotion of Pharmaceuticals; Issues, Trends, Options.* New York: Pharmaceuticals Products Press, 1992.

Payton, Theresa, Ted Claypoole, and Howard A. Schmidt. *Privacy in the Age of Big Data: Recognizing Threats, Defending Your Rights, and Protecting Your Family.* Lanham, MD: Rowman & Littlefield, 2014.

Pentland, Alex. *Social Physics: How Good Ideas Spread—The Lessons from a New Science.* New York: Penguin, 2014.

Petersen, Melody. *Our Daily Meds: How the Pharmaceutical Companies Transformed Themselves into Slick Marketing Machines and Hooked the Nation on Prescription Drugs.* New York: Farrar, Straus and Giroux, 2008.

Pomeroy, Charles. *Pharma Delegates: Highlights from a Half-Century of Networking Within Japan's Pharmaceutical Industry.* Bloomington, IN: Trafford, 2013.

Reidy, Jamie. *Hard Sell: The Evolution of a Viagra Salesman.* Kansas City, MO: Andrews McMeel, 2005.

Rodwin, Marc A. *Conflicts of Interest and the Future of Medicine: The United States, France, and Japan.* Oxford, UK: Oxford University Press, 2011.

Rollins, Brent L., and Matthew Perri. *Pharmaceutical Marketing.* Burlington, MA: Jones & Bartlett Learning, 2014.

Rothstein, Mark A. *Genetic Secrets: Protecting Privacy and Confidentiality in the Genetic Era.* New Haven, CT: Yale University Press, 1997.

Shulman, Shelia R., Elaine M. Healy, and Louis Lasagna. *PBMs: Reshaping the Pharmaceutical Distribution Network.* New York: Pharmaceutical Products Press, 1998.

Slack, Warner. *Cybermedicine: How Computing Empowers Doctors and Patients for Better Care.* Rev. and updated ed. San Francisco: Jossey-Bass, 2001.

Smith, Mickey C. *Pharmaceutical Marketing: Principles, Environment, and Practice*. New York: Pharmaceutical Products Press, 2002.

_____. *Principles of Pharmaceutical Marketing*. 3rd ed. Philadelphia: Lea & Febiger, 1983.

_____. *Small Comfort: A History of the Minor Tranquilizers*. New York: Praeger, 1985.

Snow, John. *On the Mode of Communication of Cholera*. 2nd ed. London: J. Churchill, 1855.

Starr, Paul. *The Social Transformation of American Medicine*. New York: Basic Books, 1982.

Strom, Brian L. *Pharmacoepidemiology*. 4th ed. Hoboken, NJ: J. Wiley, 2005.

Tanner, Adam. *What Stays in Vegas : The World of Personal Data— Lifeblood of Big Business—and the End of Privacy as We Know It*. New York: PublicAffairs, 2014.

Taylor, Mark. *Genetic Data and the Law: A Critical Perspective on Privacy Protection*. Cambridge Bioethics and Law. Cambridge, UK: Cambridge University Press, 2012.

Technomic Publishing Company. *Marketing Guide to the Pharmaceuticals Industry*. Westport, CT: Technomic Publishing Company, 1973.

Tone, Andrea. *The Age of Anxiety: A History of America's Turbulent Affair with Tranquilizers*. New York: Basic Books, 2009.

Totten, Samuel, and William S. Parsons. *Centuries of Genocide: Essays and Eyewitness Accounts*. 4th ed. New York: Routledge, 2013.

Tzavaras, Kosta. *Pharmaceutical Sales Data 101, the Client Perspective*. Victoria, Canada: Phi Publications, 2004.

US Congress, Office of Technology Assessment. *Protecting Privacy in Computerized Medical Information*. Washington, DC: US Government Printing Office, 1993.

[US] Federal Committee on Statistical Methodology. *Report on Statistical Disclosure Limitation Methodology*. Edited by Statistical and Science Policy, Office of Information and Regulatory Affairs and Office of Management and Budget, 129, second version, December 2005.

US House, Select Committee on Small Business, Subcommittee on Environmental Problems Affecting Small Business. *Third Party*

Prepaid Prescription Programs. Washington, DC: US Government Printing Office, 1971.

US Institute of Medicine, Committee on Improving the Patient Record. *The Computer-Based Patient Record: An Essential Technology for Health Care.* Washington, DC: National Academy Press, 1991.

Warrell, D. A., Timothy M. Cox, and John D. Firth. *Oxford Textbook of Medicine.* 5th ed. 3 vols. Oxford, UK: Oxford University Press, 2010.

Weed, Lawrence L. *Knowledge Coupling: New Premises and New Tools for Medical Care and Education.* Computers in Health Care. New York: Springer-Verlag, 1991.

_____. *Medical Records, Medical Education, and Patient Care: The Problem-Oriented Record as a Basic Tool.* Cleveland: Press of Case Western Reserve University, 1969.

_____. *Your Health Care and How to Manage It: Your Health, Your Problems, Your Plans, Your Progress.* Burlington, VT: PROMIS Laboratory, University of Vermont, 1975.

Weed, Lawrence L., Jay S. Wakefield, Stephen R. Yarnall, Washington State Medical Record Association, and Washington/Alaska Regional Medical Program. *Implementing the Problem-Oriented Medical Record.* Seattle: Medical Computer Services Association, 1973.

Weed, Lawrence L., and Lincoln Weed. *Medicine in Denial.* CreateSpace Independent Publishing Platform, 2011.

Wells, Tom. *Wild Man: The Life and Times of Daniel Ellsberg.* New York: Palgrave, 2001.

Westin, Alan F. *Information Technology in a Democracy.* Harvard Studies in Technology and Society. Cambridge, MA: Harvard University Press, 1971.

| 논문과 보고서 |

Abelson, Reed. "4 Insurers Will Supply Health Data." *New York Times,* September 19, 2011.

Adams, Chris. "Doctors 'Dine 'N' Dash' in Style, as Drug Firms Pick up the Tab." *Wall Street Journal*, May 14, 2001.

Aitken, Murray, Thomas Altmann, and Daniel Rosen. "Engaging Patients Through Social Media: Is Healthcare Ready for Empowered and Digitally Demanding Patients?" Parsippany, NJ: IMS Institute for Healthcare Informatics, January 2014.

Albert, Sherri. "Medical Privacy: The Data Wars." *Dissent* (2002): 8–11.

Alden, William, and Michael De La Merced. "Hurt in Crisis, TPG Pursues Smaller Deals." *New York Times*, March 24, 2014.

Allen, Anita. "Commercial Speech Bruises Health Privacy in the Supreme Court." *The Hastings Center Report* 41, no. 6:2 (November-December 2011).

Archives of Internal Medicine editorial. "The Challenge and the Opportunities of the Weed System." *Archives of Internal Medicine* 128, no. 5 (November 1, 1971): 832–34.

Avorn, Jerry. "Healing the Overwhelmed Physician." *New York Times*, June 1, 2013.

Avorn, Jerry, and S. B. Soumerai. "Improving Drug-Therapy Decisions Through Educational Outreach: A Randomized Controlled Trial of Academically Based 'Detailing.'" *New England Journal of Medicine* 308, no. 24 (1983): 1457–63.

Barbaro, Michael, and Tom Zeller Jr. "A Face Is Exposed for AOL Searcher No. 4417749." *New York Times*, August 9, 2006.

Barber, Grayson. "Electronic Health Records and the End of Anonymity." *New Jersey Law Journal* 198, no. 3 (October 19, 2009): 2.

Barrett, Tom. "Doctors Launch Attack on Drug Firms." *Edmonton Journal*, 2003.

Bayer, Ronald, and Amy Fairchild. "When Worlds Collide: Health Surveillance, Privacy, and Public Policy." *Social Research: An International Quarterly* 77, no. 3 (2014): 905–28.

Belopotosky, Danielle. "Partisan Rift over Patient Privacy." *National Journal*, July 1, 2006, 2.

Bhagwat, Ashutosh "Sorrell v. IMS Health: Details, Detailing, and the Death of Privacy." *Vermont Law Review* 36, no. 4 (June 2012).

Blakenhorn, Kathy, and Lisa Stockwell-Morris. "Crossing the Great

Divide." *Pharmaceutical Executive Supplement*, March 2004.

Bogdan, Herman A. "Felix Marti Ibanez—Iberian Daedalus: The Man Behind the Essays." *Journal of the Royal Society of Medicine* 86, no. 4 (October 1993).

Boumil, Marcia M., Kaitlyn Dunn, Nancy Ryan, and Katrina Clearwater. "Prescription Data Mining, Medical Privacy and the First Amendment: The U.S. Supreme Court in Sorrell v. IMS Health Inc." *Annals of Health Law* 21, no. 2 Winter 2012).

Brand, Ron. "Detailing Gets Personal." *Pharmaceutical Executive*, August 1, 2003.

Breese, P., and W. Burman. "Readability of Notice of Privacy Forms Used by Major Health Care Institutions." *Journal of the American Medical Association* 293, no. 13 (2005): 1593–94.

Brooks, J. M., W. R. Doucette, S. Wan, and D. G. Klepser. "Retail Pharmacy Market Structure and Performance." *Inquiry* 45, no. 1 (2008): 75–88.

Brownlee, Shannon, and Jeanne Lenzer. "Spin Doctored." *Slate*, May 31, 2005.

Buckman, Rebecca. "Investing in Fixer-Uppers." *Forbes*, September 7, 2009, 42–44.

Caine, K., S. Kohn, C. Lawrence, R. Hanania, E. M. Meslin, and W. M. Tierney. "Designing a Patient-Centered User Interface for Access Decisions About EHR Data: Implications from Patient Interviews." *Journal of General Internal Medicine* 30, suppl. 1 (2015): S7–S16.

Caine, K., and W. M. Tierney. "Point and Counterpoint: Patient Control of Access to Data in Their Electronic Health Records." *Journal of General Internal Medicine* 30, suppl. 1 (2015): S38–S41.

Cantrill, Stephen. "Computers in Patient Care: The Promise and the Challenge." *Queue* (2010): 20–27.

Cardinale, V. "A Privacy Debate." *Drug Topics* (1998): 2.

Carlat, Daniel. "Dr. Drug Rep." *New York Times*, November 25, 2007.

Carter, Bill. "A. C. Nielsen Jr., Who Built Ratings Firm, Dies at 92." *New York Times*, October 4, 2011.

Cartwright-Smith, Lara, and Nancy Lopez. "Law and the Public's Health." *Public Health Reports* 128 (January–February 2013): 3.

Castagnoli, William. "Remembrance of Kings Past." *Medical Marketing &*

Media, July 1996, 5.

_____. "There Were Giants in Those Days." *Medical Marketing & Media*, March 1997, 26–42.

Cate, Fred H. "Protecting Privacy in Health Research: The Limits of Individual Choice." *California Law Review* 1765 (2010). http://scholarship.law.berkeley.edu/californialawreview/vol98/iss6/2 .

Chibber, Kabir. "VNU to Buy IMS Health for $7 Billion." Dow Jones, July 11, 2005.

Chithelen, Ignatius. "A Health Opportunity." *Forbes*, 1992, 46–47.

Cole, Agatha. "Internet Advertising After Sorrell v. IMS Health: A Discussion on Privacy and the First Amendment." *Cardozo Arts & Entertainment Law Journal* 30, no. 283 (2012).

Collins, Michael, and Deborah C. Peel. "Should Every Patient Have a Unique ID Number for All Medical Records?" *Wall Street Journal*, January 23, 2012.

Conn, Joseph. "A Flawed System." *Modern Healthcare*, January 26, 2013.

_____. "Questions of Privacy." *Modern Healthcare*, January 28, 2013.

Cook, Gordon. "A Medical Revolution That Could...: The Work of the PROMIS Laboratory and Lawrence L. Weed, M.D." Center for Occupational and Professional Assessment, Educational Testing Service, Princeton, NJ, September 29, 1978.

Couzin-Frankel, Jennifer. "Trust Me, I'm a Medical Researcher." *Science*, January 30, 2015, 3.

Danciu, I., J. D. Cowan, M. Basford, X. Wang, A. Saip, S. Osgood, J. Shirey-Rice, J. Kirby, and P. A. Harris. "Secondary Use of Clinical Data: The Vanderbilt Approach." *Journal of Biomedical Informatics* 52 (2014): 28–35.

Datta, Anusua, and Dhaval M. Dave. "Effects of Physician-Directed Pharmaceutical Promotion on Prescription Behaviors: Longitudinal Evidence." Working paper 19592. National Bureau of Economic Research, Cambridge, MA, November 2013.

Demkovich, Linda E. "Controlling Health Care Costs at General Motors." *Health Affairs* 5, no. 3 (August 1986): 358–67.

Der Spiegel. "Kopfweh Wird Mitgeliefert." *Der Spiegel*, October 1963.

DeSalvo, K. B., and K. Mertz. "Broadening the View of Interoperability to Include Person-Centeredness." *Journal of General Internal Medicine* 30, suppl. 1 (2015): S1–S2.

Donohue, Julie. "A History of Drug Advertising: The Evolving Roles of Consumers and Consumer Protection." *Milbank Quarterly* 84, no. 4 (2006): 659–99.

Dormuth, Colin, et al. "Higher Potency Statins and the Risk of New Diabetes: Multicentre, Observational Study of Administrative Databases." *British Medical Journal* (2014): 348:g3244.

Dougherty, Philip. "Advertising: B&B in New Health Field Bid." *New York Times*, April 6, 1972.

_____. "Advertising: Frohlich in General Practice." *New York Times*, March 3, 1970, 62.

_____. "Advertising: Getting Along with the FDA." *New York Times*, December 11, 1966.

_____. "Advertising: President of Frohlich Resigns." *New York Times*, January 25, 1972.

Douple, E. B., et al. "Long-Term Radiation-Related Health Effects in a Unique Human Population: Lessons Learned from the Atomic Bomb Survivors of Hiroshima and Nagasaki." *Disaster Medicine and Public Health Preparedness* 5, suppl. 1 (2011): S122–S133.

Doyle, James J. "Longitudinal Patient Data: Rx for Better Decisions." *Medical Marketing & Media*, September 1998.

Dredze, Mark, Renyuan Cheng, Michael J. Paul, and David Broniatowski. "Health tweets.org: A Platform for Public Health Surveillance Using Twitter." Association for the Advancement of Artificial Intelligence, 2014. http://www.aaai.org/ocs/index.php/WS/AAAIW14/paper/viewFile/8723/8218.

Dwoskin, Elizabeth. "The Next Marketing Frontier: Your Medical Records." *Wall Street Journal*, March 3, 2015.

Eisen, Marc. "Epic Systems: Epic Tale." *Isthmus*, June 20, 2008.

Elliott, Carl. "The Drug Pushers." *Atlantic*, April 2006.

Ellis, Barbara. "Theme and Variation." *Forbes*, February 4, 1980.

Emam, K. E., F. K. Dankar, R. Vaillancourt, T. Roffey, and M. Lysyk. "Evaluating the Risk of Re-Identification of Patients from Hospital

Prescription Records." *Canadian Journal of Hospital Pharmacy* 62, no. 4 (2009): 307–19.

Etzioni, Amitai. "The New Enemy of Privacy: Big Bucks." *Challenge* 43, no. 3 (May–June 2000): 16.

Evans, Barbara J. "Much Ado About Data Ownership." *Harvard Journal of Law and Technology* 69 (Fall 2011): 69–130.

Executive Offi ce of the President. *Big Data: Seizing Opportunities, Preserving Values*. The White House. Washington DC: Executive Offi ce of the President, May 1, 2014.

Fabian, Gary. "What Does IMS Do with Your Rx Data?" *Pharmacy Post* 10, no. 10 (2002): 12.

Faughnder, Ryan. "Kravis Backs N.Y. Startups Using Apps to Cut Health Costs: Tech." *Bloomberg*, December 4, 2012.

Ferris, Andy, David Moore, Nathan Pohle, and Priyanka Srivastava. "Big Data: What Is It, How Is It Collected, and How Might Life Insurers Use It?" *Actuary Magazine*, December 2013/January 2014.

Fleming, N. S., S. D. Culler, R. McCorkle, E. R. Becker, and D. J. Ballard. "The Financial and Nonfinancial Costs of Implementing Electronic Health Records in Primary Care Practices." *Health Affairs (Millwood)* 30, no. 3 (2011): 481–89.

Flynn, Sean. "The Constitutionality of State Regulation of Prescription Data Mining." *Pharmaceutical Law and Industry* 5, no. 43 (2007).

Freudenheim, Milt. "Insurers vs. Doctors: A Software Battleground." *New York Times*, November 15, 1989.

―――――. "And You Thought a Prescription Was Private." *New York Times*, August 8, 2009.

―――――. "Business and Health; Why I.M.S. Lures Dun & Bradstreet." *New York Times*, February 9, 1988.

―――――. "Digitizing Health Records, Before It Was Cool." *New York Times*, January 14, 2012.

Frohlich, L. W. "The Physician and the Pharmaceutical Industry in the United States." *Proceedings of the Royal Society of Medicine* 53, no. 579 (1960): 1–8.

Fugli-Berman, Adriane. "Prescription Tracking and Public Health." *Journal of General Internal Medicine* 23, no. 8 (2008): 4.

Fugh-Berman, Adriane, and Shahram Ahari. "Following the Script: How Drug Reps Make Friends and Influence Doctors." *PLoS Medicine* 4, no. 4 (April 2007): 5, doi:10.1371/journal.pmed.0040150.

Furman, Bess. "U.S. Scientist Held Outside Jobs, Flemming Tells Drug Inquiry." *New York Times*, 1960.

Garber, Steven, Susan Gates, Emmett Keeler, Mary Vaiana, Andrew Mulcahy, Christopher Lau, and Arthur Kellermann, "Redirecting Innovation in U.S. Health Care: Options to Decrease Spending and Increase Value." *RAND Health*, 2014.

Geyelin, Milo. "Do Prescription Records Stay Private When Pharmacy Stores Are Sold?" *Wall Street Journal*, April 11, 2001.

Gibson, T. C., W. E. Thorton, W. P. Algary, and E. Craige. "Telecardiography and the Use of Simple Computers." *New England Journal of Medicine* 267 (1962): 1218–24.

Gillum, Richard F. "From Papyrus to the Electronic Tablet: A Brief History of the Clinical Medical Record with Lessons for the Digital Age." *American Journal of Medicine* 126, no. 10 (October 2013): 853–57.

Glazer, Kenneth. "The IMS Health Case: A U.S. Perspective." *George Mason Law Review* (July 2006).

Glenn, T., and S. Monteith. "Privacy in the Digital World: Medical and Health Data Outside of HIPAA Protections." *Current Psychiatry Reports* 16, no. 11 (2014): 494.

Glueck, Grace. "An Art Collector Sows Largesse and Controversy." *New York Times*, June 5, 1983.

_____. "Dr. Arthur Sackler Dies at 73; Philanthropist and Art Patron." *New York Times*, May 27, 1987.

Goldman, J., and Z. Hudson. "Virtually Exposed: Privacy and E-Health." *Health Affairs (Millwood)* 19, no. 6 (2000): 140–48.

Goren, Ashley. "A Gold Mine of Information: Using Pharmaceutical Data Mining to Ensure Long-Term Safety and Effectiveness of Pharmaceuticals." LLM thesis, University of Toronto, 2013.

Gostin, Lawrence. "Marketing Pharmaceuticals: A Constitutional Right to Sell Prescriber-Identified Data?" *Journal of the American Medical Association* (February 22–29, 2012): 2.

Graham, Rosalyn. "The Symptom Sleuths." *Business People–Vermont*,

2006.

Grande, D. "A National Survey of Physician-Industry Relationships." *New England Journal of Medicine* 357, no. 5 (2007): 507–8 (author reply on p. 8).

Greene, Jeremy A. "Pharmaceutical Marketing Research and the Prescribing Physician." *Annals of Internal Medicine* 146, no. 10 (2007): 742–48.

Gunter, T. D., and N. P. Terry. "The Emergence of National Electronic Health Record Architectures in the United States and Australia: Models, Costs, and Questions." *Journal of Medical Internet Research* 7, no. 1 (2005): e3.

Gupta, Udayan. "Talking Strategy: Small Firms Aren't Waiting to Grow Up to Go Global." *Wall Street Journal*, December 5, 1989.

Gymrek, M., A. L. McGuire, D. Golan, E. Halperin, and Y. Erlich. "Identifying Personal Genomes by Surname Inference." *Science* 339, no. 6117 (2013): 321–24.

Halamka, J. D., K. D. Mandl, and P. C. Tang. "Early Experiences with Personal Health Records." *Journal of the American Medical Informatics Association* 15, no. 1 (2008): 1–7.

Hanson, C. L., S. H. Burton, C. Giraud-Carrier, J. H. West, M. D. Barnes, and B. Hansen. "Tweaking and Tweeting: Exploring Twitter for Nonmedical Use of a Psychostimulant Drug (Adderall) Among College Students." *Journal of Medical Internet Research* 15, no. 4 (2013).

Harris, Gardiner. "As Doctor Writes Prescription, Drug Company Writes a Check." *New York Times*, June 27, 2004.

Harrison, P. J., and Sam Ramanujan. "Electronic Medical Records: Great Idea or Great Threat to Privacy?" *Review of Business Information Systems*, fi rst quarter 2011.

Hatzopoulos, Vassilis. "Case C-418/01, IMS Health GmbH v. NDC Health GmbH, Judgment of the Fifth Chamber of 29 April 2004, Nyr." *Common Market Law Review* 41, no. 6 (December 2004): 26.

Hawkins, Norman. "The Detailman and Preference Behavior." *Southwestern Social Science Quarterly* 40, no. 3 (December 1959): 12.

Healthcare Information and Management Systems Society. "Electronic

Health Records: A Global Perspective." Edited by HIMSS Enterprise Systems Steering Committee and the Global Enterprise Task Force: Healthcare Information and Management Systems Society, August, 2010.

Heesters, Michael. "An Assault on the Business of Pharmaceutical Data Mining." *University of Pennsylvania Journal of Business Law* 11, no. 3 (Spring 2009): 40.

Hensley, Scott. "Drug Industry Moves to Curb 'Dine and Dash' Marketing." *Wall Street Journal*, April 19, 2002.

Hersh, William R. "The Electronic Medical Record: Promises and Problems." *Journal of the American Society for Information Science*, no. 10 (1995).

Hogg, Jason. "Diagnosing MD Behavior." *Pharmaceutical Executive*, May 2005, 3.

Homer, Patrick, Craig Nestel, Mark Weadon, and Daniel Feldman. "A Revolution in Physician Targeting." SAS Institute, July 2009.

Hong, Cheng William, Edward C. Hsiao, Andrew E. Horvai, and Thomas M. Link. "Chronic Recurrent Multifocal Osteomyelitis with an Atypical Presentation in an Adult Man." *Journal of the International Skeletal Society* (March 17, 2015). Archived at http://perma.cc/EXE9-YBWC.

Hooley, Sean, and Latanya Sweeney. "Survey of Publicly Available State Health Databases." White paper 1075-1. Data Privacy Lab, Harvard University, Cambridge, MA, June 2013. Archived at http://perma.cc/FZ47-W8AE.

Horwitz, Nathan. "Arthur M. Sackler, M.D." *Medical Tribune*, June 10, 1987, front and back cover.

Hsiou, Melody Rene. "Pharmaceutical Company Data Mining in the Aftermath of Sorrell v. IMS Health: The Need for Comprehensive Federal Legislation to Protect Patient Privacy." *Student Scholarship, Seton Hall Law eRepository* 244 (May 1, 2013).

Hughes, Allen. "WNCN Will Drop Classical Music." *New York Times*, August 28, 1974.

IMS Health. "IMS Health Announces Integration of Anonymized Patient-Level Data Across Global Portfolio of Offerings." *Business Wire*,

November 28, 2006.

Jacobs, L. "Interview with Lawrence Weed, MD—the Father of the Problem-Oriented Medical Record Looks Ahead." *Permanente Journal* 13, no. 3 (2009): 84–89.

Jaret, Peter. "Mining Electronic Records for Revealing Health Data." *New York Times*, January 14, 2015.

Jung, Sue. "This Doctor's Bag Holds a Computer." *Boston Globe*, August 3, 1987.

Kallukaran, Paul, and Jerry Kagan. "Data Mining at IMS Health: How We Turned a Mountain of Data into a Few Information-Rich Molehills." Paper 127. In *Proceedings of the 24th Annual SAS Users Group International*, 1999. Archived at https://is.gd/EeUHBn.

Kantrowitz, J. L. "Privacy and Disclosure in Psychoanalysis." *Journal of the American Psychoanalytic Association* 57, no. 4 (2009): 787–806.

Kaplan, B. "Selling Health Data: De-Identification, Privacy, and Speech." *Cambridge Quarterly of Healthcare Ethics* 24, no. 3 (2015): 256–71.

Kaplan, D. M. "Clear Writing, Clear Thinking and the Disappearing Art of the Problem List." *Journal of Hospital Medicine* 2, no. 4 (2007): 199–202.

Kaye, Kate. "Sophisticated Health Data Industry Needs Self-Refl ection." *Advertising Age* , March 23, 2015.

Kayyali, Basel, David Knott, and Steve Van Kuiken. "The Big-Data Revolution in US Health Care: Accelerating Value and Innovation." McKinsey & Company, April 2013.

Kim, H. J., and J. P. Ruger. "Pharmaceutical Reform in South Korea and the Lessons It Provides." *Health Affairs (Millwood)* 27, no. 4 (2008): w260–w69.

Kohane, I. S., and R. B. Altman. "Health-Information Altruists: A Potentially Critical Resource." *New England Journal of Medicine* 353, no. 19 (2005): 2074–77.

Kohane, I. S., K. D. Mandl, P. L. Taylor, I. A. Holm, D. J. Nigrin, and L. M. Kunkel. "Medicine: Reestablishing the Researcher Patient Compact." *Science* 316, no. 5826 (2007): 836–37.

Kolata, Gina. "The Health Care Debate: Finding What Works." *New York Times*, August 9, 1994.

_____. "When Patients' Records Are Commodities for Sale." *New York Times*, November 15, 1995.

Kowalczyk, Liz. "Drug Companies Secret Reports Outrage Doctors." *Boston Globe*, May 25, 2003.

_____. "As Records Go Online, Clash over Mental Care Privacy." *Boston Globe*, June 21, 2012.

Krogh, Egil. "The Break-in That History Forgot." *New York Times*, June 30, 2007.

Kuczynski, Kay, and Patty Gibbs-Wahlberg. "HIPAA the Health Care Hippo: Despite the Rhetoric, Is Privacy Still an Issue?" *Social Work*, 50, no. 3 (July 2005): 283–87.

Kuehn, Alfred. "Analysis of the Dynamics of Consumer Behavior and Its Implications for Marketing Management." PhD dissertation, Carnegie Institute of Technology, Pittsburgh, 1958.

Kuehn, B. M. "Growing Use of Genomic Data Reveals Need to Improve Consent and Privacy Standards." *Journal of the American Medical Association* 309, no. 20 (2013): 2083–84.

_____. "More Than One-Third of US Individuals Use the Internet to Self-Diagnose." *Journal of the American Medical Association* 309, no. 8 (2013): 756–57.

Lamberg, Lynne. "Confidentiality and Privacy of Electronic Medical Records." *Journal of the American Medical Association* 285, no. 24 (June 27, 2001): 2.

Lancet. "Striking the Right Balance Between Privacy and Public Good." *Lancet* 367, no. 9507 (2006): 275.

Lawrence, Edward, Jane Qing Jiang Qu, and Ellen Briskin. "An Overview of Pharmacy Benefit Managers: Focus on the Consumer." Edited by College of Business Administration University of Missouri–St. Louis, June 1, 2012.

Lazarus, David. "CVS Thinks $50 Is Enough Reward for Giving Up Healthcare Privacy." *Los Angeles Times*, August 15, 2013.

Le, Net. "Intellectual Property Protection for Non-Innovative Markets: The Case of IMS Health." *Erasmus Law and Economics Review* 2, no. 1 (March 2006): 12.

Lear, John. "Scandal in the Drug Market." *New Scientist*, June 16, 1960, 1.

Ledley, Robert S., and Lee B. Lusted. "Reasoning Foundations of Medical Diagnosis." *Science*, New Series, 130, no. 3366 (July 3, 1959): 9–21.

Lee, Christopher. "Doctors, Legislators Resist Drugmakers' Prying Eyes." *Washington Post*, May 22, 2007.

Lee, L. M., and L. O. Gostin. "Ethical Collection, Storage, and Use of Public Health Data: A Proposal for a National Privacy Protection." *Journal of the American Medical Association* 302, no. 1 (2009): 82–84.

Lenzner, Robert. "A Financial Man and the Fogg." *Boston Globe*, February 16, 1982.

Leventhal, J. C., J. A. Cummins, P. H. Schwartz, D. K. Martin, and W. M. Tierney. "Designing a System for Patients Controlling Providers' Access to Their Electronic Health Records: Organizational and Technical Challenges." *Journal of General Internal Medicine* 30, suppl. 1 (2015): S17–S24.

Li, Li, et al. "Identification of Type 2 Diabetes Subgroups Through Topological Analysis of Patient Similarity." *Science Translational Medicine* 7, no. 311 (October 28, 2015): 311ra174.

Libert, Timothy. "Privacy Implications of Health Information Seeking on the Web." *Communications of the ACM* 58, no. 3 (March 2015): 10.

Liebman, Milton. "Solo Flight of IMS and Change for Market Research." *Medical Marketing & Media*, March 1998, 2.

Lohr, Steve. "The Healing Power of Your Own Medical Records." *New York Times*, March 31, 2015.

Lyles, A. "Direct Marketing of Pharmaceuticals to Consumers." *Annual Review of Public Health* 23 (2002): 73–91.

Mack, John. "Whose Data Is It Anyway?" *Pharma Marketing News* 5, no. 6 (June 2006).

Malin, Bradley, Latanya Sweeney, and Elaine Newton. "Trail Re-Identification: Learning Who You Are from Where You Have Been." No. LIDAP-WP12. Carnegie Mellon University, Laboratory for International Data Privacy, Pittsburgh, March 2003.

Martin, Douglas. "Robert Louis-Dreyfus , Turnaround Specialist, Dies at 63." *New York Times*, July 14, 2009.

May, Charles. "Selling Drugs By 'Educating' Physicians." *Journal of*

Medical Education 36, no. 1 (January 1961): 36.

McFadyen, Richard E. "The FDA's Regulation and Control of Antibiotics in the 1950s: The Henry Welch Scandal, Félix Martí-Ibáñez, and Charles Pfizer & Co." *Bulletin of the History of Medicine* 53, no. 2 (1979): 11.

McGraw, D. "Building Public Trust in Uses of Health Insurance Portability and Accountability Act De-Identifi ed Data." *Journal of the American Medical Informatics Association* 20, no. 1 (2013): 29–34.

Meslin, E. M., and P. H. Schwartz. "How Bioethics Principles Can Aid Design of Electronic Health Records to Accommodate Patient Granular Control." *Journal of General Internal Medicine* 30, suppl. 1 (2015): S3–S6.

Miller, Brad, Ling Huang, A. D. Joseph, and J. D. Tygar. "I Know Why You Went to the Clinic: Risks and Realization of HTTPS Traffic Analysis." In *Privacy Enhancing Technologies: 14th International Symposium*, PETS 2014, Amsterdam, The Netherlands, July 16–18, 2014, Proceedings, edited by Emiliano De Cristofaro and Steven J. Murdoch, 143–163. Cham, Switzerland: Springer, 2014.

Miller, Kristina. "Shrinking Drug Costs Without Silencing Pharmaceutical Detailers: Maryland's Options After Sorrell v. IMS Health." *Journal of Health Care Law and Policy* 16, no. 215 (2013).

Milne, Celia. "Following the Script." *Medical Post* 38, no. 45 (2002): 32–33.

Mitka, Mike. "New HIPAA Rule Aims to Improve Privacy and Security of Patient Records." *Journal of the American Medical Association* 309, no. 9 (March 6, 2013): 861–62.

Morris, Lisa. "Same Market, New Opportunities." IMS Health, 2006.

Moukheiber, Zina. "An Interview with the Most Powerful Woman in Health Care." *Forbes*, May 15, 2013.

—————————. "Epic Systems' Tough Billionaire." *Forbes*, April 18, 2012.

Mullin, Joe. "States Consider Limits on Medical Data-Mining." Associated Press, April 7, 2007.

Mushlin, Alvin, et al. "Anonymous Linking of Distributed Databases." In *Mini-Sentinel:* Sentinel Initiative, August 30, 2013. Archived at https://perma.cc/GYL7-NCZT. Mini-Sentinel is an FDA-sponsored pilot project to monitor the safety of the agency's regulated medical products.

Nakashima, Ellen. "Prescription Data Used to Assess Consumers." *Washington Post*, August 4, 2008.

Narayanan, Arvind, and Vitaly Shmatikov. "Robust De-Anonymization of Large Sparse Datasets." *29 Proceedings of the 2008 IEEE Symposium on Security and Privacy* 111 (2008).

National Health Policy Forum. "The ABCs of PBMs." Washington, DC: George Washington University, October 27, 1999.

New York Civil Liberties Union. "Protecting Patient Privacy: Strategies for Regulating Electronic Health Records Exchange." New York Civil Liberties Union, New York, March 2012.

New York Times. "Biggest Health Agency Is for Sale." *New York Times*, January 1972.

——————. "Dr. Felix Marti-Ibanez Is Dead; Psychiatrist and Publisher, 60." *New York Times*, May 25, 1972.

——————. "L. W. Frohlich; Led Ad Agency." *New York Times*, September 29, 1971.

——————. "W. D. M'adams, 68, Advertising Man." *New York Times*, August 16, 1954.

Neyhart, Susan. "Using Data Mining to Get Brand Switching." *Medical Marketing & Media* 33, no. 4 (1998): 3.

Nielsen, A. C. "Greater Prosperity Through Marketing Research: The First 40 Years of A. C. Nielsen Company," Newcomen Address, Newcomen Society in North America, New York, 1964.

Nunley, Ryan, and the Washington Health Policy Fellows. "Habit-Forming: Access to Physician Prescribing Patterns." American Academy of Orthopaedic Surgeons (November 2007). Archived at https://perma.cc/CYW9-V6XZ.

Office of the National Coordinator for Health Information Technology. "Report on Health Information Blocking." ONC, Department of Health and Human Services, Washington, DC, April 2015.

Onishi, Norimitsu. "Japan, Seeking Trim Waists, Measures Millions." *New York Times*, June 13, 2008.

O'Reilly, Kevin. "Doctors Increasingly Close Doors to Drug Reps, While

Pharma Cuts Ranks." *American Medical News*, March 23, 2009.

Ornstein, Charles. "Big Data + Big Pharma = Big Money." *Pro Publica*, January 10, 2014.

Palad, Isabelle. "'Physician Privacy' Unabridged: How Prescription Data-Mining Catalyzed a Debate on Competing Visions of the Medical Profession." Master's thesis, Carleton University, Ottawa, May 2011.

Pear, Robert. "Privacy Issue Complicates Push to Link Medical Data." *New York Times*, January 17, 2009.

_____. "Tech Rivalries Impede Digital Medical Record Sharing." *New York Times*, May 26, 2015.

Pines, W. L. "A History and Perspective on Direct-to-Consumer Promotion." *Food and Drug Law Journal* 54, no. 4 (1999): 489–518.

Ponemon Institute. *Fifth Annual Study on Medical Identity Theft*. Traverse City, MI: Ponemon Institute, February 2015.

Porter, C. Christine. "De-Identified Data and Third Party Data Mining: The Risk of Re-Identification of Personal Information." *Washington Journal of Law, Technology & Arts* no. 1 (September 23, 2008).

Presser, L., M. Hruskova, H. Rowbottom, and J. Kancir. "Care.Data and Access to UK Health Records: Patient Privacy and Public Trust." *Technology Science* (August 11, 2015), http://techscience.org/a/2015081103.

PricewaterhouseCoopers. "Transforming Healthcare Through Secondary Use of Health Data." PricewaterhouseCoopers, New York, 2009.

Puris, Martin. "Bringing Back Adidas." *Advertising Age*, March 8, 1999.

Ray, Wayne, Michael Stein, James Daugherty, Kathi Hall, Patrick Arbogast, and Marie Griffin. "COX-2 Selective Non-Steroidal Anti-inflammatory Drugs and Risk of Serious Coronary Heart Disease." *Lancet* 360, no. 9339 (2002): 1071–73.

Richards, T. "Court Sanctions Use of Anonymised Patient Data." *British Medical Journal* 320, no. 7227 (2000): 77B.

Robertson, Jordan. "The Big Business of Selling Prescription-Drug Records." *Bloomberg*, December 11, 2014.

Robertson, Jordan, and Shannon Pettypiece. "They Know You Buy Viagra and They Want to Sell You More." *Bloomberg*, December 10, 2014.

Rodwin, Marc A. "Patient Data: Property, Privacy & the Public Interest."

American Journal of Law Medicine 36, no. 4 (2010): 586–618.

——————————. "The Case for Public Ownership of Patient Data." *Journal of the American Medical Association* 302, no. 1 (July 1, 2009): 86–88.

Rosenbloom, S. T., P. Harris, J. Pulley, M. Basford, J. Grant, A. DuBuisson, and R. L. Rothman. "The Mid-South Clinical Data Research Network." *Journal of the American Medical Informatics Association* 21, no. 4 (2014): 627–32.

Rothstein, Mark A., and M. K. Talbott. "Compelled Disclosure of Health Information: Protecting Against the Greatest Potential Threat to Privacy." *Journal of the American Medical Association* 295, no. 24 (2006): 2882–85.

Ruge, Richard. "Regulation of Prescription Drug Advertising: Medical Progress and Private Enterprise." *Law and Contemporary Problems* 32 (Fall 1967): 24.

Sanchez, Jesus. "Dun Agrees to Buy Health Care Database Firm: IMS to Get $1.7 Billion in Stock, Remain Separate." *Los Angeles Times*, February 8, 1988.

Saul, Stephanie. "Court Strikes Law Barring Sale of Drug Data." *New York Times*, May 1, 2007.

——————————. "Doctors Object as Drug Makers Learn Who's Prescribing What." *New York Times*, May 4, 2006.

Scarf, Maggie. "Secrets for Sale." *Social Research* (Spring 2001): 333–38.

Schisgall, Oscar. "International House: Bulwark Against War." *Rotarian*, September 1968, 24.

Schultz, Jan, Stephen Cantrill, and Keith Morgan. "An Initial Operational Problem Oriented Medical Record System—for Storage, Manipulation and Retrieval of Medical Data." In *Proceedings of the May 18–20, 1971, Spring Joint Computer Conference, Atlantic City, N.J.*, edited by Nathaniel Macon, 239–64. Montvale, NJ: AFIPS Press, 1971.

Schwartz, P. H., K. Caine, S. A. Alpert, E. M. Meslin, A. E. Carroll, and W. M. Tierney. "Patient Preferences in Controlling Access to Their Electronic Health Records: A Prospective Cohort Study in Primary Care." *Journal of General Internal Medicine* 30, suppl. 1 (2015):

S25–S30.

Shalo, Sibyl, and Joanna Breitstein. "Getting Hip to HIPAA." *Pharmaceutical Executive* 21, no. 10 (2001): 88–90.

Shapiro, S., and S. H. Baron. "Prescriptions for Psychotropic Drugs in a Noninstitutional Population." *Public Health Reports* 76, no. 6 (1961): 481–88.

Sheikh, A., A. Jha, K. Cresswell, F. Greaves, and D. W. Bates. "Adoption of Electronic Health Records in UK Hospitals: Lessons from the USA." *Lancet* 384, no. 9937 (2014): 8–9.

Sherry, Mike. "Cerner Finds a Treasure in Data Mining." *Kansas City Star*, May 31, 2009.

Shima, D., Y. Ii, Y. Yamamoto, S. Nagayasu, Y. Ikeda, and Y. Fujimoto. "A Retrospective, Cross-Sectional Study of Real-World Values of Cardiovascular Risk Factors Using a Healthcare Database in Japan." *BMC Cardiovascular Disorders* 14 (2014): 120.

Shimizu, Eiko, and Kazuo Kawahara. "Assessment of Medical Information Databases to Estimate Patient Numbers." *Japan Journal of Pharmacoepidemiology* 19, no. 1 (June 2014).

Shin, Laura. "Medical Identity Theft: How the Health Care Industry Is Failing Us." *Fortune*, August 31, 2014.

Slack, Warner. "The Patient's Right to Decide." *Lancet* 2, no. 8031 (July 30, 1977): 240.

Slack, Warner, et al. "Evaluation of Computer-Based Medical Histories Taken by Patients at Home." *Journal of the American Medical Informatics Association* 19, no. 4 (2012): 545–48.

──────────────. "Test–Retest Reliability in a Computer-Based Medical History." *Journal of the American Medical Informatics Association* 18 (November 27, 2010): 4.

Sloane, Leonard. "Business People: A New Chief for I.M.S." *New York Times*, October 12, 1981.

Smith, Christopher R. "Somebody's Watching Me: Protecting Patient Privacy in De-Identified Prescription Health Information." *Vermont Law Review* 36 (2011).

Smith, Mickey. "Some Historical Perspectives on the Marketing of Medicines in the Twentieth Century." *Journal of Pharmaceutical*

Marketing & Management 18, no. 1 (2006): 13.

—————. "The Legislative Environment of Pharmaceutical Marketing." *Journal of Pharmaceutical Marketing & Management* 18, no. 1 (2006): 73.

Solomon, D. H., S. Schneeweiss, R. J. Glynn, Y. Kiyota, R. Levin, H. Mogun, and J. Avorn. "Relationship Between Selective Cyclooxygenase-2 Inhibitors and Acute Myocardial Infarction in Older Adults." *Circulation* 109, no. 17 (May 4, 2004): 2068–73.

Soumerai, S. B., and J. Avorn. "Principles of Educational Outreach (Academic Detailing') to Improve Clinical Decision Making." *Journal of the American Medical Association* 263, no. 4 (1990): 549–56.

Southern, Walter. "Sources of Drug Market Data." *Pharmacy in History* 44, no. 2 (2002): 5.

Stark, Karl. "Clued In to Who's Prescribing What." *Philadelphia Inquirer*, September 16, 2007.

Steinbrook, R. "For Sale: Physicians' Prescribing Data." *New England Journal of Medicine* 354, no. 26 (2006): 2745–47.

Stolberg, Sheryl Gay, and Jeff Gerth. "High-Tech Stealth Being Used to Sway Doctor Prescriptions." *New York Times*, November 16, 2000.

Suka, M., K. Yoshida, and S. Matsuda. "Effect of Annual Health Checkups on Medical Expenditures in Japanese Middle-Aged Workers." *Journal of Occupational and Environmental Medicine* 51, no. 4 (2009): 456–61.

Sullivan, June M. "HIPAA: A Practical Guide to the Privacy and Security of Health Data." Health Law Section, American Bar Association, 2004.

Sweeney, Latanya. "Matching Known Patients to Health Records in Washington State Data." Paper 1089-1. Data Privacy Lab, Harvard University, Cambridge, MA, June 2013, http://perma.cc/S5CK-J9D9.

—————. "Patient Identifiability in Pharmaceutical Marketing Data." Working paper 1015. Data Privacy Lab, Harvard University, Cambridge, MA, 2011.

—————. "Patient Privacy Risks in U.S. Supreme Court Case Sorrell v. IMS Health Inc.: Response to Amici Brief of El Emam and Yakowitz." Working paper 1027-1015B. Data Privacy Lab, Harvard University, Cambridge, MA, 2011.

_____. "Uniqueness of Simple Demographics in the U.S. Population." Technical report LIDAP-WP4, Data Privacy Laboratory, School of Computer Science, Carnegie Mellon University, Pittsburgh, 2000.

Sweeney, Latanya, Akua Abu, and Julia Winn. "Identifying Participants in the Personal Genome Project by Name." White paper 1021-1. Data Privacy Lab, Harvard University, Cambridge, MA, April 29, 2013, http://perma.cc/3B3P-CJN6.

Sweeney, Latanya, Mercè Crosas, and Michael Bar-Sinai. "Sharing Sensitive Data with Confidence: The Datatags System." *Technology Science* (October 16, 2015). Archived at http://perma.cc/35YY-H7Z5.

Sweeney, Latanya, and Yoo Ji Su. "De-anonymizing South Korean Resident Registration Numbers Shared in Prescription Data." *Journal of Technology Science* (September 29, 2015).

Swire, Peter. "Application of IBM Anonymous Resolution to the Health Care Sector." On Demand Business, IBM, Las Vegas, February 2006, 30.

Takabayashi, K., S. Doi, and T. Suzuki. "Japanese EMRs and IT in Medicine: Expansion, Integration, and Reuse of Data." *Healthcare Informatics Research* 17, no. 3 (2011): 178–83.

Tamersoy, Acar, Grigorios Loukides, Mehmet Ercan Nergiz, Yucel Saygin, and Bradley Malin. "Anonymization of Longitudinal Electronic Medical Records." *IEEE Transactions on Information Technology in Biomedicine* 16, no. 3 (May 2012).

Tanaka, Hiroshi. "Current Status of Electronic Health Record Dissemination in Japan." *Japan Medical Association Journal* 50, no. 5 (2007): 5.

Tanner, Adam. "Data Brokers Are Now Selling Your Car's Location For $10 Online." *Forbes*, July 10, 2013.

Taylor, Lynne. "Restrictions on IMS Rx Data Sales Still Needed, Says UK Watchdog." *Pharma Times*, December 24, 2013.

TechNavio Insights. "Global Big Data Market in the Healthcare Sector 2011–15." *TechNavio Insights* 38.

Terhune, Chad. "They Know What's in Your Medicine Cabinet." *Bloomberg*, July 22, 2008.

Tierney, W. M., S. A. Alpert, A. Byrket, K. Caine, J. C. Leventhal, E. M. Meslin, and P. H. Schwartz. "Provider Responses to Patients Controlling Access to Their Electronic Health Records: A Prospective Cohort Study in Primary Care." *Journal of General Internal Medicine* 30, suppl. 1 (2015): S31–S37.

Tripathi, M. "EHR Evolution: Policy and Legislation Forces Changing the EHR." *Journal of the American Health Information Management Association* 83, no. 10 (2012): 24–29; quiz 30.

Tu, K., T. Mitiku, D. S. Lee, H. Guo, and J. V. Tu. "Validation of Physician Billing and Hospitalization Data to Identify Patients with Ischemic Heart Disease Using Data from the Electronic Medical Record Administrative Data Linked Database (EMRALD)." *Canadian Journal of Cardiology* 26, no. 7 (2010): e225–e28.

Tuck, Lon. "Convictions of the Collector." *Washington Post*, September 21, 1986.

Ullyot, Glenn E., Barbara Hodsdon Ullyot, and Leo B. Slater. "The Metamorphosis of Smith-Kline & French to Smith Kline Beecham: 1925–1998." *Bulletin for the History of Chemistry* 25, no. 1 (2000): 16–20.

US Department of Veterans Affairs. "Blueprint for Excellence." Veterans Health Administration, September 21, 2014.

Ventola, C. L. "Direct-to-Consumer Pharmaceutical Advertising: Therapeutic or Toxic?" *Pharmacy and Therapeutics* 36, no. 10 (2011): 669–84.

Vivian, Jesse. "Pharmacists Beware: Data Mining Unlawful." *U.S. Pharmacist*, June 18, 2009, 2.

Walsh, Lawrence. "Pharmacies Can Sell, Transfer Prescription Files." *Pittsburgh Post-Gazette*, February 20, 2002.

Walton, J., R. Doll, W. Asscher, R. Hurley, M. Langman, R. Gillon, D. Strachan, N. Wald, and P. Fletcher. "Consequences for Research If Use of Anonymised Patient Data Breaches Confidentiality." *British Medical Journal* 319, no. 7221 (1999): 1366.

Watkins, J. L., et al. "Clinical Impact of Selective and Nonselective Beta-Blockers on Survival in Patients with Ovarian Cancer." *Cancer* 121 (2015): 3444–51, doi: 10.1002/cncr.29392.

Weber, Bruce. "Mortimer D. Sackler, Arts Patron, Dies at 93." *New York Times*, March 31, 2010.

Weed, Lawrence L. "Medical Records That Guide and Teach." *New England Journal of Medicine* 278, no. 11 (March 14, 1968): 593–600.

Weed, Lawrence L., and Lincoln Weed. "Diagnosing Diagnostic Failure." *Diagnosis* 1, no. 1 (January 8, 2014): 4.

Wentz, Laurel. "Robert Louis-Dreyfus , Former Saatchi CEO, Dies at 63." *Advertising Age*, July 6, 2009.

Wettermark, B., et al. "The Nordic Prescription Databases as a Resource for Pharmacoepidemiological Research: A Literature Review." *Pharmacoepidemiology and Drug Safety* 22, no. 7 (2013): 691–99.

Whalen, Jeanne. "Drug Makers Replace Reps with Digital Tools." *Wall Street Journal*, May 10, 2011.

Whitney, Jake. "Big (Brother) Pharma." *New Republic*, August 29, 2006.

Wiggins, Phillip. "Tracking Industry Drug Sales." *New York Times*, March 23, 1979.

Williams, David F., Nicholas G. Anderson, and John S. Pollack. "Making the Most of EHR Data." *New Retina MD* (Fall 2013): 3.

Wilson, John, and Adam Bock. "The Benefit of Using Both Claims Data and Electronic Medical Record Data in Health Care Analysis." White paper. Optum, 2012.

Wolf, Asher. "Thanks to Care.Data, Your Secrets Are No Longer Safe with Your GP." *Wired*, February 7, 2014.

Wood, Alexandra, et al. "Integrating Approaches to Privacy Across the Research Lifecycle: Long-Term Longitudinal Studies." Berkman Center Research Publication 2014-12 Harvard University, Cambridge, MA, July 22, 2014. Archived at https://perma.cc/S9EK-SXM3.

Wright, A. "You, Me, and the Computer Makes Three: Navigating the Doctor-Patient Relationship in the Age of Electronic Health Records." *Journal of General Internal Medicine* 30, no. 1 (2015): 1–2.

Yakowitz, Jane, and Daniel Barth-Jones. "The Illusory Privacy Problem in Sorrell v. IMS Health." Edited by Tech Policy Institute, May 2011.

Yasnoff, W. A., L. Sweeney, and E. H. Shortliffe. "Putting Health IT on the